M.SILVESTRINI E ALTRI
L'ITALIANO E L'ITALIA
ESERCIZI
GUERRA EDIZIONI
0000863

MARCELLO SILVESTRINI
CLAUDIO BURA
ELISABETTA CHIACCHELLA
VALENTINA GIUNTI ARMANNI
RENZO PAVESE

L'Italiano e l'Italia

Lingua e Civiltà Italiana per Stranieri

Livello MEDIO e SUPERIORE

ESERCIZI

E PROVE PER LA CERTIFICAZIONE

GUERRA EDIZIONI

ISBN 88-7715-201-X

3. 2. 1.

2003 2002 2001 2000

PIANO GENERALE

FONETICA

ALFABETO
Accento, apostrofo, "d" eufonica
Segni di punteggiatura
Maiuscola

Uso delle preposizioni

Per la lingua in versi:
La nostra lingua italiana
(Riccardo Cocciante)

ALFABETO

1. Completare con HO / O, HA / A, HAI / AI, HANNO / ANNO

– Lo sai che cosa _______ saputo?
– No, dimmi!
– Che Paolo e Lucia si sono sposati.
– Oh sì, lo sapevo già.
– E da chi l'_______ saputo?
– Me l'_____ detto proprio ieri Marco.
– Ma quando si sono sposati?
– L'__________ scorso; ma non _________ fatto sapere niente ______ nessuno, tranne che _______ genitori e ______ fratelli. "___ si invitano tutti ___ non si invita nessuno". Così _________ detto per giustificarsi.

2. Leggere le coppie di parole e inserirle nel testo: CARO / CARRO, CASA / CASSA, PALA / PALLA, ROSA / ROSSA, SONO / SONNO

__________ Papà,
lo sai che mi _______ comprato una macchina nuova? Una "Uno" _________. E' di seconda mano, ma va benissimo.
Non vedo l'ora di tornare a _________ per un po' di giorni.
Qui non faccio che studiare; vado avanti fino a notte fonda, finché non casco dal __________.
Di' ai miei fratelli che, per quando vengo, organizzino il torneo di _________ a volo.
Domenica è la festa della Mamma: ci pensi tu, per favore, a comprare una _________ per la mamma da parte mia?
Ti abbraccio, a presto!

Tuo Roberto

3. Leggere le coppie di parole [1]

risa	-	rissa	bara	-	barra
calo	-	callo	rito	-	ritto
papa	-	pappa	poro	-	porro
tufo	-	tuffo	mole	-	molle
cane	-	canne	roso	-	rosso

4. Completare con ME / M'È [2]

1. Scusami se non sono venuto, ma non ________ stato proprio possibile: puoi venire tu da _____ domani?
2. ________ dispiaciuto che Sergio se la sia presa proprio con _____ che non c'entravo niente!
3. Pronto! Lo sai mamma? _______ andato bene l'esame! Sono felice, e ______ lo meritavo, con tutto quello che avevo studiato.
4. Giovanna, senti! ________ venuta un'idea. Domattina, vieni con ______ a Roma?
5. Non _______ l'aspettavo proprio quello che ______ capitato stamattina: è stata una bruttissima sorpresa.

5. Completare con TE / T'È

1. Che cosa _______ successo, perché ______ ne vai così presto?
2. Non _______ ancora arrivata la mia cartolina dal mare?
   Pensa, ______ l'ho spedita venti giorni fa.
3. Se davvero ________ piaciuto tanto questo dolce, _____ne do un'altra fetta.
4. Ma dai! Non preoccuparti se non _______ riuscito quest'esercizio; per _____ era la prima volta!
5. ________ caduto il fazzoletto. Aspetta, _____ lo raccolgo io!

6. Completare con SE / SÉ / S'È

1. La macchina, ad un certo punto, _______ fermata. Eravamo senza benzina e nessuno ________ n'era accorto.
2. ______ si mette a parlare di ______ non la finisce più.

[1] Curare la pronuncia facendo attenzione alla" doppia" e spiegare il significato di ogni parola.
[2] Sono possibili anche le forme MI È, TI È, SI È.

3. ________ messo a piovere: spero che Dino abbia portato con ______ l'ombrello.
4. Stava meditando, tra _____ e _____, ______ partire o restare.
5. Mentre _____ ne ne andava, ________ visto venire incontro suo cugino.

7. Completare con CE / C'È

1. Non _______ più posto in platea. Che dici, _____ ne andiamo?
2. Se ______ ancora della torta, ______ ne dai un altro po'?
3. In macchina _____ il nostro regalo, _____ lo vai a prendere?
4. "______ la mia borsa qui?" "Sì, sì, _____ l'ho messa io!"
5. "Guarda, ci hanno fatto la multa!" "Già, ______ il divieto di sosta e non _____ ne eravamo accorti!"

8. Completare con NE / NÉ / N'È

1. Non mi ha _____ guardata ______ salutata e se _____ andato senza dire una parola.
2. Non valeva proprio la pena di comprare questo libro: non era ______ istruttivo ______ divertente, perciò non _____ avevamo bisogno.
3. "Ce ______ ancora in cantina di quel vino?" "No, forse però _____ ha un po' tuo fratello".
4. Non me ______ va bene una oggi!
5. Che te ______ pare? Se _______ avuto a male Giorgio del fatto che non lo abbiamo invitato?

ACCENTO

9. Segnare l'accento GRAVE / ACUTO [1]

Peru	poiche	oblo	e	tribu
faro	cio	capi	affinche	fini
giu	purche	diro	pero	perche
citta	felicita	cosi	universita	ne
pate	quassu	laggiu	caffe	se
piu	puo	ahime	cioe	nazionalita.

[1] Le parole sono tutte tronche (cioè l'ultima vocale è accentata). Prima segnare l'accento tonico poi esercitarsi nella pronuncia.

10. Segnare l'accento tonico

1. Perche non sei venuto giovedi sera?
2. "Si puo?" "Avanti, accomodati!"
3. "Ti andrebbe un caffe?" "Perche no? Che ne dici, andiamo al bar dell'universita?"
4. Sono stanchissima! Non ho fatto altro che correre su e giu per le scale, tutta la mattina.
5. "Hai gia finito?" "Si, in questo momento."
6. "Che bella citta Venezia! A te piace?" "Si, moltissimo."
7. Detto cio, se ne usci sbattendo la porta.
8. Piu lo conosco, piu lo frequento, e piu mi e simpatico.
9. Parlo a lungo con molta calma e tutti lo ascoltammo con interesse.
10. "Che eta hanno i tuoi nipotini?" "A dire la verita non me lo ricordo piu."

11. Segnare l'accento tonico [1]

1. Possiamo venire a prendere un te da te domani?
2. E un tipo simpatico e intelligente.
3. Non ho più ne carta ne penna, e ne avrei bisogno.
4. Non so se sia possibile parlare di se con obiettività.
5. E sempre Pietro che da da mangiare ai bambini.
6. "Dov'e la mamma?" "E di la!" "E i bambini?" "Li ho visti li un attimo fa."
7. "Hai visto per caso Gianni e Fabio?" "Li ho incontrati proprio li, davanti al solito caffe."
8. "Quante devo prenderne di queste pillole?" "Sul foglietto delle istruzioni c'e scritto tre volte al di."
9. "Che ne dici, usciamo?" "Oh si, perche altrimenti si fa tardi."
10. "Allora siamo d'accordo?" "Si, si! Si deve proprio fare cosi."

12. Leggere le coppie di parole [2]

capitàno	-	càpitano	desidèri	-	desìderi
prìncipi	-	princìpi	subìto	-	sùbito
ancòra	-	àncora	ambìto	-	àmbito
còmpito	-	compìto	tenére	-	tènere
rùbino	-	rubìno	pàrti	-	partì
pèrdono	-	perdonò	pèrdono	-	perdòno
capì	-	càpi	fìni	-	finì

[1] In genere ogni frase presenta coppie di parole il cui significato cambia a seconda che vi sia o non vi sia l'accento.
[2] Curare la pronuncia facendo attenzione all'accento.

13. Leggere le coppie di verbi [1]

pàrlo	-	parlò	màngio	-	mangiò
ritòrno	-	ritornò	sepàro	-	separò
bàgnati	-	bagnàti	vèstiti	-	vestìti
làsciati	-	lasciàti	pèttinati	-	pettinàti

14. Segnare l'accento fonico sulle parole in grassetto

1. E' un uomo molto **colto**.
   Ha **colto** tutte le rose del giardino.
2. Luisa non **accetta** mai di buon grado che la si aiuti.
   Dopo aver finito di spaccare la legna, rimise a posto l'**accetta**.
3. Per lei provo un grandissimo **affetto**.
   Sono qui in cucina che **affetto** il salame per i panini.
4. In questa classe ci sono **venti** studenti.
   I monsoni sono **venti** periodici.
5. Quei teppisti lo hanno bloccato e riempito di **botte**.
   Botte piccola fa buon vino.
6. **Pose** la sua mano su quella di lei.
   Queste **pose** le trovo proprio antipatiche.
7. E' sempre molto informato: **legge** almeno due giornali al giorno.
   Questa **legge** non è stata approvata dal Parlamento.
8. Dove sono state **messe** le scarpe?
   Quell'anno la **messe** fu molto abbondante.

15. Combinare parola e definizione. Spiegare il significato dell'altra parola e formare delle frasi

A	B		A	B
ésca	*èsca*	- Per attirare e catturare i pesci	❑	❑
néi	*nèi*	- Malformazioni della pelle, spesso di colore nero	❑	❑
pòsta	*pósta*	- Servizio pubblico per la spedizione e il recapito della corrispondenza	❑	❑
còrso	*córso*	- Abitante della Corsica	❑	❑
rè	*ré*	- Seconda nota musicale	❑	❑
impòste	*impóste*	- Denaro che si deve allo stato	❑	❑

[1] Curare la pronuncia facendo attenzione all'accento.

16. Premettere alle parole l'articolo determinativo e indeterminativo e gli aggettivi BELLO / QUELLO / GRANDE / BUONO / NESSUNO

Es: *l'albergo, un albergo, bell'albergo, quell'albergo, grand'albergo, buon albergo, nessun albergo.*

uomo	scienziato	insegnante	palazzo	tavolo
castello	libro	romanzo	divano	erba
disegno	giornale	animale	bambino	edera
medico	cane	aula	mazzo di fiori	amica

APOSTROFO

17. Correggere gli errori

1. E' veramente un brav uomo Gino.
2. Che era quello, un'asino o un'asina?
3. "Chi è quella signora?" "Un amica di mia madre."
4. La cerimonia si svolgerà nella chiesa di Sant Antonio o in quella di San Francesco?
5. La montagna, d inverno, mi piace moltissimo, ma d estate sento proprio il bisogno d andare al mare.
6. Ma sono proprio d oro, queste posate?.
7. "Ahi!?" "Che c è?" "M hai fatto male col gomito."
8. "Come sarà quell albergo?"
   "Mah, speriamo che sia migliore di quell altro che ci hanno indicato!"
9. L altra sera ho visto un opera lirica bellissima.
10. "Ce n è ancora di birra?"
    "Sì, sì, ce n è sicuramente un'altro bicchiere."
11. Qual'è la mia classe? Me l hanno spostata?
12. Che bel'film!
13. In vacanza preferisci andarci con un'amico o con un amica?
14. Possiamo cominciare a mangiare? Non deve arrivare nessun'altro, vero?
15. Ciascun'operatore e ciascun'operatrice ha il suo apparecchio.
16. "Sei un po' giù?" "No! Tutt altro, sono proprio allegra, oggi!"
17. "M hai chiamato?" "Sì, puoi venire un'attimo?"
18. Luca, fai il bravo! T ho detto di venire in casa!
19. D ora in poi ci organizzeremo in quest altro modo.
20. Chi c è? Il signor'Alunni?

18. Correggere

1. Anche io penso che questo anno le cose andranno meglio.
2. Hai una impazienza intollerabile!
3. Raccontaci una altra volta quella incredibile storia!
4. Questo ufficio è aperto dodici mesi allo anno, anche di estate.
5. Questo ultimo è un progetto che può sembrare rivoluzionario.
6. Ti assicuro che non ne ho parlato con nessuno altro.
7. Saremo lì senza altro alle quattro.
8. Quello che è fatto è fatto.
9. Ieri allo improvviso si è sentito male.
10. Quando anche abbia mentito, tieni conto del fatto che non lo ha fatto apposta.

19. Elidere dov'è necessario e troncare dov'è opportuno

1. Bisogna fare presto.
2. Tra poco dovremo andare via.
3. Alla ultima ora decide di andarsene.
4. Santo Antonio è un grande santo venerato in tutto il mondo.
5. I nostri amici ci hanno dato un bello esempio di coraggio.
6. Come è andato lo esame di storia?
7. Abbiamo celebrato lo anniversario del nostro matrimonio.
8. Ho un segreto da confidarti, ne parleremo a quattro occhi.
9. Hai niente altro da dirmi?
10. Questo anno il raccolto non è stato soddisfacente.
11. "Allora siamo intesi. Verrai domani?" "Sì, di accordo, verrò!"
12. Ti è piaciuto il film? "Oh, sì, ci erano delle scene favolose!"
13. Allo udire quelle parole ho pensato che eri senza altro fuori di te.
14. Sei un bello tipo tu, vorresti fare intendere che sei il più bravo.
15. Durante la traversata dello stretto ho sofferto il male di mare.
16. A cavallo donato non si guarda in bocca. (proverbio)
17. Sono arrivati il signore Rossi e la signora Marini.
18. A Castello Santo Angelo a Roma si è svolta la triste vicenda di "Tosca".
19. Il dottore Camilli è nello ambulatorio dalle otto alle tredici.
20. Nessuno romanzo è più avvincente di un giallo.
21. Lo altro anno Marco è stato bocciato agli esami; da altra parte non aveva studiato!
22. Tra una ora devo prendere il treno; ho una grande paura di non fare in tempo.

20. Aggiungere la "d" eufonica dove necessario

- Che fate domani?
- Forse andiamo a Assisi o a Spoleto, ma non abbiamo ancora deciso.
- Paolo e Ernesto, vengono?
- Sì, penso di sì.
- E per domenica, invece, che programmi avete?
- Vorremmo andare al mare, probabilmente a Numana, vicino a Ancona. Dovrebbero venirci anche Luisa e Enrica.
- Allora veniamo anche noi e i nostri amici!

SEGNI DI PUNTEGGIATURA

21. Rimettere la punteggiatura e i segni ortografici

IO E MARTA

Dal parrucchiere in attesa del mio turno sfoglio distrattamente le pagine di Grazia [1]

Con la coda dell'occhio vedo entrare Marta proprio lei

No non è possibile mi dico

Allora mi giro per vederla meglio Sì è lei Non c'è dubbio

Marta è stata per anni la mia migliore amica anzi l'unica

Una persona così sensibile così cara così simile a me nei gusti nel tipo di umorismo nello stile di vita non l'ho mai più incontrata

Per anni siamo state molto legate ci vedevamo una due tre e anche quattro volte alla settimana

Poi lei si è sposata con un forestiero

E da allora sono passati ormai quasi dieci anni e non ci siamo mai più viste

Lettere e telefonate sì ma non più un incontro

Ed ora eccola qua dal parrucchiere Dal nostro parrucchiere di tanti anni fa

Mi avvicino da dietro e chiedo Signora, solo messa in piega o anche taglio

E lei senza girarsi Lei cosa mi consiglia E poi abbracci baci risate racconti a non finire

[1] Rivista settimanale femminile.

MAIUSCOLA

22. Rimettere le maiuscole

IO E MARTA

DIALOGO. In un bar, sedute a bere un cappuccino, ancora con tante, tante cose da raccontarci.

marta: e dei tuoi, che mi dici?
io: stanno tutti benone. papà e mamma sono sempre gli stessi: sono sempre brontoloni. luigi studia ancora all'università, lorena invece si è sposata.
marta: si è sposata? davvero? e come mai non mi hai fatto sapere niente?
io: non c'è stato tempo. si è sposata venti giorni fa, il lunedì di pasqua.
marta: dimmi, e chi è il fortunato?
io: è di roma, non penso che tu lo conosca. si è trasferito qui dopo che tu sei partita. a proposito, non mi hai detto se sei sola o se è venuto anche tuo marito.
marta: no, sono sola. ma dai, raccontami ancora del matrimonio di lorena. dove si è sposata?
io: ad assisi, nella chiesa di san pietro. la cerimonia è stata di mattina, alle undici; e poi siamo andati a pranzo all'hotel subasio. è stato un bellissimo ricevimento.
marta: e lorena, com'era vestita?
io: in abito bianco lungo, naturalmente comprato a firenze, in una sartoria specializzata!
marta: prima di ripartire li voglio proprio vedere. magari andiamo insieme.
io: la prossima settimana, quando saranno ritornati dalla luna di miele. avranno fatto un viaggio splendido negli stati uniti, new york, san francisco e avranno goduto dieci giorni di sole in florida.
marta: ti sembrerà un'eresia, ma per un viaggio così bello sarei pronta a risposarmi!

Preposizioni

23. Completare

il successo come hobby

____ Italia, come è noto, non si cerca un lavoro ma il "posto". Appena ci si è sistemati, si comincia il conto______ rovescia_______ anni che mancano _______ pensione.

Naturalmente esistono eccezioni: anche____ noi c'è chi cambia mestiere, perché considera la noia peggiore______ rischio.

Ne conosco uno che si è licenziato ____ un buon posto ed ha aperto un'erboristeria, poi si è stufato anche _____'erboristeria e si è messo ___ rilegare libri.

Attualmente si è comprato una piccola telecamera e guadagna bene filmando matrimoni e soprattutto funerali: ha scoperto che ____ provincia i congiunti si consolano rivedendo il filmato ______ esequie e guardando chi c'era ____ corteo.

____ America si sente dire il contrario, "Ne conosco uno che lavora ____ banca ____ dieci anni", dice un mio amico.

Lui dice che il mercato______ lavoro_______ Stati Uniti è ricco e vario e quindi è più facile saltellare ____ qua e ____ là.

E' vero solo___ parte. ___ noi c'è anche una componente____ mancanza _____ coraggio: il nuovo spaventa, l'idea ____ ricominciare è considerata più una condanna che un atto ____ libertà.

E' più facile divorziare ____ un coniuge che ____ uno stipendio; si preferisce convivere _____ le proprie rogne; ____ massimo ci si trova un'amante. Appartengo ___ quella fortunata schiera ___ persone che non cambierebbero mestiere, non tanto ____ pigrizia, ma semplicemente perché ne sono appagato.

Ma se avessi vent'anni e volessi partecipare ___ un concorso, che scheda compilerei? Io, ___ vent'anni, non avevo nessuna vocazione. Mi son trovato ___ fare il giornalista solo _____ una serie ____ coincidenze.

Certo, ci sono destini segnati. Carla Fracci ballava _______ punte ___ tre anni.

Resta il fatto che la maggioranza_____ italiani il lavoro non se lo scelgono, ma lo subiscono, un po' _____ caso e un po' _____ necessità.

(LUCA GOLDONI, *Il sofà*, Milano, Rizzoli, 1988)

Per la lingua IN VERSI

LA NOSTRA LINGUA ITALIANA
(Riccardo Cocciante)

1 Lingua di marmo antico di una cattedrale
Lingua di spada e pianto di dolore
Lingua che chiama da una torre al mare
Lingua di madre che porta nuovi volti
Lingua di monti esposta a tutti i venti
Che parla di neve bianca agli aranceti
Lingua serena, dolce, ospitale
La nostra lingua italiana

2 Lingua di lavoro e lingua per onore
Nei mercati stoffe, gioielli e ori
Lingua di barche e serenate a mare
Lingua di sguardi e sorrisi da lontano
Lingua ordinata da un uomo di Firenze
Che parla del cielo agli architetti
Lingua nuova, divina, universale
la nostra lingua italiana

3 Ed è per strada mentre lavora tra la gente
E' l'onda dello stadio, l'urlo della folla
E' in trattoria mentre mangia e beve
E' un sorriso dalle tue labbra di donna
E' la tua voce mentre dicevi mamma
E' nei bar di chi si perde in un bicchiere
Con chi ha sbagliato a piangere o a scherzare
E in ogni gesto cercare un po' d'amore
Un po' d'amore

4 Lingua che parla di palazzi e fontane
Lingua d'osteria tra vino e puttane
Lingua di grazia nelle corti e nell'amore
Lingua d'amore che è bella da sentire
Lingua che canta lungo l'Arno al mare
Fino alla sabbia del continente americano
Lingua ideale, generosa, sensuale
La nostra lingua italiana

5 E' un aeroplano che vola tranquillo
Sulla rotta polare o quella delle Antille
Una rosa rossa color del sangue
Spina di una rosa, ti punge e sei sua amante
E' una donna snella che vince nella moda
E guida un'auto rossa, prestigio della strada
Poi si sposa con la luce e come un faro
Proietta al mondo il grande cinema italiano
Il grande cinema italiano

6 Lingua dell'opera, lingua del bel canto
Che canta coi violini e gioca col suo accento
Lingua dello spazio e termini in inglese
Della scissione a freddo e formule in francese
Lingua di pace, lingua di cultura
Dell'avanguardia internazionale
La lingua mia, la tua
La nostra lingua italiana

LA NOSTRA LINGUA ITALIANA
Parole: Gaïo CHIOCCHIO - Musica: Riccardo COCCIANTE

24. Vero o falso?

	V	F
1. Lingua di marmo moderno di una cattedrale.	❑	❑
2. Lingua che parla di neve bianca agli aranceti.	❑	❑
3. Nei mercati stoffe, merletti e ori.	❑	❑
4. Lingua nuova, divina, universale.	❑	❑
5. Lingua che parla di palazzi e fontane.	❑	❑
6. Lingua poco adatta per la corte e per l'amore.	❑	❑
7. Lingua che in ogni gesto offre un po' d'amore.	❑	❑
8. Lingua normale, generosa, sensuale.	❑	❑
9. Lingua che proietta al mondo il grande cinema italiano.	❑	❑
10. Lingua di pace, lingua di cultura.	❑	❑

24a. Eliminare la parola che non è sinonimo delle altre

1. Lingua - gergo - idioma - linguaggio - paese
2. Spada - fioretto - spatola - sciabola - brando
3. Pianto - pianta - lamento - strazio - tormento
4. Sorriso - gioia - soddisfazione - sortilegio - riso
5. Urlo - grido - bisbiglio - clamore - strepito
6. Rotta - rottame - itinerario - percorso - tragitto
7. Spina - aculeo - lisca - assillo - spinta
8. Faro - lampada - luce - farro - fanale
9. Opera - melodramma - opportunità - lavoro - attività
10. Cultura - coltura - dottrina - istruzione - civilizzazione

24b. Trovare gli opposti

antico -
sorriso -
pianto -
ordinato -
dolore -
divino -
tranquillo -
prestigioso -

sereno -
universale -
dolce -
allegro -
ospitale -
generoso -
snello -
lavoro -

24c. Famiglie di parole. Cercare parole affini

Es. Lingua: *linguaggio, malalingua, linguacciuto, linguaccia, linguista, linguistico,* ecc...

1. Marmo
2. Torre
3. Monte
4. Vento
5. Uomo
6. Mare

24d. Esporre oralmente o per iscritto le definizioni riferite alla lingua, parlando dei sentimenti che caratterizzano questa poesia

MORFOLOGIA

USO DEGLI AUSILIARI	**Usi modali del futuro**
Modo indicativo	**Uso delle preposizioni**
Idea di presente passato e futuro	
Accordo del participio passato	**Per la lingua in versi:**
Il presente	**Verrà la morte... *(Cesare Pavese)***

USO DEGLI AUSILIARI

1. Completare con HA / È

1. Paolo _____ comprato un impianto stereo nuovo.
2. Ieri _____ piovuto moltissimo, e sulle montagne _____ addirittura nevicato.
3. _____ capitato un fatto molto strano.
4. Anna _____ visto degli elettrodomestici molto convenienti al supermercato.
5. Si _____ fatto montare l'allarme antifurto dalla ditta di mio zio.
6. Mia moglie, come al solito, non si _____ ricordata di pagare il canone della televisione.
7. Quella notizia _____ giunta del tutto inaspettata.
8. _____ costato moltissimo questo stereo, ma ha un suono splendido.
9. Questo aspirapolvere non _____ mai funzionato bene.
10. Luisa _____ smesso di battere la sua tesi a macchina e si _____ comprata un piccolo computer.

2. Completare con SONO / HANNO

1. Ieri Paolo e Maria _________ partiti per il viaggio di nozze.
2. Lo sapevi che i Rossi _________ divorziato?
3. _________ andati in un albergo a quattro stelle, ma non _________ rimasti molto soddisfatti.
4. _________ detto che _________ mangiato benissimo, l'altra sera, al ristorante cinese.
5. Quanto _________ speso i tuoi per l'appartamento al mare?
6. _________ viaggiato in treno o in aereo?
7. _________ preferito prendere un taxi, perché per il ritorno non c'erano autobus.
8. Quello è un treno rapido con prenotazione obbligatoria.
   Chissà se l'_________ già fatta la prenotazione?

9. "________ già arrivati?" "Sì, ________ telefonato adesso, dicendo che ________ atterrati in perfetto orario."
10. ________ scesi in un ottimo albergo.

3. Completare con l'ausiliare ESSERE o AVERE

1. Il professore ______ continuato a parlare per ore ed ore.
2. Il temporale ______ continuato fino a tarda sera; ______ piovuto a dirotto, poi ______ seguita una serata più fresca ma senza vento.
3. E' un cameriere eccellente: ______ servito nei migliori ristoranti.
4. Avevo il suo numero di telefono, ma non mi ______ servito, perché lui era fuori città.
5. Tuo figlio ______ mancato gravemente: devi dargli una bella lezione!
6. Questo pomeriggo dalle tre alle quattro ______ mancata la luce per un guasto alla cabina elettrica.
7. Che caldo! Per tutta la giornata non ______ spirato un alito di vento.
8. Poverino! Era ridotto proprio male; ______ spirato ieri sera verso le dieci.
9. Le gare di salto in alto ______ cominciate ieri sera e ______ continuate per tutta la giornata di oggi.
10. Gli studenti ______ cominciato a stancarsi di questa lezione: che noia!
11. Il prezzo della frutta ______ ribassato di oltre il venti per cento.
12. Il negozio di fronte ______ ribassato i prezzi.

4. Coniugare al passato prossimo gli infiniti tra parentesi

1. Molta gente ________________ (comprarsi) il telefono cellulare.
2. Ieri io ________________ (ricevere) un fax da Milano.
3. Il mio medico ieri ________________ (utilizzare) il teledrin (o cerca-persone) per un caso urgente.
4. Lo sai che i bambini ________________ (rompere) il telecomando del televisore?
5. Ieri notte ________________ (suonare) l'allarme dei nostri vicini di casa, ma per fortuna ________________ (trattarsi) solo di un guasto.
6. Quando Giancarlo ________________ (uscire), ________________ (portarsi) via il ripetitore della segreteria telefonica.
7. Angelo, ________________ (mettere) l'antifurto alla macchina?
8. Chi ____________ (essere) ad accendere il forno a microonde?
9. Io ______________ (diventare) pazzo per capire come funziona il programma del personal computer.
10. "Dove ____________ (essere, tu) finora?" "________________ (restare) seduto ad aspettarti."

5. Coniugare al passato prossimo gli infiniti tra parentesi

Cara mamma,

ti __________ (pensare) tanto e __________ (essere) un po' preoccupata per la tua salute. Va meglio la tua gamba? Che peccato che tu non sia potuta venire! Il tempo finora __________ (essere) molto bello; ________ (piovere) solo un paio di volte, e per poco: poi __________ (tornare) il sole e l'aria__________ (riscaldarsi) subito di nuovo.

La prima settimana l'_____________ (passare, noi) a Roma, e il soggiorno non _______________ (essere) per niente riposante: non _______________ (fare) altro che girare per chiese e musei!

_____________ (camminare) per chilometri, perché girare con la macchina è pazzesco.

Successivamente_____________ (passare, noi) in Toscana; lì _____________ (essere) altrettanto interessante, ma più riposante. _________________ (avere) molta fortuna anche con i ristoranti, grazie alla gente che è sempre disponibile. Ogni volta che ______________ (chiedere, noi) informazioni, _______________ (trovare) posti tipici e molto carini.

Ora siamo in Umbria. La regione è piena di cittadine medievali più o meno famose. Ne ______________ (visitare) già alcune. Girando, _________________ (scoprire) bellissimi angoli ancora poco conosciuti e non frequentati dai turisti.

Non ti dico quante foto _________________ (scattare, io)! Le vedremo insieme al mio ritorno!

Ti abbraccio

tua Julia

6. Coniugare al passato prossimo gli infiniti tra parentesi

1. ________________ (pettinarsi, tu) stamattina?
2. A che ora __________________ (andarsene, loro)?
3. Che _______________ (farsi, tu)? Hai una macchia enorme sulla giacca!
4. " _____________ (andarci, voi)?" "No, non ____________ (poterci, noi) andare."
5. " _______________ (mangiare, tu)?" "Sì, grazie. ______________ (mangiare, io) quello che mi _______________ (preparare, loro)."
6. "Che _______________ (fare, tu) ieri sera?" " ________________ (giocare) a tennis con Pino."
7. Che faccia che hai! Non _______________ (dormire) abbastanza?
8. Che guaio! _______________ (rovinarsi, io) le scarpe nuove con questa pioggia!
9. _______________ (Soffrire, lui) molto per la morte del padre.
10. "Marcella _____________ (rompersi) una gamba."
    "E come _______________ (fare, lei)?" "________________ (scivolare) su una buccia di banana."
11. _______________ (Incontrare, io) Gino. Quanto ____________ (invecchiare)!

12. Quanto _______________ (calare) i prezzi dopo Natale!
13. Luisa _______________ (viaggiare) molto in aereo in questi ultimi tempi.
14. "Come _______________ (comportarsi) i bambini?" "_______________ (strillare) tutto il tempo!"
15. " _______________ (Cenare, voi)?" "No, ma _______________ (mangiare) così tanto a pranzo!"
16. _______________ (Agire, lui) in modo molto scorretto.
17. Per quanto tempo _______________ (rimanere, tu) in questa posizione?
18. _______________ (Riposare, voi) bene questa notte?
19. Come sta Roberto? _______________ (guarire)?
20. In che giorno _______________ (nascere, tu)?

7. Coniugare al passato prossimo gli infiniti tra parentesi

1. Giuliana non sta troppo bene, _____________ (dimagrire) paurosamente negli ultimi tempi.
2. Hai letto sul giornale che una casa _______________ (crollare) nel centro storico?
3. Ho visto una macchina che _____________ (sbandare) sull'asfalto viscido e poi _____________ (precipitare) in un canale.
4. Perché non _____________ (informarsi, tu) per tempo? Vedi che _____________ (sbagliare) strada!
5. Quando ero in prossimità del semaforo _______________ (rallentare, io), ma i freni non _____________ (funzionare).
6. Peccato, anche questa occasione _____________ (sfumare)!
7. Noi _______________ (rimanere) di stucco nell'apprendere la notizia.
8. I suoi sogni di gloria ormai _____________ (tramontare).
9. Scusami, _______________ (sbagliarsi, io)!
10. _______________ (ricordarsi, tu) di andare dal carrozziere?
11. Non _______________ (ricordare, io) il suo numero, così non ho potuto chiamarla.
12. _______________ (Correre, io) fino alla fermata dell'autobus .

8. Coniugare gli infiniti tra parentesi

"Come mai non sei venuta alla conferenza di Rossi?" "Eh, non _________ (potere)! ___________ (dover) andare ad accompagnare mio marito all'ospedale." "Oh, poveretto, che gli _____________ (succedere)?" "Niente di grave. ___________ (slogarsi) una caviglia." "Mi dispiace per lui. La conferenza, era molto interessante." "Eh, lo credo. Infatti mi _____________ (dispiacere); però non ___________ (potere) fare altrimenti."

9. Coniugare gli infiniti (modali) tra parentesi

1. "Paola, sei tutta bagnata, ma dove sei stata? Perché sei uscita con la febbre?" " ____________ (dovere) farlo per forza! Non ___________ (poter) fare altrimenti." "Ma fuori piove! Non potevi rimandare? Dove _____________ (dover) andare?" "All'università. Ci _______________ (dover) andare, perché un mio compagno mi doveva riportare degli appunti che mi servono. Ho provato ad avvertirlo per incontrarci un altro giorno, ma non l'ho trovato; e così non _____________ (poter) fare altro che andare di persona."

2. "Lo sai che ci è successo ieri sera? Dovevamo andare a teatro, ma lui _________ (volere) vedere la partita e non ________ (voler) uscire se non al suo termine. Così siamo arrivati a spettacolo iniziato." "Ma vi hanno fatto entrare?" "Macché! ___________ (dover) aspettare fuori, e non _________ (poter) entrare che alla fine del primo atto. Ci siamo persi quasi un'ora di spettacolo."

10. Coniugare al passato prossimo gli infiniti tra parentesi con gli ausiliari ESSERE e/o AVERE

1. Perché non _______________ (ti volere) truccare? Guarda come stai male così!
2. "Che hai fatto in tutto questo tempo?" "Ho avuto molto da fare e non _______________ (mi potere) dedicare ad alcuna lettura."
3. _______________ (Mi dovere) assentare per qualche minuto, ecco perché non _______________ (ti potere) rispondere al telefono.
4. Quei nostri colleghi erano diventati così antipatici che con loro non ___________ (potere) scambiare nemmeno due parole.
5. Quest'anno i prezzi sono aumentati a tal punto che io non _____________ (mi potere) comprare nemmeno un abito nuovo.
6. I loro rapporti sono così deteriorati che per Natale non ________________ (si volere) inviare nemmeno gli auguri.
7. Ho preso molto freddo, perché _______________ (mi dovere) affacciare alla finestra ancora in pigiama.
8. Quel bambino si è emozionato a tal punto che non _____________ (si potere) trattenere dal piangere.
9. La colpa non è mia, è lui che _________________ (volere) comportarsi in questo modo.
10. Io _____________ (mi dovere) lamentare di loro, perché non _________________ (si volere) impegnare in questo lavoro.

11. Coniugare gli infiniti (riflessivi) fra parentesi

PREPARARSI

DIALOGO. La madre deve accompagnare la figlia Sonia dal dentista; ora sta nel suo studio a sbrigare della contabilità, e da lì controlla che la figlia si stia preparando "come si deve".

Madre: Sonia, ____________________ (ricordarsi) che oggi c'è il dentista? Tra pochissimo dobbiamo uscire.
Sonia: Sì, sì, mamma.
Madre: ____________________ (prepararsi)?
Sonia: No, mamma; stavo cominciando ora.
Madre: Fa' presto, ché è tardi!
Dopo pochi minuti.
Madre: Allora, Sonia, ci siamo?
Sonia: Sì, sì, mamma!
Madre: ____________________ (vestirsi)?
Sonia: Sì, certo, ____________________ (vestirsi)!
Madre: Che scarpe ____________________ (mettersi)?
Sonia: Quelle nere, perché piove!
Madre: Ah, bene! E i denti, ____________________ (lavarseli)? Non vorrai mica andare dal dentista senza esserti lavata i denti!
Sonia: Ah, è vero! Ora lo faccio!
Madre: Sonia, ____________________ (pettinarsi) per bene?
Sonia: Sì, ____________________ (farsi) la coda.
Madre: D'accordo! Senti, non ____________________ (truccarsi), vero?
Sonia: No, no.
Madre: Io finisco di scrivere un appunto. Dopo che ______________ (infilarsi, tu) cappotto e cappello, chiamami, e così andiamo!

IDEA DI PRESENTE, PASSATO E FUTURO

12. Coniugare gli infiniti tra parentesi (PASSATO PROSSIMO / PRESENTE / FUTURO)

Finalmente *sono uscito* di casa, non meno depresso del solito (giorni brutti, quelli: mia moglie mi aveva appena lasciato!), ma deciso tuttavia a cercare una qualche consolazione. Ogni volta che ______________ (sentirsi) così giù, non _____ (avere) che una soluzione: __________ (uscire) e ___________ (comprare) qualcosa. Meglio se qualcosa di inutile. Poi ____ (stare) meglio. L'atto stesso di comprare ________ (farmi) sentire meglio. E così quel pomeriggio io _______________ (dirigersi) al negozio a me più caro: un affascinante, spettacolare, enorme supermercato di elettrodomestici.

Di lì ______ (essere) quasi impossibile uscire a mani vuote. __________ (esserci) tanto, tantissimo e di tutto. E le occasioni, quelle poi, non ___________ (mancare) mai: offerte speciali, sconti, saldi, riduzioni, liquidazioni, regali, prezzi speciali, promozioni, tre al prezzo di due, compri dieci paghi sette, e così via.

__________ (aspettare) l'autobus un bel po'. Quello giusto non arrivava mai. Alla fine ne ___________ (prendere) un altro, il numero diciassette, che mi __________ (portare) più o meno da quelle parti. Ma dalla fermata al negozio ___________ (dovere) camminare per un bel pezzo, sotto il solleone. Avvicinandomi al negozio, __________ (notare) con sospetto che, nel piazzale, non c'erano macchine parcheggiate.

Un brutto cartello color arancione mi ___________ (dare) la conferma: "Chiuso per ferie dal 12 al 18 agosto". Tutti chiudono sotto Ferragosto! ____________ (sentirsi) più infelice di prima, depresso, frustrato, incapace di reagire.

Non _____________ (sentirsela) di prendere di nuovo l'autobus. _____________ (prendere) un taxi. Sì, stavolta __________ (concederselo)! __________ (essere) a casa tra dieci minuti, in tempo per il telegiornale. Il piccione __________ (essere) bell'e cotto, oramai. Quanto sono buoni i piccioni arrosto! _____________ (essere) davvero carina la mamma a prepararmelo. ______ (essere) una donna proprio straordinaria!

E seguendo il filo di questi pensieri ____________ (rincasare). ____________ (entrare) subito in cucina, sicuro di essere accolto dal gradevolissimo profumo di piccione arrosto.

Nulla: il programma elettronico del forno, per l'ennesima volta, non aveva funzionato!

13. Volgere il testo dal presente al passato

Il volo Milano-Roma atterra in perfetto orario. Torno a casa in taxi, pregustando la serata e sorridendo tra me e me.

Mi faccio una doccia bollente e rigenerante. Mi metto in pantofole.

Alla finestra mi fumo una sigaretta: proprio meritata, dopo una giornata così.

Rientro e accendo il "compact": mi scelgo il disco con cura, qualcosa di appropriato.

"E adesso, un caffè!", mi dico.

Vado in cucina e carico la caffettiera. Accendo il fornello e ... nell' attesa penso che devo riascoltare i messaggi della segreteria telefonica.

I primi sono di ordinaria amministrazione.

Poi: "Dottor Neri, sono la Sua segretaria. La prego, appena rientra, di passare in azienda. E' molto urgente".

Dopo pochi minuti salgo in macchina.
Il mio caffè è ancora sul fuoco.
Il mio sogno innocente è svanito.

USI MODALI DEL FUTURO

14. Coniugare al futuro gli infiniti tra parentesi

1. Che ore __________ (essere)? Mi si è fermato l'orologio e ho perso la cognizione del tempo.
2. Che ore ______________ (essere) ieri sera quando è rientrato Lucio?
3. Dove ________ (essere) lo scolapasta? Da quando c'è la nuova domestica non trovo più niente!
4. Dove ____________ (mettere) Lina la pentola a pressione? L'ha usata lei ieri!
5. Che ___________ (essere) quel fumo laggiù? Non ci ___________ (essere) mica un incendio?
6. Che _________ (essere) questo rumore? L'hai sentito anche tu? Non __________ (entrare) qualcuno in casa?
7. Che ci __________ (essere) scritto qui? Non riesco a leggere, è tutto sbiadito!
8. Chi ____________ (scrivere) questa lettera? Ci sono tanti errori!

15. Ricostruire il testo inserendovi i verbi elencati sotto

AVRÀ PERSO IL TRENO

DIALOGO. Un ragazzo ventenne e suo padre, in attesa del treno sulla banchina della stazione.

Padre: Ma tra quanto ________________ questo benedetto treno! Io tra mezz'ora ho un appuntamento!
Figlio: Aspetta che mi informo! Un dipendente delle ferrovie dice che ha un quarto d'ora di ritardo. Tra pochissimo __________ qui.
Il treno arriva. I viaggiatori scendono.
Padre: Ma la mamma, dove _________? Per caso non _______________?
I due, padre e figlio, entrano veloci nel treno; in pochissimo tempo lo percorrono tutto. Della madre nessuna traccia.
Figlio: Niente da fare, qui non c'è.
Padre: Non _________ mica nella toilette?
Figlio: No, ho controllato, era vuota. Ma dove _____________? Doveva essere per forza su questo treno!

Padre: Forse ________________ la partenza. Strano, però, doveva telefonare!
Figlio: No, la mamma non è tipo da rimandare una partenza ... senza avvertire, per giunta.
Padre: Non ________________, per caso, la coincidenza a Firenze? Chissà se il treno dalla Svizzera era in ritardo?
Il figlio va di nuovo a chiedere all'ufficio informazioni e torna con la soluzione del mistero.
Figlio: Dicono che il treno proveniente dalla Svizzera viaggiava con forte ritardo, per cui i viaggiatori ____________ col prossimo treno locale, tra due ore.

arriverà - arriveranno - avrà perso - avrà rimandato - sarà (3) - sarà finita - si sarà addormentata

16. Coniugare gli infiniti tra parentesi

DOVE SARÀ?

DIALOGO. Madre e figlio; quest'ultimo visibilmente agitato. Sono le dieci di sera.

Figlio: Ma dove ________________ (finire) il mio "papillon?" Marcella è già sotto che mi ____________ (aspettare)!
Madre: Beh, falla salire; se no, prima che lo ____________ (trovare), lei ____________ (morire) di freddo in macchina!
Figlio: Ma tu lo ___________ (vedere), mamma, da qualche parte? Chi ___________ (potere) averlo preso?
Madre: Chiedi a tuo fratello Luigi: magari lo ________________ (prendere) lui, senza poi rimetterlo al suo posto.
Figlio: Gliel' ________________ (chiedere) già, ma lui ________ (dire) di no! Ma dove ________ (essere), accidenti! Gli armadi li ______________ (controllare) tutti, cassetto per cassetto. Non ___________ (essere) mica in cucina!
Madre: Lucio, ____________ (volere, tu) un consiglio? Se proprio ci ___________ (tenere) ad andare a questa festa, mettiti una cravatta!
Arriva Paolo, il fratellino di cinque anni.
Paolo: Mamma, ma che _________ (essere) questo cosino nero? Non _________ (essere) mica un pipistrello?
Madre: Dove lo ______________ (trovare)?
Paolo: Per terra, in camera di Lucio!
Madre: Fallo vedere a tuo fratello: te lo _________ (dire) senz'altro lui che cosa ___________ (essere)!

ACCORDO DEL PARTICIPIO PASSATO

17. Completare con il participio passato

IN PARTENZA PER LE VACANZE

- Ma insomma, perdiamo l'aereo! Ti vuoi sbrigare?
- Sì, sì! Ho quasi finito. Ma non ci capisco più niente con tutte queste valigie e questi pacchetti; dammi una mano, se no, sul serio, non partiamo.
- Allora, i pigiami li hai ____________ (prendere)?
- Sì.
- E di camicie, quante ne hai ______________ (portare)?
- Otto.
- Va bene; e l'asciugacapelli?
- Anche quello. Uh! I pantaloni!
- A quelli ci penso io. Tu piuttosto va' in bagno a prendermi il rasoio e la schiuma da barba.
- Nessun problema, li ho già ____________ (mettere) in borsa.
- Piuttosto, di magliette quante ne hai _____________ (preparare)?
- Due.
- Prendine ancora tre o quattro, perché quelle servono.
- E tu li hai ___________ (prendere) gli occhiali da sole?
- Sì, grazie! Quello che invece non ho __________ (mettere) in valigia sono sapone e dentifricio.
- Ma quelli li ho ______________ (portare) io.
- Ah, bene! Allora andiamo! Se ci manca qualcosa la compreremo in Italia.

18. Completare con la desinenza del participio passato

1. Abbiamo scritt___ numerosi volantini che abbiamo poi distribuit___ per la città.
2. I clienti hanno richiest___ i campioni che avevano scelt___ sul catalogo.
3. L'ombra ha invas___ la stanza e l'ha res___ completamente buia.
4. Le novelle, che credevo di aver dimenticat___, mi sono tornat___ in mente all'improvviso.
5. Le ultime piogge hanno provocat___ danni all'agricoltura; il governo non li ha ancora valutat___, ma sembra che siano ingenti.
6. Sono stat___ pres___ nuove decisioni, perché quelle pres___ in passato non avevano dato buoni risultati.
7. "Quanti sono stat___ gli invitati?" "Tutti quelli di cui abbiamo trovat___ gli indirizzi. Gli altri li abbiamo contattat___ telefonicamente."

8. Ho copiat___ gli appunti che avevo pres___ durante la lezione e che mi sono servit___ per ripassare tutto l'argomento.
9. Abbiamo abitat___ a lungo in questo posto, ma ora abbiamo decis___ di andarcene.
10. "Hai ritrovato le lettere che ti avevo scritt___?". "Ne ho ritrovat___ solo una. Non so proprio dove siano andat___ a finire tutte le altre."
11. "Hai fatt___ gli esercizi?". "Oh sì, certo, che li ho fatt___. Ne ho fatt___ tantissimi."
12. Ho aperto tutti i cassetti e ho tirat___ fuori tutti i fogli che vi avevo ripost___.

19. Completare con l'ausiliare ESSERE e AVERE, nonché con le desinenze del participio passato

1. Appena ho avuto la notizia ______ cors___ da lui.
2. Mamma mia, quanto ________ cors___! Non ce la faccio più a respirare.
3. Le mandrie _______ sces___ a valle per il cambio di stagione.
4. (Noi) ___ ___ sces___ il fiume in canoa: è stata un'esperienza indimenticabile!
5. "(Voi) ___ ___ volat___ bene?" "Per carità, è stato un viaggio da incubo!"
6. Le rondini ieri _______ volat___ via: sta arrivando l'autunno.
7. Dopo la rivoluzione moltissime persone ______ emigrat ___ in cerca di lavoro.
8. Mio padre _____ emigrat___ in Australia dieci anni fa.

20. Completare con il participio assoluto

1. ____________ (leggere) la lettera, prese carta e penna per rispondere.
2. ____________ (partire) loro, ce ne andammo subito anche noi.
3. ____________ (dire) queste cose, uscì sbattendo la porta.
4. ____________ (superare) gli esami, mi prenderò qualche giorno di riposo.
5. ____________ (bere) il caffè, ci alziamo da tavola.
6. ____________ (finire) la lezione, gli studenti se ne vanno rapidamente.
7. ____________ (venire) all'improvviso la pioggia, tornai indietro a prendere l'ombrello.
8. ____________ (uscire) la folla dallo stadio, si sentì un gran botto.
9. ____________ (terminare) i preliminari, tutti si imbarcarono sul traghetto per la Sardegna.
10. ____________ (partire) il padre, Francesca si mise a piangere.
11. ____________ (controllare) i passaporti, i turisti ripresero il viaggio.
12. ____________ (morire) un papa, se ne fa un altro. (proverbio)

21. Completare con le desinenze del participio passato

SEGRETERIA TELEFONICA

- Flavia, andiamo? E' tutto a posto?
- Direi di sì! Devo solo controllare le finestre di sopra.
- Ti sei ricordat___ di inserire la segreteria telefonica?
- Sì, l'ho inserit___, l'ho appena fatt___. Una volta mi è capitat___ di non inserirla, e la cosa mi è costat___ un sacco di milioni.
- Un sacco di milioni?
- Sì, è success___ parecchi anni fa, prima che ci sposassimo. Ero andat___ in Svizzera per lavoro e, come ti ho già dett___, non avevo lasciat___ la segreteria inserita.
- Te ne eri scordat___, scommetto.
- Macché! Mi si era rott___ proprio due giorni prima e, in piena estate, sotto Ferragosto, non avevo trovat___ nessuno che me la riparasse.

Poi sono tornat___ dalle ferie e, dopo qualche giorno, ho incontrat___ per caso il mio notaio, che è anche un vecchio amico. "Ma dove ti sei nascost___ per tutto questo tempo? Ti ho cercat___ per mari e per monti!", mi dice. "E perché mai?", gli chiedo io piena di curiosità. E così sono venut___ a sapere che avevo vint___ un grosso premio in denaro ad un concorso...

- Va bene, ma fammi capire, perché mi hai dett___ che la cosa ti era costat___ tanti soldi?
- Non ci crederai, ma i termini per la riscossione del premio erano scadut___ la settimana prima.

22. Completare con le desinenze del participio passato

QUANTE NE HAI PRES__!

DIALOGO. La cameriera torna, per la verità un po' in ritardo, dal fare la spesa. La signora la accoglie con scarso entusiasmo.

Signora: Ah, sei tornat___, finalmente!
Cameriera: Non mi dica niente! C'era tanta di quella gente; ho fatt___ la fila alla cassa per più di venti minuti.
Signora: Hai pres___ tutto, almeno?
Cameriera: Mah, mi sembra di sì. Ho spes___ una follia! Il detersivo per la lavastoviglie, per la lavatrice e per i piatti, poi i bicchieri di carta, la carne, gli spinaci, le mele, la pasta...
Signora: Quanta ne hai pres___ di pasta?
Cameriera: Ne ho pres___ due pacchi. Penne e spaghetti.

Signora: Ah, sì, le penne vanno bene. E le pere, le hai trovat___?
Cameriera: Sì, sì: ne ho pres___ due.
Signora: Come due?
Cameriera: Eh, sì, come aveva scritt___ Lei!
Signora: Macché due! Due pere! Due ne hai comprat___? Due chili dovevi prenderne!
Cameriera: Ma Lei aveva scritt___ due!
Signora: Poveri noi! E la Coca Cola te la sei ricordat___?
Cameriera: Sì, ne ho comprat___ tre bottiglie grandi, formato famiglia. E poi ho pres___ il parmigiano: ne ho pres___ tre etti. Va bene?
Signora: Sì, ma quanto l'hai pagat___?
Cameriera: Non molto; era in offerta speciale. A proposito, ho trovat___ dello zucchero integrale di canna a metà prezzo.
Signora: Che cosa? Zucchero integrale? Ma quanti pacchi ne hai comprat___?
Cameriera: Dieci.
Signora: Ma se non lo usiamo mai!
Cameriera: Beh, in compenso, ho una bella sorpresa!
Signora: Che cosa?
Cameriera: Un prosciutto di Parma. Anche quello in offerta. Era a metà prezzo.
Signora: Ma come un prosciutto?! Quanto ne hai pres___?
Cameriera: Uno. Uno intero.
Signora: Ma che ci facciamo con un prosciutto intero?
Cameriera: Lo mangiamo, Signora!
Signora: Ma come, se nessuno di noi lo sa affettare!
Cameriera: Già! Non avevo proprio pensat___ a questo particolare!

23. Completare con le desinenze del participio passato

1. Ci siamo dovut___ vestire così in fretta che siamo uscit___ in pantofole.
2. Mi piace molto il golfino che Maria ti ha regalat___
3. Stasera vado a vedere il film del quale mi hai parlat___
4. Chi ha vist___ i bambini?
5. Mia nonna è vissut___ fino a novant'anni.
6. Questa spilla è stat___ fatt___ da un bravissimo orafo di Firenze.
7. E' toccat___ a lei andarci.
8. Marco e Peppino si sono dimenticat___ di telefonarci.
9. Finit___la partita, siamo tornat___ a casa.
10. Ma queste lettere sono stat___ scritt___ da un analfabeta!
11. E' diluviat___ ieri sera!
12. Quando è success ___?
13. Abbiamo volut___ comprarci una macchina nuova.
14. L'uomo, bevut___ la grappa, uscì in fretta dal bar.
15. Si è fatt___ tardi, devo andare.
16. Partit___ Giovanni e Paola, ce ne siamo andat___ anche noi.

17. Luigi e Marta sono appena tornat___.
18. Che ti è capitat___?
19. Finit___ i compiti, vengo da te.
20. E' nevicat___ tanto sugli Appennini.
21. Lei dice a lui: "Non mi hai mai capit ___".
22. Dove l'hai comprat___ questa giacca?
23. Li hai comprat___ tu i biscotti?
24. Chi le ha scattat___ queste foto, tu o tuo marito?
25. "C'è ancora birra in casa?" "Sì, ce n'è rimast___ parecchia."
26. Quella frutta, dove l'hai comprat ___?
27. Perché non mi rifai quella torta che avevi preparat___ per Natale?
28. I giornali che abbiamo lett___ non riportavano la notizia.
29. "Ci sono abbastanza mele per il dolce?" "Sì, ne ho comprat___ io un chilo."
30. Mi ha incontrat___ per strada ieri, dice Antonietta, ma non mi ha riconosciut___.
31. "Hai comprat___ la panna?" "Sì, ne ho pres___ tre etti."
32. "E lo yogurt?" "Me ne sono pres___ cinque vasetti."
33. Ciao, Gloria! Scusami, non ti avevo notat___!
34. "Ti piace questa pelliccia?" "Molto, chi te l'ha regalat___?"
35. Quei biscotti, chi te li ha dat___?
36. "Se mi avevi vist___, dice Cristina, perché non mi hai salutat___?"
37. "Di arance, ce ne sono rimast___ abbastanza?" "Sì, sì, ce ne sono rimast___ almeno due chili."
38. Uscit___ i miei, le ho telefonat___.
39. Gioia e Valeria si sono fatt ___ due gran belle ragazze!
40. Questa storia è accadut___ tre anni fa.
41. Che belle queste conchiglie! Chi te le ha dat___?
42. "Quanti fagioli hai cott___?" "Ne ho cott ___ un chilo."
43. Mario si è mangiat___ le unghie per tutta la serata guardando il giallo alla televisione.
44. Si è dett___ fin troppo su questo argomento.
45. Alla prima scossa di terremoto ci si è alzat___, ci si è vestit___ tutti in gran fretta e si è uscit___ in strada.
46. "Hai pres___ la farina?" "Sì, ne ho pres___ un chilo."
47. Non vi ho telefonat___ per tanto tempo, ma vi ho pensat___ molto.
48. "Giorgio si è preparat___ la cena da solo, pensa!" "E con questo? Anche Vittorio se l'è preparat___ da solo, come sempre!"
49. Si è mangiat___ benissimo da Lina, peccato che tu non sia venuto!
50. Scusami, Gianna, puoi ripetere? Non ti ho sentit___!
51. Di salsa ne è avanzat___ un po' anche per me?
52. Che bella ragazza! Dove l'hai conosciut___?
53. Era buona, eh, questa torta! Ma quanta ne hai mangiat___?
54. Di queste ciliegie ne ho mangiat ___ quasi un chilo: erano squisite!
55. Le ho parlat ___ molto a lungo ieri notte e lei mi ha finalmente capit___.
56. "Signorina, ha studiat___ le poesie a memoria?" "Sì, ne ho studiat___ tre."
57. "Giulia, hai copiat___ i racconti?" "Sì, li ho copiat___, ne ho copiat ___ due."

58. Marcello si è procurat ____ cinque biglietti per lo stadio; ne ha regalat ___ due a me e se ne è tenut___ tre per sé.
59. "Erano buone le albicocche che ho colt___ dall'albero?" "Buonissime! Me le sono mangiat____ con gusto."
60. "Carlo, quante tavolette di cioccolata ti sei comprat ____?" "Me ne sono comprat____ cinque tavolette."

24. Coniugare al passato prossimo gli infiniti tra parentesi

1. Ieri sera noi non ____________ (potere) uscire, perché faceva un freddo terribile.
2. Ho avuto una nottata agitatissima, non _________ (potere) chiudere occhio nemmeno per un minuto.
3. "________ (Potere, voi) aggiungere qualcosa sull'argomento?" "No, non ________ (potere)."
4. Lucia ________ (dovere) partire d'urgenza e non ______ (potere) salutare né parenti né amici.
5. Se non ______________ (potere) venire prima, perché non mi hai avvertito?
6. E' un uomo di forte temperamento:________ (volere) guarire con la sola forza di volontà.
7. Tu __________ (volere) sembrare più diligente di quanto non sia in realtà.
8. Noi ________ (dovere) imparare a nostre spese quanto sia difficile sperare nell'aiuto degli altri.
9. Sarei andato molto volentieri a fare una passeggiata, ma non _______ (potere).
10. Mio figlio non ________ (potere) contare sull'aiuto di nessuno, _________ (dovere) farcela da solo.
11. Io li avevo invitati di cuore, ma loro non _________ (volere) venire.
12. Ha rifiutato tutto, non ________ (volere) né mangiare né bere.

Preposizioni

25. Completare

il lavoro

Se dovessi tracciare un autoritratto ______ mia scheda personale, probabilmente comincerei così: "Ho fatto il Liceo e l'Università che tuttavia non mi hanno insegnato né arte né parte. Se ho appreso una cosa, però, è che ___ l'applicazione, posso pervenire ___ qualsiasi risultato.

Se ___ dieci ore si impara ___ guidare l'automobile, ___ venti l'aereoplano e ___ una settimana ___ "immersione completa" si parla inglese quel tanto che serve, allora possiamo dire che anche un lavoro lo si può imparare ___ svelta.

Come indicazione ___ massima, vi informo che preferisco le parole ___ numeri e che non stravedo ___ il computer: sono certo che il futuro è scritto ___ una videotastiera, ma lascio questa prospettiva ___ concorrenti, convinto che c'è uno spazio anche ___ quelli che non sono interessati ___ elettronica.

Un mio sogno sarebbe un chioschetto stradale ___ la vendita ___ idee ___ dettaglio.

Le agenzie ___ pubblicità infatti servono i grandi clienti studiando grandi strategie. Io offrirei un servizio ___ gente che passa: cosa portare ___ casa come regalo ___ un compleanno, come scaricare un amore avvizzito, come tener banco ___ una serata ___ amici raccontando ___ minimi particolari un viaggio che non si è fatto e così via.

Poi passerei ___ piatto forte e cioè ___ idea che mi ronza ___ testa e che è ___ attesa ___ un finanziatore.

Mi spiego ___ un esempio. Se uno potesse avere il suo lavoro ___ base così come ha la casa ___ cui vive, da una parte potrebbe dire: "Io ti cedo il mio appartamento ___ Italia ___ due settimane e tu mi dai il tuo ___ Londra, ___ Parigi o ___ New York"; ___ altra: "Ti lascio ___ un mese il mio negozio ___ frutta e vengo ___ fare il guardaboschi ___ Stelvio". Oppure: "___ novembre ti mando ___ Polinesia come assistente ___ volo ___ Alitalia e vengo ___ sostituirti come guardiano ___ faro", o anche si potrebbe sentire: "Offronsi tre settimane ___ lavoro come caporeparto Fiat Mirafiori ___ cambio ___ un analogo periodo ___ lavoro ___ un peschereccio".

(LUCA GOLDONI, *Il sofà*)

Per la lingua IN VERSI

VERRÀ LA MORTE
(Cesare Pavese)

Verrà la morte e avrà i tuoi occhi
questa morte che ci accompagna
dal mattino alla sera, insonne,
sorda, come un vecchio rimorso
o un viso assurdo. I tuoi occhi
saranno una vana parola,
un grido taciuto, un silenzio.
Così li vedi ogni mattina
quando su te sola ti pieghi
nello specchio. O cara speranza,
quel giorno sapremo anche noi
che sei la vita e sei il nulla.

Per tutti la morte ha uno sguardo.
Verrà la morte e avrà i tuoi occhi.
Sarà come smettere un vizio,
come vedere nello specchio
riemergere un viso morto,
come ascoltare un labbro chiuso.
Scenderemo nel gorgo muti.

26. Trovare le espressioni legate alle parole che seguono

Es.: Occhio: *occhio per occhio, occhio a ... (attenzione a...), occhio di triglia, fare l'occhiolino,* ecc.

1. Mattino 2. parola 3. speranza 4. nulla 5 . vizio 6. specchio

26a. Trovare i sinonimi

Es.: Morte: *decesso, dipartita, trapasso, scomparsa, fine,* ecc.

1. Viso 2. parola 3. grido 4. silenzio 5. sguardo 6. vizio 7. labbro 8. gorgo

26b. Trovare qualificazioni adatte a questi nomi

Es.: Viso: *rubicondo, rubizzo, rotondo, pallido, scavato, aperto, paffuto,* ecc.

1. Occhio 2. grido 3. vizio 4. labbro 5. gorgo

26c. Esporre le situazioni e gli stati d'animo presenti nel testo

MORFOLOGIA

TEMPI PASSATI DELL'INDICATIVO	**Uso delle preposizioni**
Passato prossimo	
Imperfetto	
Trapassato prossimo	**Per la lingua in versi:**
Passato remoto	**Il Natale dell'emigrante *(L. Todaro)***
Trapassato remoto	**Il vecchio e il bambino *(F. Guccini)***

USO DELL'IMPERFETTO E DEL PERFETTO

1. Leggere il testo

IL PROFESSOR ERMANNO E LA SIGNORA OLGA

Una sera, tuttavia, capitarono il professor Ermanno e la signora Olga.

Avevano l'aria di essere passati dal campo di tennis per puro caso, di ritorno da una lunga passeggiata nel parco.

Si tenevano a braccetto.

Più piccolo della moglie, e molto più curvo di dieci anni prima, il professore indossava un leggero abito di tela chiara, e si appoggiava per camminare a una canna di bambù.

Vestita a lutto, la signora portava fra le braccia un grosso mazzo di crisantemi. Benché ancora diritta, e alta più del marito di tutta la testa, anche lei appariva molto invecchiata. I capelli le erano diventati uniformemente grigi: d'un grigio brutto, tetro. Sotto la fronte ossuta e sporgente gli occhi nerissimi brillavano dell'ardore fanatico e patito di sempre.

Chi di noi sedeva attorno all'ombrellone si alzò; chi giocava smise.

(adattato da: GIORGIO BASSANI, *Il giardino dei Finzi-Contini,* Torino, Einaudi, 1962)

Analisi dei verbi

1) - Cerchiare le forme verbali al perfetto (passato remoto)
- Quante sono?

2) - **Sottolineare le forme verbali all'imperfetto**
3) - **Quale funzione svolgono le forme di perfetto e imperfetto nell'ultima frase del testo?**

2. Attività orale

TEST PER LA VOSTRA MEMORIA

Avete buona memoria? Allora concentratevi e cercate di ricordare che cosa avete fatto sabato scorso!

Richiamate alla vostra memoria le varie azioni che avete svolto: fatti di ordinaria oppure straordinaria amministrazione, di routine o di eccezionalità. E ancora: appuntamenti, commissioni, pasti, svaghi, incontri occasionali o programmati.

1) - *Lo studente A domanda allo studente B che cosa ha fatto sabato scorso.*
2) - *Lo studente B deve rispondergli elencando quante più possibili azioni diverse, con la maggiore ricchezza di particolari possibile. (Se lo studente B ha qualche difficoltà a ricordare, lo studente A dovrà stimolarlo con domande specifiche che aiutino la sua memoria. Per esempio: "Dove hai pranzato? Con chi? E dopo pranzo, dove siete andati?")*
3) - *Invertire i ruoli. Ora sarà lo studente B a fare le domande e lo studente A a rispondere.*

AZIONI	PUNTI	MEMORIA
fino a 5	5	un po' scarsa
da 5 a 7	10	normale
da 7 a 9	18	buona
oltre 9	30	eccezionale
e in più: 10 punti extra per ogni verbo corretto!		

Es.: A - *Che hai fatto sabato mattina?*
B - *Ho fatto colazione alle otto, mi sono preparato, poi sono andato a fare la spesa*, ecc.

3. Scrittura libera. Completare la lettera, raccontando alla vostra amica i contrattempi indicati nel riquadro sotto

Perdita autobus Arrivo in ritardo all'esame Brutto voto Smarrimento borsa con libri e appunti	Pioggia e mancanza di ombrello Bisticcio con Emanuele Serata sola in casa A letto prestissimo

Bologna, 24 marzo ...

Cara Anna,
come stai? E' tanto che non ho tue notizie! Io sto bene. Faccio le solite cose!

Che giornata è stata quest'oggi! Sono uscita in fretta da casa, perché avevo un esame, ma la mattinata è subito cominciata male: ho perso...

4. Attività orale

LA VOSTRA ADOLESCENZA

Tornate indietro con la memoria alla vostra adolescenza. Quali erano le abitudini che avevate in quel periodo?

a) **Scrivete nella colonna 1 (ABITUDINI) alcuni degli elementi più significativi (situazioni/azioni) caratteristici, in modo positivo come pure negativo, della vostra adolescenza.**

b) **Scrivete nella colonna 2 (FREQUENZA) con quale frequenza si realizzavano queste situazioni/azioni**

SUGGERIMENTI LESSICALI

ABITUDINI ***(situazioni/azioni)***	*FREQUENZA* ***(avverbi ed espressioni di frequenza)***
andare al cinema	sempre
litigare con i genitori	mai
andare a scuola a piedi	spesso
prendere bei voti a scuola	qualche volta
giocare a calcio	ogni tanto
andare dal dentista	una volta al mese
andare al mare	due volte all'anno
leggere romanzi	tutti i sabati
andare in bicicletta	ogni domenica
fare passeggiate	nei giorni festivi

c) **- Adesso lavorate a coppie.**
Interrogatevi a vicenda sulle abitudini caratteristiche della vostra adolescenza, e mettetele a confronto.

Esempi:

Studente A: *"A te piaceva andare al cinema?"*
Studente B: *"Sì, molto, ci andavo tutte le settimane. E a te?"*

Studente A: *"Io andavo quasi sempre a scuola a piedi. E tu?"*
Studente B: *"Anch'io. Solo quando pioveva prendevo l'autobus".*

5. Ricostruire il seguente testo (descrizione di persone), coniugando i verbi tra parentesi e collocando gli aggettivi elencati in fondo

DA BAMBINO ERA ...

Una vecchia maestra, a distanza di anni, racconta... E con poche parole dipinge i tratti essenziali del carattere di alcuni suoi ex-alunni, attraverso i loro modi di essere e le loro abitudini.

1. Marco da bambino ______ (essere) proprio ___________. __________ (amare) molto stare con gli altri e ______________ (manifestare) sempre con grande spontaneità e con calore i suoi sentimenti. Naturalmente tutti lo ________________ (trovare) simpaticissimo.

2. Luigi invece ______________ (essere) un bambino molto ____________. ____________ (avere) un'espressione sempre mesta, gli occhi e la bocca all'ingiù. __________ (tendere) a stare in disparte e il suo sguardo __________ (essere) triste anche quando _____________ (giocare) con i compagni. Loro lo ______________ (chiamare) "muso lungo".

3. Paolo __________ (essere) un bambino terribilmente _______________. Il pomeriggio se ne _________ (stare) sempre in casa: i suoi amici __________ (essere) i suoi libri e i suoi francobolli. Dover comunicare con la gente __________ (essere) per lui quasi un incubo.

4. Marta, da bambina, __________ (essere) sempre ___________. __________ (avere) un'espressione gioiosa e spensierata e __________ (avere) sempre voglia di divertirsi, di ridere e di comunicare con i suoi compagni. Anche il giocare da sola la __________ (rendere) felice: ________ (essere) una che _________ (mettere) buon umore soltanto a vederla.

5. Filippo __________ (essere) un bambino incredibilmente _____________ . ______________ (trovarsi) sempre a suo agio: non ____________ (esserci) situazione o persona che lo mettesse in imbarazzo. Durante le recite, a scuola, __________ (divertirsi) un mondo e non____________ (essere) timido affatto.

6. Marina _________ (essere) una bambina piuttosto__________. __________ (essere) spesso impacciata e _________ (trovarsi) a disagio anche nelle più banali situazioni. Infatti __________ (aver) paura di tutto e di tutti ed _________ (arrossire) spesso.

7. Sara ___________ (essere) proprio una bambina ______________. I suoi _________ (essere) costretti a dargliele tutte vinte: se non le ___________ (fare) fare tutto quello che le ____________ (piacere), lei ___________ (mettersi) a fare capricci e non __________ (finirla) più. In classe, per prenderla in giro, _____________ (chiamarla) "cocca di mamma".

8. Stefania _________ (essere) abbastanza ____________. ____________ (offendersi) sempre, per qualsiasi sciocchezza o scherzo anche innocente, e allora ______________ (mettersi) a piangere, oppure ____________ (chiudersi) in se stessa e non ____________ (parlare) più per ore.

allegro-chiuso-disinvolto-espansivo-malinconico-permaloso-timido-viziato

6. Ricostruire il seguente testo (descrizione di luoghi)

a) - Inserire i verbi elencati sotto

LA VILLA DI MIO ZIO

Da ragazzo ____________ spesso a trovare un mio carissimo zio, che ___________ scapolo e ______________ da solo.
Da lui ______________ tante volte a passare l'estate. Poi lui ______________, tre anni fa, e così la villa ______________. ______________ un posto bellissimo...

andavo - è morto - era (2) - è stata venduta - sono stato - viveva

b) - Inserire nel testo le parole elencate in fondo

1. Questa *villa* era in Sardegna; si trovava _________________ molto esclusiva. Era molto ______________; infatti le ville più vicine distavano oltre un chilometro.
2. Il giardino non __________ molto grande, ma curato e ben progettato: infatti era ben inserito nel __________. Vi ___________ un bel prato con cespugli e qualche ____________ d'alto fusto.
3. In fondo al giardino, vicino al mare, ________ una grande piscina: ___________ una forma irregolare che si armonizzava bene con la natura circostante.
4. La villa aveva un'architettura interessante, con una moderna concezione dello spazio e della luce. _____ molto lussuosa, e ciò ___________ perfettamente alle esigenze di vita mondana di mio zio. La zona notte, che __________ sul mare, disponeva di diverse camere da letto per gli ___________.
La zona giorno, invece, ______________ giardino.
5. Il salotto, in particolare, era adeguato all'intensa vita di società che mio zio ______________. Era molto grande e ospitava uno stranissimo divano con molti posti a sedere. Le finestre _________________ immense vetrate che facevano sì che il ______ del giardino entrasse nella stanza.
6. La sala da pranzo ______________ col salotto, che _____________ in modo originale, ma sobrio ed elegante.
Su una parete rivestita di legno brillava il fuoco del _______________. Il tavolo da pranzo, di cristallo e metallo, era posto su un tappeto color blu e tabacco.

albero - aveva - caminetto - conduceva - cresceva - dava - dava sul - era(2) - era arredato - era collegata - erano costituite da - in una zona - isolata - ospiti - paesaggio - si addiceva - si trovava - verde

Analisi dei verbi

a) - Individuare e sottolineare tutte le forme verbali dell'imperfetto.

b) - Che funzione svolge qui l'imperfetto indicativo?

7. Attività orale e scrittura libera

L'INTERROGATORIO

Ieri sera alle 22 e 30 è stato ucciso uno degli insegnanti di questa università, mentre stava ritornando a casa dal cinema.
Il commissario, che sta svolgendo le indagini, ha già interrogato gli impiegati e gli insegnanti, e ora vuole interrogare anche gli studenti, nella speranza di poter ottenere qualche informazione o indizio utile per individuare il colpevole!

1) - Uno di voi sarà il commissario che dovrà interrogare gli altri studenti per sapere che cosa facevano, dove erano e con chi erano all'ora del delitto, e quali testimoni possono portare in loro difesa.
   - Gli studenti interrogati dovranno rispondere a tutte le domande del commissario e fornirgli il loro *alibi* (se ce l'hanno); dovranno anche fornirgli indizi o informazioni utili, se ne sono in possesso.

2) - Scrivere un dialogo tra il commissario e gli studenti (usare il pronome allocutivo "**Lei**").

   Es:. - *Che cosa faceva Lei ieri sera alle 22,30?*
   - *Ero solo in camera, stavo studiando.*

8. Coniugare gli infiniti tra parentesi: imperfetto o passato prossimo?

1. Mentre _______________ (leggere), _______________ (suonare) il telefono.
2. Mentre _________________ (dormire), ___________________ (arrivare) Luisa.
3. Mentre ________________ (essere, noi) al cinema, _______________ (mettersi) a piovere.
4. Mentre _____________ (essere, voi) in vacanza, i ladri _________________ (entrare) in casa.
5. Mentre____________ (passeggiare, io) per le vie del centro, _______________ (incontrare, io) Mario.

9. Ricostruire il seguente testo inserendovi le parole mancanti e coniugando gli infiniti tra parentesi

CHE GIORNATA CAMPALE!

DIALOGO. E' quasi l'ora di cena; la madre sessantenne telefona alla figlia

Mamma: Ciao, Francesca, come _____________?
Figlia: Ciao, mamma! Sono stanca morta! Ho avuto una giornata campale!
Mamma: Non parlarmene! Oggi mi ______________ (succedere) di tutto, un contrattempo dopo l'altro! Ma dimmi, non ti __________ (capitare) mica _________ di grave?
Figlia: No, no; _____________ di grave, ______ fortuna! E' che____________ (correre) tanto tutto il giorno e non _______ (combinare) nulla. Ma dimmi tu, piuttosto: fammi ridere _____ po' con i tuoi guai, così _____ consolo dei miei!
Mamma: Ma senti un po' quest'insolente ___ figlia come mi prende ____ giro! Voglio vedere te alla mia età, se ti riuscirà di fare tutto ________ che faccio io ______ mattina _____ sera!
Figlia: Dai, su, _______________ (scherzare)!
Mamma: Va be'! Allora, ti racconto: alle dieci ________ (avere) un appuntamento dall'avvocato Rossini per quella faccenda che tu sai; così __________ (andare) a prendere l'autobus alle 9,40 e, mentre ____________ (aspettare), ________ (passare) un camion su una pozzanghera e mi ________ (sporcare) ____ testa ____ piedi!

Mamma: Ma che cosa ______ (esserci) _____ ridere!? Addirittura _________ (essere) costretta a tornare _____ casa e cambiarmi completamente! Finalmente alle 11 __________ (arrivare, io) allo studio di Rossini, ma lui non ___________ (esserci).
Figlia: Come, se ne era ______ andato?
Mamma: No, no; la segretaria mi _________ (dire) che ________(avere, lui) l'influenza. Poi _________ (andare) _______ banca a prelevare dei soldi. Ebbene, proprio quando _________ (essere) il mio turno e l'impiegato _________ (stare) per farmi l'operazione, il terminale ___________ (guastarsi).
Figlia: Sul serio!
Mamma: Sì, e non c'è due senza tre, come si dice.
Figlia: Ancora?
Mamma: Proprio così. Corri corri, arrivo ______ sarta, che ______ (abitare) in capo al mondo; mi _______ (dovere) provare un vestito ____ diversi giorni e invece non lo aveva ancora tagliato. ______ (essere) verde di rabbia...
Figlia: Povera mamma! Comunque siamo pari: tre ___ tre! Stai ___ sentire! Stamattina io _____________ (mettersi) alla scrivania, perché _________ (avere) diverse lettere che ___________ (aspettare) la risposta da tempo. Mentre ___________ (battere) la prima a macchina, _____________ (andarsene) la corrente.
Mamma: E _____ hai risolto?
Figlia: Molto semplice: con quella vecchia macchina meccanica, che ci vuole una vita a scrivere due righe! Scrivi e scrivi, _____________ (arrivare) l'ora di pranzo. Nel momento in cui ____________ (iniziare, io) a mangiare, mi ___________ (chiamare) Luigi. Dovevo _____________ a prenderlo ______ ufficio, perché gli autobus _______ (fare) sciopero e la sua macchina _________ (essere) in panne.
Mamma: Perché l'auto non ____________ (andare)?
Figlia: Quello smemorato aveva lasciato le luci ___________ tutta ____ mattina e così ______________ (scaricarsi) la batteria! Insomma, finalmente verso le quattro ____________ (andare) ____ riposarmi un po'.
Beh, non ci crederai, _____________ (dormire) sì e no da cinque minuti, quando ___________ (suonare) l'idraulico.
Ma proprio in quel momento doveva venire? Erano tre giorni che lo_________ (aspettare)! Uh, scusami, mamma, ti devo salutare di corsa, ___________ (suonare) la sveglietta del forno: ci manca solo che mi si bruci l'arrosto e la giornata è al completo!
Mamma: Vai pure, per carità! Ci sentiamo con comodo dopo cena.
Figlia: Allora ciao, ___ dopo.
Mamma: Ciao, ciao.

10. Coniugare gli infiniti tra parentesi

DIALOGO

Lei: Ma tu, dimmi un po', come __________ (essere) una volta? Permaloso e musone come adesso?
Lui: Una volta quando?
Lei : Mah... prima di conoscermi.
Lui: Che cosa vuoi che ti dica, come _________ (essere) e come non ________ (essere)! Chi se lo ricorda!
Lei: Dai, su, non fare l'orso, sono curiosa! Anche con le altre __________ (comportarsi) come con me?
Lui: Ma tu, piuttosto, un tempo, ___________ (essere) così chiacchierona e _________ (parlare) senza smettere mai?
Lei: Ah, quanto a questo, ___________ (avere) sempre voglia di parlare! Anzi, ___________ (parlare) anche più di adesso: semmai col passare degli anni sono un po' maturata! ...

11. Combinare le frasi del 1° e del 2° gruppo [1]

1° GRUPPO	2° GRUPPO
a. Una volta andavo a giocare a tennis;	1. ma da allora non ho più osato farli
b. Una volta sono andato a giocare a tennis;	2. non mi è piaciuto affatto come sport
c. Una volta compravo questa rivista d'arte;	3. perché c'era un articolo che mi interessava molto
d. Una volta ho comprato questa rivista d'arte;	4. ora, però, devo stare attenta alla linea e mangiare di meno!
e. Una volta facevo i biscotti in casa;	5. ora i mei occhi non me lo consentirebbero più
f. Una volta ho fatto i biscotti in casa;	6. ma ora non mi interesso più di arte
g. Una volta leggevo fino all'alba;	7. ma il giorno dopo ero distrutta dal sonno
h. Una volta ho letto fino all'alba;	8. oggi non ne avrei più il tempo

(1) IMPERFETTO = *più volte / abitualmente*; PASSATO PROSSIMO = *una sola volta / in una occasione.*

12. Combinare la frase di sinistra con la corrispondente frase di destra

a. Sono sempre stato permaloso → b. Una volta ero permaloso →	1. Una volta ero permaloso e lo sono ancora 2. Una volta ero permaloso, ma non lo sono più
c. Non sono mai stato razzista d. Un tempo non ero razzista	1. Un tempo non ero razzista e neanche adesso lo sono 2. Un tempo non ero razzista e adesso invece lo sono diventato
e. Ho sempre creduto nell'amore f. Un tempo credevo nell'amore	1. Da giovane credevo nell'amore, ma adesso non ci credo più 2. Da giovane, credevo nell'amore e tuttora ci credo

13. Combinare le frasi del 1° e del 2° gruppo[1]

a. Sono sempre stato ottimista b. Ero sempre ottimista c. Non ho mai tenuto in ordine le mie carte d. Non tenevo mai in ordine le mie carte e. Non scrivevo mai al computer f. Non ho mai scritto al computer g. Sono sempre stato permaloso h. Ero sempre permaloso	1. chissà se riuscirai ad insegnarmelo? 2. ma da quando ti ho sposato non lo sono più, con tutti gli scherzi che mi hai fatto! 3. nonostante la mia età, non ho imparato ancora ad accettare gli scherzi 4. ma da quando lavoro come segretaria, ho dovuto imparare 5. ma ho dovuto imparare a farlo, per non annegare tra i fogli 6. e anche ora, disordinato come sono, per me è un vero problema riuscirci 7. fino a quando sono caduto in quell'enorme truffa 8. l'esperienza, però, mi ha insegnato a non esserlo in modo sprovveduto

(1) IMPERFETTO = *frequenza, abitudine nel passato;* PASSATO PROSSIMO = *situazione iniziata nel passato e ancora valida*

g. Sono sempre stato un mangione h. Da ragazzo ero un mangione	1. Da ragazzo ero un mangione, e mangio ancora tanto 2. Da ragazzo ero un mangione ma oggi mangio molto meno
i. Sono sempre stato pigro l. Da bambino ero pigro	1. Da bambino ero pigro e lo sono ancora 2. Da bambino ero pigro, ma ora ho smesso di esserlo
m. Ho sempre amato il teatro n. Un tempo amavo il teatro	1. Un tempo amavo il teatro, ma ora non ci vado più. 2. Un tempo amavo il teatro e tuttora lo amo molto.

14. Coniugare gli infiniti tra parentesi

1. Io non ________________ (riuscire) mai a capire l'uso dei tempi in italiano. Beato chi ci riesce! Che roba complicata!
2. Quando avevo come insegnante di chimica il prof. Rossi, che non valeva nulla, di chimica non ________________ (capire) proprio un'acca.
3. Quando ________________ (stare, io) a Viterbo non ________________ (studiare) mai, ma ________________ (andare) sempre in giro: sono tempi andati, purtroppo!
4. "Ti è simpatica Paola?"
   "Per carità! non ________________ (potere) mai sopportarla"
5. "Ti era simpatica Paola?"
   "Per carità! Per fortuna si è trasferita in Australia; non ________________ (potere) mai sopportarla".
6. "Sai, Gianni ________________ (prendere) trenta e lode all'esame di biologia!"
   "Sono contenta per lui, se lo merita proprio! ________________ (essere) sempre uno studente molto diligente e scrupoloso".
7. Gianni, da ragazzino, ________________ (studiare) con molto impegno; adesso invece è diventato un grande svogliato.
8. "Anche adesso che si è sposata e ha una casa, Gianna continua ad alzarsi ogni mattina alle dieci e non fa niente tutto il giorno!"
   "Me l'immagino: ________________ (essere) sempre di una pigrizia fuori del comune!"
9. Gianna, da ragazza, non ________________ (fare) mai niente; invece adesso che si è sposata corre come un treno dalla mattina alla sera.
10. Quando ________________ (frequentare, io) l'università, ________________ (andare) sempre alle lezioni di storia dell'arte.

11. "Ieri sera ______________ (andare, noi) a cena da Angelo: ______________ (mangiare) delle cose un po' strane, ma veramente squisite!"
"Lo credo! Angelo ____________ (avere) sempre l'hobby della cucina!"
12. Quando Marta ______________ (lavorare) dal notaio Risi, ____________ (tornare) tardissimo la sera.
13. Irene ________ (essere) sempre una madre molto attenta e affettuosa: anche adesso che ha ripreso a lavorare trova un sacco di tempo da dedicare ai figli.
14. Mio marito mi ______________ (aiutare) molto in casa: una volta, quando io ______________ (insegnare) alla scuola serale, ______________ (preparare) lui la cena per i bambini; e anche adesso, che ho un orario molto più comodo, mi dà una mano a sbrigare tante cose.

15. Ricostruire il testo inserendovi le parole mancanti e coniugando gli infiniti tra parentesi

UNA VACANZA TUTTA NATURA

DIALOGO. Giovanna e Fiorella, ex-compagne di scuola, non si vedono da qualche mese. Casualmente si incontrano in autobus.

Fiorella: Che hai fatto, quest'estate? Sei andata al mare?
Giovanna: Sì, ________________ (andare) a Skopelos.
Fiorella: E che __________ ___________?
Giovanna:. E' un'isoletta, a est della Grecia.
Fiorella:. ________________ (stare) bene?
Giovanna: Benissimo.
Fiorella: Ma, ____________ un po', con chi ci ____________ (andare)?
Giovanna: _________ Peppe.
Fiorella: E ___ _____ Peppe?
Giovanna: Come, non lo conosci ancora? Devo presentartelo uno di questi giorni. E' il mio ragazzo. Ci ________________ (conoscere) in primavera.
Fiorella: Allora racconta, com'è andata al mare, __________________ (divertirsi)?
Giovanna: Sì, moltissimo.
Fiorella: Dimmi ancora, _______ ________ quest'isola?
Giovanna: E' abbastanza piccola e ancora incontaminata, direi quasi selvaggia. Non è certo il classico posto turistico con grandi ritrovi mondani o cose del genere.
Fiorella: Dove ______________ (abitare)?
Giovanna: ______________ (affittare) un piccolo appartamento, in una casa di pescatori: un po' fuori dell'abitato.

Fiorella: E che __________________ (fare, voi) tutto il giorno?
Giovanna: La vera vita di mare: tutta salute e natura! La mattina ___________ (alzarsi) abbastanza presto e _____________ (andare) subito a fare colazione al bar. In Grecia, nei bar, non ________________ (esserci) servizio al banco, così ________________ (sedersi) all'aperto, sotto un ombrellone. ________________ (mangiare) quasi sempre lo yogurt con il miele o la frutta.
Fiorella: Dicono che è squisito lo yogurt greco, è vero?
Giovanna: Eh sì, è veramente ottimo! E poi dopo la colazione, __________ (andare) al mare.
Fiorella: _________ _____________ (essere) l'acqua?
Giovanna: Pulitissima. Pare che quella sia la zona meno inquinata di tutto il Mediterraneo. ___________ (essere) proprio un mare splendido. ________________ (passare) quasi tutta la giornata alla spiaggia, e __________________(tornare) sempre tardi la sera, dopo il tramonto.
Fiorella: E a cena, _____________ (cucinare) voi in casa?
Giovanna: No, no! Mai! La cucina greca _______ (essere) troppo buona. La sera ____________ (andare) sempre al ristorante, anche perché __________ (avere) una gran fame, visto che a pranzo _________ (prendere) solo frutta.
Fiorella: _____ __________ (fare) venire la voglia di andarci anche a me; fammi vedere le foto che _____________ (voi, scattare), così provo a convincere il mio ragazzo per l'anno prossimo, lui che non si sposterebbe mai da Riccione!

16. Coniugare gli infiniti tra parentesi

USCIRE O NO?

Ieri sera io ______________ (tornare) a casa dal negozio verso le sette e mezzo. _____________ (essere) piuttosto stanca e ______________ (pensare) che avrei passato una serata tranquilla e rilassante tra le pareti domestiche!

Così, ____________ (farsi) una bella doccia, ___________ (infilarsi) una tuta da ginnastica e _________________(sdraiarsi) sul divano col giradischi acceso e un bel romanzo in mano.

La lettura e la musica _____________ (avere) un effetto soporifero. Infatti dopo circa mezz'ora ______________ (dormire) profondamente. Poi ___________ (squillare) il telefono: ____________ (essere) Cristina.

"Che _______ (fare) di bello?" mi __________ (chiedere).

"A dire la verità ______________ (dormire)".

"A quest'ora?! Dai, svelta, vai a prepararti, perché fra mezz'ora_________ (passare, noi) a prenderti".

"_____________ (passare) chi?" Le _________ (chiedere) ancora tutta assonnata.

"___________ (essere) insieme ad Andrea, Luisa e altri amici loro. ___________ (organizzare) tutto all'ultimo minuto.

Ti ________ (telefonare) oggi pomeriggio per avvertirti, ma non ti ____________ (trovare)".

"In effetti non _______ (essere) in casa. Allora che cosa ______ (fare, voi)?"

"Come ti __________ (dire) Andrea e Luisa ____________(organizzare) con i loro amici una serata a casa di Sandro: uno di loro _____________ (tornare) appena dall'America e ci ___________ (raccontare) tutto del viaggio.

________ (preparare, lui) un bello spettacolo di diapositive: pensa, ci _________ (mettere) anche la colonna sonora! Allora, che ______ (fare), _________ (venire)?"

"L'idea dell'America a colori mi __________ (attirare) proprio, lo ammetto!"

"Allora ci ______________ (vedere) tra una mezz'ora sotto casa tua, d'accordo?"

"Perfetto, a dopo!"

17. Coniugare gli infiniti tra parentesi

1. Quando Marco ________________ (passare) a prendermi per andare alla festa, ______________ (fare, io) ancora la doccia.
2. Da bambina, quando ______________ (andare, io) a scuola ___________ (dovere, io) sempre alzarmi molto presto, perché ______________ (abitare, noi) in campagna, molto lontano dal paese.
3. Mentre ___________ (parlare, io), lui _____________ (continuare) a guardare la televisione come se niente fosse; ad un certo punto ____________ (perdere, io) la pazienza e ___________ (uscire, io) dalla stanza sbattendo la porta.
4. La mamma, rientrando in casa, al figlio: "Tesoro, che ___________ (fare, tu) mentre io _______ (essere) fuori?" "Prima _______________ (studiare) la poesia a memoria, poi ______________ (guardare) un cartone animato alla televisione, e dopo _____________ (mangiare) un panino col prosciutto."
5. Tu sei molto più giovane di me: quando io ____________ (andare) all'università tu ___________ (avere) sì e no dieci anni.
6. ______________ (entrare, io) nella stanza e ____________ (vedere, io) mio figlio che ______________ (ascoltare) con gli occhi spalancati la nonna che gli ___________ (raccontare) la sua fiaba preferita.
7. "Oggi è già il dieci ottobre!" "Già, come passa il tempo! Un mese fa __________ (essere, noi) ancora al mare."
8. "Dove _____________ (andare, voi) al mare l'anno passato?" "______________ (andare, noi) in Sicilia. Ci ________ (stare) tre settimane."
9. " ____________ (telefonare, io) a casa tua alle cinque, ma non mi ___________ (rispondere) nessuno." "Infatti a quell'ora io ________ (essere) ancora all'università, e la mamma _________ (essere) fuori. _____________ (tornare) insieme, con l'autobus delle sei."
10. "Quando ___________ (arrivare, tu)?" "Una mezz'oretta fa! Non ___________ (accorgersene, tu)?" "No, ____________ (studiare, io), ed __________(essere) talmente concentrato che non ___________ (sentire) suonare il campanello!"
11. "Che figuraccia che _________ (fare, io) ieri con Federica!" "Perché, che ___________ (combinare, tu)?" "Senti, _______ (essere) nel mio ufficio con

Leonardo e __________ (parlare, noi) proprio male di lei, quando __________ (entrare, lei) senza bussare! Mi sa proprio che ci _________ (sentire)!" "Peggio per lei! Così la prossima volta impara a bussare! "
12. "Mica è giusto, però! Tu all'esame ____________ (prendere) trenta, e io ventidue!" "Già, però io __________ (studiare) tutta l'estate e tu ____________ (andare) sempre a spasso!"
13. Ieri sera mentre ____________ (cenare, io), ____________ (ascoltare) le notizie del giornale radio, così io __________ (venire) a sapere che il Dottor Rossi, un lontano conoscente, ___________ (finire) in carcere per bancarotta fraudolenta.
14. Sabato passato, quando ______________ (tornare, io) a casa dall'ufficio __________ (essere) tanto stanca: così ___________ (cenare), poi __________ (sedersi) in poltrona e ______________ (addormentarsi) davanti al televisore.
15. "Ti ____________ (aspettare, io) fino alle sei e un quarto, poi ____________ (andarsene), perché _________ (essere) sicuro che ti eri dimenticato dell'appuntamento!" "No, non è questo, è solo che ________ (esserci) tanto traffico; pensa, ____________ (uscire) di casa alle cinque e mezza e alle sei _______ (essere) ancora bloccato in un ingorgo vicino alla stazione!"
16. Da studente __________ (vivere, io) da solo in un appartamentino e, visto che non ___________ (sapere) cucinare, tutte le sere mi ________ (fare) gli spaghetti in bianco!
17. Al telefono: "Ciao! Sono Lorena! Scusami se ti _________ (disturbare)!". "No, figurati! ________ (essere) in cucina: ecco perché __________ (metterci) tanto a rispondere!"
18. ______________ (Conoscere, io) Aureliana, _________ (studiare, noi) tutt'e due all'università di Roma.
19. Stamattina ______________ (andare, io) in banca a versare un assegno e, mentre _______________ (compilare) la distinta, _________________ (bloccarsi) il terminale; così non ____________ (potere) fare il versamento.
20. Leopoldo e Caterina ____________ (sposarsi) quando lei _________ (avere) appena vent'anni e ____________ (frequentare) ancora il secondo anno di medicina; così ______________ (andare) a vivere in casa dei genitori di lei.
21. Da bambina io __________ (avere) i capelli lunghissimi e tutte le mattine me li __________ (pettinare) la mamma. Lei ______________ (volere) sempre farmi le trecce, mentre a me ______________ (piacere) più la coda di cavallo.
22. Quando ________________ (abitare, io) a Milano, _________ (andare) a teatro quasi tutte le settimane.

18. Ricostruire le seguenti frasi inserendovi i verbi elencati sotto

1. Quando mia madre ______________ fuori città, ____________ sempre piuttosto tardi la sera.
2. Questa mattina, mentre ______________ al municipio, ____________ Lia.
3. Ieri pomeriggio ______________ di casa alle quattro e ____________ in città per fare certe commissioni.

Mentre ______________ alla macchina, ______________ il manifesto di un film che mi ______________; così invece di tornare a casa, ______________ al cinema.

4. Ieri ____________ a studiare alle tre, ma, nonostante ciò, alle otto il lavoro che avevo programmato non ______ ancora finito. E quando alle nove ________ a trovarmi Alberto, ________ ancora.
5. Proprio nel momento in cui _______________ un nuovo capitolo dell'ultimo giallo del mio autore preferito, il telefono __________________ a squillare: ________ il mio capufficio!
6. Ieri mattina alle undici mi _____________ mia madre e mi _____________ di raggiungerla subito a casa, perché ____________ per arrivare lo zio Sam dall'America.
7. Mentre _______________ ginnastica in camera mia, ______________ parecchio, la musica _______________ i miei movimenti e _____________ incredibilmente in forma, _________________ alla porta quella rompiscatole della signora Bianchetti dicendo: "La musica è troppo alta, i bambini non riescono a dormire!" Così con grande tristezza ________ tutto e ___________ a dormire anch'io.
8. "Ricordi, la Sua dovrà essere una risposta precisa!" Lo _______________ il Pubblico Ministero. "Dove ______ e che cosa ____________ Lei il 23 giugno scorso alle ore 22?". "Vostro Onore, come possono testimoniare in molti, quella sera alle 22 ____________ al cinema Modernissimo con un gruppo di amici. ________________ allo spettacolo delle 20,30 e _________________ alle 22,30. Il resto della serata lo ___________________ a giocare a poker con gli stessi amici, a casa di uno di loro".

aggredire - aiutare - andare - avvicinarsi - bussare - cominciare - dire - essere - fare - incontrare - iniziare - interessare - lavorare - mettersi - passare - sentirsi - spegnere - stare - studiare - sudare - telefonare - tornare - uscire - vedere - venire

19. Ricostruire il seguente testo inserendovi i verbi elencati sotto

- Per quanto tempo ____________________ a Torino?
- Ci __________________ e ci ___________________ con la mia famiglia fino all'età di dieci anni; poi ci ________________ ad abitare quando mi ______________ all'università.

I primi due anni li ______________ da una mia zia, sorella di mio padre; poi lei ______________, per motivi di lavoro, a Cuneo. Così io ____________ nella sua casa, che ____________ tutta per me.
Come me li ricordo con nostalgia quegli anni! __________ tanti amici e la mia casa ________ sempre piena, a tutte le ore.
Insieme ____________ fumetti, ____________ musica, ____________ dei problemi più svariati. E la sera ________________ sempre in parecchi intorno alla mia tavola: si ________________ tutti insieme e ci si ___

____________ un mondo! Quelle cene forse non __________ né buone né abbondanti, ma io me le ricordo come squisite, tanta __________ l'amicizia che ci __________.

abitare - ascoltare - avere - cucinare - discutere - divertirsi - essere (5) - iscriversi - leggere - nascere - rimanere - tornare - trascorrere - trasferirsi - unire - vivere

20. Ricostruire il testo seguente inserendovi i verbi elencati in fondo

LE NOSTRE MEMORABILI LITI

(Noi) ________________ sempre, in casa, nell'incubo delle sfuriate di mio padre, che ________________ improvvise. Spesso per motivi minimi, per un paio di scarpe che non si ______________, per un libro fuori posto, per una lampadina fulminata, per un lieve ritardo nel pranzo, o per una pietanza troppo cotta.

____________________, tuttavia, anche nell'incubo delle litigate tra i miei fratelli Alberto e Mario, che anche quelle __________________ improvvise.

Si _________________ a un tratto nella loro stanza un rumore di sedie che _________________ e di muri percossi, poi urla laceranti e selvagge.

Alberto e Mario ____________ due ragazzi ormai grandi, fortissimi, che quando ______________ a pugni _______________ male, _______________ con nasi sanguinanti, le labbra gonfie, i vestiti strappati.

"Si ammazzano!" _______________ mia madre. "Beppino, vieni, si ammazzano!" ________________, chiamando mio padre.

L'intervento di mio padre __________, come ogni sua azione, violento; ____________ in mezzo a quei due avvinghiati a picchiarsi, e li ______________ di schiaffi.

Io __________ piccola e _________________ con terrore quei tre uomini che _________________ selvaggiamente.

Anche i motivi per cui Alberto e Mario ________________ tanto _____________ futili, come futili ___________ i motivi per cui _____________ le collere di mio padre: un libro che non si ____________, una cravatta, la precedenza per andare a lavarsi.

Una volta che Alberto ____________ a scuola con la testa fasciata, un professore gli ____________ cosa gli ______________. Lui _____ e ______: "Mio fratello ed io ________________ fare il bagno."

(da: NATALIA GINZBURG, *Lessico famigliare,* Torino, Einaudi, 1963)

alzarsi - buttarsi - chiedere - comparire - coprire - dire - esplodere - essere - farsi - gridare - guardare - lottare - picchiarsi - prendersi - ricordare - rovesciarsi - sentire - succedere - trovare - uscirne - vivere - volere

past perf: avevo avevi aveva avevamo avevate avevano

21. Coniugare gli infiniti tra parentesi

LA SUONATRICE DI CHITARRA

Mio padre, non solo non __________ (amare) la musica, ma la __________ (odiare): __________ (odiare) ogni specie di strumento che producesse musica, si trattasse d'un pianoforte, d'una fisarmonica o d'un tamburo.

Una volta io __________ (essere) a Roma con lui, subito dopo la guerra, in un ristorante: __________ (entrare) una donna a chiedere l'elemosina.

Il cameriere __________ (fare) l'atto di cacciarla via.

Mio padre __________ (infuriarsi) contro quel cameriere, __________ (urlare):

"Le proibisco di cacciar via quella povera donna! La lasci stare!".

__________ (fare) l'elemosina alla donna; e il cameriere, offeso e rabbioso, __________ (ritrarsi) in un angolo, col suo tovagliolo sul braccio.

La donna allora __________ (tirare) fuori da sotto il cappotto una chitarra, e __________ (cominciare) a suonare.

Mio padre, dopo un poco, __________ (cominciare) a dar segni d'impazienza, i segni di impazienza che lui ______ (dare) sempre a tavola: __________ (spostare) il bicchiere, __________ (spostare) il pane, __________ (spostare) le posate, e __________ (sbattersi) il tovagliolo sulle ginocchia.

La donna __________ (continuare) a suonare, piegandosi su di lui con la sua chitarra, grata a lui che l'aveva protetta, e dalla chitarra __________ (partire) lunghi gemiti malinconici. Mio padre a un tratto __________ (esplodere):

"Basta con questa musica! Se ne vada! Io non sopporto di sentir suonare!"

Ma quella __________ (continuare), e il cameriere trionfante, __________ (tacere) là nel suo angolo, immobile, contemplando la scena.

(da: NATALIA GINZBURG, *Lessico famigliare*, Torino, Einaudi, 1969)

PERFETTO (PASSATO PROSSIMO E PASSATO REMOTO)

22. Volgere al passato

QUEL BAMBINO CHE GIOCAVA CON I GATTI LUNGO LE RIVE DEL DANUBIO

Konrad Lorenz, figlio di un celebre chirurgo ortopedico, nasce a Vienna il 7 novembre 1903.

Trascorre i primi anni ad Altenberg, una regione incontaminata sulle rive del Danubio, e si appassiona precocemente allo studio del comportamento animale, soprattutto di oche, gatti, cani e pesci. Suo compagno di giochi in quegli anni è il futuro filosofo Karl Popper.

Dopo la maturità, nel '22, Lorenz si trasferisce a New York a studiare medicina alla Columbia University, dove incontra il famoso genetista Thomas Hunt Morgan.

Si laurea a Vienna nel 1928.

Sulle prime, segue le orme del padre, ma poi, negli anni Trenta, decide di dedicarsi alla zoologia e alla psicologia.

Nel 1939 ottiene una cattedra all'università di Königsberg.

L'anno seguente pubblica un libro filorazzista, che rinnega pubblicamente anni dopo.

Nel 1941 è chiamato sotto le armi, e inviato sul fronte russo come neurologo e psichiatra.

E' fatto prigioniero e rimane in un campo sovietico per quattro anni.

Nel 1948 torna agli studi del comportamento animale, l'anno dopo pubblica *L'anello di re Salomone* e nel 1950 *L'uomo incontrò il cane.*

Sempre nel 1950 fonda un dipartimento di etologia comparata al Max Planck Institut di Buldern, in Westfalia.

Dal 1961 al 1973 è invece direttore del Max Planck Institut per la fisiologia del comportamento a Seewiesen, in Baviera.

Nel 1973 ottiene il premio Nobel per la fisiologia e la medicina insieme con il connazionale Karl von Frisch e l'olandese Nikolaas Tinbergen.

Nello stesso anno torna in Austria nella sua casa di Altenberg, dove si ritira a vita privata.

Mantiene tuttavia la carica di capo del dipartimento di sociologia animale all'istituto di etologia comparata dell'Accademia Austriaca delle Scienze.

Tra i suoi libri più famosi e tradotti in italiano ricordiamo: *L'anello di re Salomone* (Adelphi); *Il cosiddetto male* (Il Saggiatore); *Evoluzione e modificazione del comportamento* (Bollati Boringhieri); *L'altra faccia dello specchio* (Adelphi); *Il declino dell'uomo* (Mondadori); *Gli otto peccati capitali della nostra civiltà* (Adelphi); *E l'uomo incontrò il cane* (Adelphi); *Natura e destino* (Mondadori); *L'etologia. Fondamenti e metodi* (Bollati Boringhieri).

Analisi dei verbi

a) - Sottolineare tutte le forme verbali del testo
b) - Che funzione svolge qui il *presente indicativo?*
c) - Volgere ora tutto il testo al *passato*
d) - Con quale/i tempo/i verbale/i va sostituito il presente?
e) - Scrivere le forme verbali della *trasposizione al passato.*

23. Volgere al passato

ALESSANDRO MANZONI

Alessandro Manzoni nasce a Milano nel 1785 da Giulia Beccaria e dal conte Pietro Manzoni.

Nell'adolescenza frequenta, per la sua formazione, vari collegi retti da religiosi.

Nel 1805 si reca a Parigi.

Il soggiorno parigino, protratto fino al 1810, lascia un segno profondo in Manzoni che viene a contatto con gli "ideologi", pensatori eredi del razionalismo che frequentano i salotti dei Cabanis e della vedova Condorcet. Infatti gli interessi di natura storica, la chiarezza del ragionamento, la prosa limpida, uniti alla necessità di una lingua viva, derivano al Manzoni da simili contatti.

Nel 1808 Manzoni sposa Enrichetta Blondel, figlia di un banchiere ginevrino. La giovane, di grande sensibilità, di religione calvinista, vuole approfondire la conoscenza della fede cattolica e, grazie alle conversazioni con Eustachio Degola, nel 1810, approdano alla fede cattolica, non solo Enrichetta, ma anche il Manzoni e la madre.

Manzoni non era stato mai ateo; la sua indifferenza verso la religione era maturata in collegio dinanzi all'eccessivo formalismo e si era poi approfondita a contatto con gli illuministi. La cosiddetta conversione religiosa costituisce però uno dei punti nodali, non solo della biografia, ma anche della sua attività artistica, che è profondamente influenzata dalla fede.

La svolta religiosa prelude all'abbandono dell'estetica classicista. Tornato a Milano, inizia la composizione degli *Inni sacri* (1812-1822), delle *Osservazioni sulla morale cattolica* (1818-19), delle due tragedie *Il conte di Carmagnola* (1816-19) e l'*Adelchi* (1820). Una terza tragedia dal titolo *Spartaco* rimarrà incompiuta.

Nel 1821 Manzoni scrive l'ode *Marzo 1821* e poi *Il cinque maggio* per la morte di Napoleone.

Tra il 1821 e il 1823 abbozza la prima stesura del romanzo *Fermo e Lucia*, che rielabora completamente nell'edizione del 1827 con il titolo *I promessi sposi.* A questo punto si colloca il soggiorno fiorentino per la revisione linguistica, che lo porta all'edizione definitiva del 1840-42.

Nel 1833 perde l'amatissima Enrichetta, madre di undici figli, e, a prova del suo dolore profondo, ci resta il frammento del *Natale* del '33.

Nominato senatore del regno d'Italia dopo la raggiunta unità, accetta nel 1872 la cittadinanza romana.

Muore a Milano nel 1873; nel primo anniversario della sua morte Giuseppe Verdi compone la sua *Messa da Requiem.*

Analisi dei verbi

a) - Sottolineare tutte le forme verbali del testo
b) - Che funzione svolge qui il *presente indicativo*?

c) **- Volgere ora il testo al *passato***
d) **- Con quale/i tempo/i verbale/i va sostituito il presente?**
e) **- Scrivere le forme verbali della *trasposizione al passato***

24. Leggere il seguente testo

UN'AUTO DI NEVE

Al bordo del marciapiede, a un certo punto, c'era un grande mucchio di neve.
Marcovaldo già stava per livellarlo all'altezza dei suoi muretti, quando s'accorse che era un'automobile: la lussuosa macchina del presidente del consiglio di amministrazione commendator Alboino, tutta ricoperta di neve.
Visto che la differenza tra un'auto e un mucchio di neve era così poca, Marcovaldo con la pala si mise a modellare la forma d'una macchina.
Venne bene: davvero tra le due non si riconosceva più qual era la vera.
Per dare gli ultimi ritocchi all'opera, Marcovaldo si servì di qualche rottame che gli era capitato sotto la pala: un barattolo arrugginito capitava a proposito per modellare la forma d'un fanale; con un pezzo di rubinetto la portiera ebbe la sua maniglia. Ci fu un gran sberrettamento di portieri, uscieri e fattorini, e il presidente commendator Alboino uscì dal portone.
Miope ed efficiente marciò deciso a raggiungere in fretta la sua macchina, afferrò il rubinetto che sporgeva, tirò, abbassò la testa e s'infilò nel mucchio di neve fino al collo.

(ITALO CALVINO, *Marcovaldo*, Torino, Einaudi, 1963)

Analisi dei verbi

a) **- Individuare le forme verbali presenti nel testo**
b) **- Cerchiare le forme di *passato remoto*. Quante sono?**
c) **- Sottolineare le forme di *imperfetto*. Quante sono?**
d) **- Perché in questo testo è stato usato il *passato remoto* e non *il passato prossimo?***

25. Coniugare gli infiniti tra parentesi

VECCHI RICORDI

DIALOGO. Nel vagone ristorante di un treno diretto a Zurigo. Allo stesso tavolino si siedono due uomini sulla trentina. Reazioni di stupore ed entusiasmo. I due sono stati, infatti, compagni di scuola, e poi l'uno il migliore amico dell'altro durante il periodo universitario.

Giancarlo: Ma guarda chi si rivede, Mauro!
Mauro: Giancarlo! No! Incredibile, anche tu qui! Come stai? Che mi racconti di bello?
Giancarlo: Mah, di bello nulla; tutto come al solito, si sopravvive. E tu?
Mauro: Soliti problemi, solito lavoro. E' cambiata la vita, eh, da allora?! Addio libertà, addio spensieratezza! Pensa: sono tre anni che non vado in montagna...
Giancarlo: Accidenti! E poi, appassionato della montagna come eri tu... A proposito, ti ricordi di quella volta che ______________ (andare) insieme a Cortina, e ti ______________ (prendere) quel febbrone da cavallo?
Mauro: Come no! E, nonostante tutto, quanto si stava bene a quei tempi! Quel sabato sera che______________ (andare) in discoteca e ______________ (restare) a ballare fino alle quattro!
Giancarlo: Già! E quando ______________ (uscire) nevicava e tu eri così ubriaco e rimbambito dalla febbre che ______________ (andare, tu) a finire dritto in un fosso.
Mauro: Ed era la macchina nuova di tuo padre! Poi ci ____________ (venire) in soccorso quei tre austriaci, che non capivano una parola d'italiano!
Giancarlo: E quell'altra volta, sempre in discoteca all'isola d'Elba, quando il fratello di quella biondona ti ____________ (correre) dietro fino al campeggio!
Mauro: Già, e tu, che invece di venirmi ad aiutare ___________ (restare) a fare il galletto con quell'altra! Che razza di amico!
Giancarlo: Sì, sì, ... ma non ti dimenticare di quell'altra volta, quando ___________ (essere) tu a farmi un bello scherzo!
Mauro: E quando?
Giancarlo: Com'è possibile che non te ne ricordi? La volta della piemontese gelosa.
Mauro: Ah, sì! Quando la ___________ (fare, voi) parlare al telefono con tua sorella. Aspetta un po', com'è che ___________ (andare) le cose esattamente?
Giancarlo: Ma sì, tu avevi questa qua che era gelosissima. Una palla al piede che non ne potevi più! Così noi amici ________ (decidere) di salvarti, e le ________ (fare) telefonare da mia sorella, che le_________ (inventare) tutta una storia lunga e complicata: che era sola al mondo, che tu le avevi promesso di sposarla, che ora era incinta di te e che tu volevi lasciarla per lei ...
Mauro: Ma, a chi ______________ (venire) in mente tutta questa storia?

E ancora giù a raccontare di altre ragazze, di altri scherzi, di altri viaggi ... E poi di quella volta che ______________ (partire) insieme per andare in Grecia e invece ______________ (fermarsi) un mese a Brindisi...
E il treno prosegue la sua corsa verso Zurigo.

26. Coniugare gli infiniti tra parentesi: passato prossimo o passato remoto?

1. Luigi Pirandello _________ (nascere) ad Agrigento nel 1867, ________(studia-

re) prima a Roma e poi a Bonn, e _______ (insegnare) stilistica e letteratura italiana presso il Magistero di Roma.
2. Quest'anno non mi _______________ (comprare) neanche un vestito.
3. Giovanna non _______________ (decidersi) ancora a sposarsi.
4. Non _______________ (mangiare, tu) mai in un ristorante giapponese?
5. "Ieri _______________ (leggere, io) una poesia stranissima che un autore inglese _______________ (scrivere) in occasione della morte del suo cavallo." "In che occasione la _______________ (scrivere)?"
6. _______________ (Fumare, io) un po' troppo, e ora ho mal di testa.
7. "_______________ (Andare, tu) mai al circolo del golf?" "Mah, sì, ci _______________ (andare) una volta, mi pare, non me lo ricordo un gran che: non devo averne ricevuta una grande impressione!"
8. "Da quanti anni abitate a Genova?" "_______________ (trasferirsi, noi) qui dieci anni fa."
9. "Quanto tempo_________ (abitare, voi) a Reggio Calabria?" "Ci _______ (trasferire) lì nel '58 e ci ___________ (restare) fino al '74."
10. Non riesco a ricordarmi in che anno _______________(eleggere, passivo) papa Giovanni Paolo II.
11. In questi ultimi anni la società italiana ____________ (cambiare) radicalmente.
12. Negli anni '60 in Italia _____________ (esserci) un "boom" economico.
13. Mio nonno mi _____________ (lasciare) in eredità un appartamento, ma io lo _______________ (rivendere) poco dopo.
14. Anni fa mio nonno mi _____________ (donare) un appartamento, e io lo _____________ (rivendere) un paio di mesi fa per comprarmi la barca nuova.
15. Per tutto quello che _____________ (bere, io) ieri sera, ora mi sento uno straccio!
16. "Che bella sciarpa! Dove ___________ (comprarla, tu)?" "La ____________ (prendere) al centro, da Benetton."
17. Dante _____________ (nascere) nel 1265 e _____________ (morire) nel 1321.
18. Io non _____________ (potere, mai) sopportare la gente ipocrita.
19. "Bella questa casa! E' antica, vero?" "Sì, abbastanza, la ___________ (fare) costruire il mio bisnonno un centinaio d'anni fa."
20. L'Impero Romano ___________ (cadere) nel 476 dopo Cristo.
21. Le due tragedie, "Il Conte di Carmagnola" e l'"Adelchi" _____________ (comporre, passivo) da Manzoni tra il 1816 e il 1822.
22. "Luigi non _______________ (presentarsi) mai ad un esame senza essere ben preparato." "Lo so, ____________ (essere) sempre uno studente molto serio e coscienzioso."
23. In quell'occasione _______________ (comportarsi, tu), per una volta, da persona adulta e matura!
24. Paghi ancora le conseguenze del modo in cui _____________ (comportarsi, tu) con lui quella volta.
25. Quella mattina _______________ (arrivare) tanta gente in città per i funerali del sindaco.
26. Questo mese _______________ (spendere, noi) troppo; bisogna che stiamo un po' più attenti in futuro!

27. Il direttore amministrativo che __________ (esserci) fino a due anni fa, ______________ (amministrare) così male, che oggi siamo ancora in deficit.
28. Il nostro vecchio direttore, buon'anima, non ______________ (amministrare) in modo molto assennato: __________ (fare) perdere all'azienda tante ottime opportunità.
29. Sono stanchissimo: questa settimana ______________ (lavorare) tutte le sere fino a tardi.
30. Gli antichi romani ______________ (costruire) strade sulle quali viaggiamo ancora oggi.
31. Gli antichi romani__________ (costruire) molti anfiteatri.
32. Una volta ______________ (comprarsi, io) un aggeggio per lavare i vetri, che non ____________ (funzionare) mai bene.
33. Quant'è sgarbato il marito di Angela! Mio marito non __________ (permettersi) mai di dirmi cose del genere!
34. Una volta ______________ (ammalarsi, io) all'estero: per fortuna sapevo bene la lingua di quel paese.
35. "Come sta tua moglie?" "_______ (Avere) una brutta influenza, ma __________ (riprendersi) piuttosto bene."
36. Nei mesi scorsi ___________ (lavorare) così tanto che ora ho proprio bisogno di una vacanza.
37. _____________ (considerare, io) sempre i pesci animali assolutamente insulsi e non __________ (capire) mai la gente che li tiene in casa negli acquari.
38. Siccome l'anno scorso ____________ (risparmiare) molto, voglio concedermi una lunga vacanza, un bel viaggio in America.
39. "Non __________ (leggere, tu) niente di Moravia?" "Sì, una volta, anni fa, __________ (leggere) un suo romanzo, ma lo _________ (trovare) terribilmente pesante; così da allora non _________ (leggere) più niente di questo autore."
40. Da bambina, una volta, i miei mi __________ (portare) a sciare, ma da quel giorno non ____________ (tornarci) più.
41. ______________ (Scrivere) così tanto che non sento più la mano.
42. Da quando ____________ (laurearsi, io) non ____________ (trovare) lavoro.
43. "Lo conosci l'avvocato Maurizi?" "Praticamente solo di vista. Ci __________ (presentare) una volta a una cena amici comuni, ma da allora non ci __________ (vedere) più."
44. Dieci anni fa la loro ditta ____________ (fallire) e così _____________ (restare) senza lavoro quasi trecento persone.
45. Finora non ____________ (trovare, io) un divano adatto a questa stanza.
46. Che bella macchina! Quando la _____________ (comprare, tu)?
47. "Non __________ (andare) mai a Milano, tu?" "Sì, mi ci _________ (portare) una volta i miei nonni, quando avevo sei anni."
48. Ti ricordi di quel ragazzo che _________ (incontrare, noi) a Salisburgo?
49. " _________ (Passare, tu) in biblioteca?" "No, non ne_________ (avere) il tempo."
50. Una sola volta ________ (provare, io) a fare il pane in casa: non lo farò mai più!

IL PIUCCHEPERFETTO (TRAPASSATO PROSSIMO E TRAPASSATO REMOTO)

27. Leggere il seguente testo

IL NATALE DELL'EMIGRANTE

1 C'era una volta il Natale
ricoperto da candida neve
con suoni di cornamuse
e la Messa nell'antica pieve,
le porte non erano chiuse
al viandante, nel vecchio paese.

2 Or son qui, senza tante pretese,
in una terra straniera e lontana,
più non odo squillar la campana,
gioiosa, annunciante la Festa;
dell'antico Natale non resta
che un ricordo perduto nel tempo,
un ricordo del tempo incantato
sfuggito al pari di un lampo,
perduto, ma poi ritrovato
in una taverna fumosa
con gente nuova e diversa
recante una cosa preziosa
che si credeva ormai persa:
un calore umano sincero,
nato per arcano destino,
in silenzio, così come quando
è nato il mite Bambino
nel tempo ormai memorando.

3 Ed ancora le stelle nel cielo
ci son con la nuova cometa,
non trema la notte nel gelo,
limpida e così quieta,
cammina il pensiero distante
vola, lontano è la meta
e si ferma nel mitico istante
dove c'è ancora il Natale.
Il Natale dell'emigrante.

LUCIANO TODERO

Analisi dei verbi

**a) - Sottolineare tutte le forme verbali all'indicativo.
Quanti tipi di tempo verbale ci sono in questo testo?**

b) - Che funzione svolgono qui il presente e l'imperfetto?

28. Leggere il seguente testo

SCIENZA E NATURA: DIANE FOSSEY

Aveva cominciato a studiare i gorilla a metà degli anni Sessanta.

Vent'anni dopo, nel 1985, per i gorilla è stata uccisa.

Diane Fossey aveva imparato a comunicare con i suoi animali, usando il loro linguaggio: si grattava, si dondolava, imitava i loro gridi.

Aveva stabilito il suo campo base a Kirisoke, un villaggio sul monte Visoke in Ruanda.

Il suo "territorio" comprendeva una zona di circa 25 chilometri quadrati, tra Ruanda, Uganda e Zaire, dove vivono gli ultimi gorilla di montagna.

Per difenderli si era battuta contro i bracconieri e ne aveva fatto arrestare più d'uno.

Proprio a una vendetta di bracconieri si era pensato il 26 dicembre del 1985, quando è stato ritrovato il corpo della donna, uccisa a colpi di "machete".

Qualcuno però ha sospettato, poi, che la Fossey fosse stata eliminata da un giovane ricercatore, disposto anche all'omicidio pur di appropriarsi dei risultati dei suoi studi.

Sulla storia è stato costruito il film *Gorilla nella nebbia*.

Analisi dei verbi

**a) - Sottolineare tutte le forme verbali dell'indicativo.
Quanti tipi di tempo verbale ci sono in questo testo?
Scriverle qui sotto raggruppandole in base al tempo.**
b) - Che funzione svolge qui il presente?
c) - Che funzione svolge qui l'imperfetto?
d) - Che funzione svolge qui il passato prossimo?
e) - Che funzione svolge qui il trapassato prossimo?

29. Coniugare gli infiniti tra parentesi al trapassato prossimo

1. Ieri ho messo la collana che mio padre mi ______________(regalare) per il mio compleanno.
2. Ho comprato la macchina che mi ____________________ (consigliare, tu).
3. Ieri ho finalmente venduto l'appartamento che mi _______________ (lasciare) il nonno.
4. Ho divorziato nell'83; ____________________ (sposarsi) nell'80.

5. Mi sono laureato nel '92; ____________ (iscriversi, io) all'università nell'87.
6. Quando sono arrivato alla stazione, il treno già ______________ (partire).
7. Non sono andato con Marta al cinema, perché già ______________ (vedere) quel film.
8. Ho cercato a lungo Claudio, ma mi hanno detto che già ____________ (andarsene) parecchi giorni prima.
9. Non credevo più ad una parola di quello che diceva: troppo a lungo mi _________ (ingannare).
10. Ho chiuso tutto e me ne sono andato, perché per quel giorno ____________ (lavorare) anche troppo.

30. Coniugare gli infiniti tra parentesi

MINI-DIALOGHI

1ª situazione
In un ristorante cinese

A - *Ad un tavolo parlano due ragazze, che aspettano di ordinare la cena.*

Luisa: Non ________________ (assaggiare, tu) mai un piatto cinese?
Marta: No, non lo ____________________ (fare) mai e sono curiosissima.

B - *Ad un altro tavolo parlano un ragazzo e una ragazza, bevendo il tè dopo la cena.*

Ciro: Non __________________ (mangiare, tu) mai cibi cinesi?
Sara: Sì, una volta in un ristorante cinese a Roma, che però non era un gran che. Stasera, invece, ________________ (mangiare) benissimo.

2ª Situazione
In classe, tra una lezione e l'altra, parlano due studenti.

A. Vuoi una caramella?
B. Che gusto?
A. Al kiwi.
B. Che gusto strano!
La mangia e, dopo un po', commenta:
E' buona! Non la ____________ (assaggiare) mai una caramella al kiwi.

3ª Situazione

In treno, in uno scompartimento, alcuni ragazzi

A - *Il treno si trova in Austria, e si sta avvicinando alla frontiera italo-austriaca del Brennero.*

Marcus: Non ______________ (essere, tu) mai in Italia?
Pierre: No, è la prima volta. Non __________ (esserci, io) mai! Ne ____________ (avere) sempre, però, una gran voglia.

B - *Il treno ora si trova in Italia, in sosta alla stazione di Bologna.*

Tobias: Non ____________________ (venire, tu) mai in Italia prima d'ora?
John: Sì, ___________________ (venirci) già altre volte, e tu?
Tobias: No, io non _________________ (venirci) mai.

4ª situazione

A - *Heidi, una ragazza di Bonn venuta a studiare in Italia, incontra Diana, di Londra. La scena si svolge al bar della scuola d'italiano.*

Diana: ____________ (Essere, tu) già qui?
Heidi: Sì, _______________ (esserci) già l'anno scorso. E tu?
Diana: No, io non ____________ (esserci) mai.

B - *Heidi torna a Bonn e lì, un giorno, incontra una sua amica, Petra.*

Petra: Non _______________ (essere, tu) mai in Italia?
Heidi: Sì, _______________ (andarci) già due volte: l'anno scorso e quest'estate. E tu non _____________ (esserci) mai?
Petra: No, io non ci ______________ (andare) mai, ma mi piacerebbe moltissimo.

31. Coniugare gli infiniti tra parentesi : trapassato prossimo o trapassato remoto?

1. Finché non _________________ (capire) bene l'argomento, continuai a studiare.
2. Dopo che _____________ (ottenere) il posto fisso, cominciò ad arrivare in ritardo.
3. Non potei partire finché l'ambasciata non mi______________ (rilasciare) il visto.
4. Si mangiò avidamente la frutta che la madre gli _____________ (lasciare) sul tavolo della cucina.
5. Dopo che ____________________ (arrivare) alla festa, dovette subito ripartire, perché poco prima lo______________ (chiamare) dall'ospedale, per un'urgenza.
6. Dopo che ____________________ (leggere) le prime pagine, capii subito come quel giallo sarebbe andato a finire.

7. Dopo che ________________________ (arrivare, noi), ci dissero che, a causa di un contrattempo, il conferenziere non ___________ (potere) venire.
8. Una volta che ________________________ (convincere) il vecchio zio a nominarlo suo erede universale, iniziò a darsi alla bella vita.
9. Solo dopo che ____________________ (provare, passivo) la sua innocenza, si sentì di nuovo finalmente un uomo libero.
10. Dopo che ____________________ (apprendere) la notizia, corse subito all'ospedale, tanto ero emozionato.
11. Quelli che non ___________ (essere) presenti alla lezione precedente, non riuscirono a capire quello che il professore diceva.
12. Finché non ___________ (avere) conferma della notizia dal direttore in persona, non prendemmo alcuna decisione in merito.

32. Completare con: FA / FRA / (TRA) / PRIMA / DOPO

DIALOGO. Reggio Emilia. Stazione ferroviaria. All'ufficio informazioni un viaggiatore parla con l'impiegato delle Ferrovie dello Stato. Sono le dieci di mattina.

Viaggiatore: Qual è il prossimo treno per Livorno?
Impiegato: Ce n'è uno ________ circa due ore, alle 12,10.
Viaggiatore: Nient'altro _________?
Impiegato: Eh no! Purtroppo ne è partito uno venti minuti ____, quello delle 9,40. Era un rapido!
Viaggiatore: Peccato! Senta, e nel pomeriggio?
Impiegato: C'è un intercity esattamente ______ cinque ore, alle 15,00.
Viaggiatore: E poi?
Impiegato: C'è un diretto alle 16,30 e un locale più o meno un'ora _______, alle ore 17,38, mi sembra. E ancora ...
Viaggiatore: Grazie, grazie, va bene così. Prenderò quello delle tre: me la può fare la prenotazione?

33. Completare con: FA / FRA / (TRA) / PRIMA / DOPO

PROGRAMMI PER IL POMERIGGIO

E' l'una. Io sono in casa e sto pranzando.
Alle tre, ________ due ore esatte, sarò all'università, a lezione.
Alle due e un quarto, tre quarti d'ora _________ della lezione ho un appuntamento al bar dell'università. Un appuntamento che ho preso due giorni _____ con

un'amica olandese che deve ripartire _____ una settimana. Perciò devo sbrigarmi a mangiare e a prepararmi: devo uscire ______ un'ora!

Di solito invece posso fare tutto con calma. Infatti normalmente esco di casa pochi minuti _______ dell'inizio delle lezioni, perché abito molto vicino all'università.

Le lezioni oggi pomeriggio durano solo fino alle cinque. Che bello! _________ quattro ore sarò libero di andarmene un po' a spasso per il centro!

Alle sei poi, un'ora ______ la fine delle lezioni, vado al cinema con la mia ragazza...

Preposizioni

34. Completare

barba e corna

Secondo una ricerca, ____ Italia, c'è una densità ____ 124 barbe ______ chilometro quadrato.

La più alta percentuale _____ mondo.

Lo studio constata il fenomeno ma non lo spiega: ____ effetti è difficile orientarsi tra barbe ideologiche, manageriali, ____ lungo corso, mistiche, terroristiche.

Praticamente si spazia ____ chi si fa crescere la barba ______ essere osservato, _______ chi se la fa crescere ______ tagliarsela e non farsi riconoscere _____ carabinieri.

La figlia ____ un amico mi ha messo ____ crisi domandandomi se passa più tempo davanti _______ specchio un uomo _______ la barba o uno senza. Ho creduto ____ poter rispondere che perde più tempo chi deve radersela ogni mattina: ma è un tempo "tecnico".

____ realtà si autocontempla ____ più chi matura lentamente la convinzione _____ star meglio ______ la barba e poi ne controlla la crescita e ne adatta forma e volume modificando il suo aspetto originario: si tratta ____ un "tempo estetico". Certe barbe seguono le congiunture.

Il politico ____ partito comunista, dopo lo "strappo" ____ Mosca, si è reciso anche la barba.

L'intellettuale sempre ____ area ___ sinistra, che tempo addietro ha rettificato la sua linea ____ pensiero, non ha tralasciato ____ rettificare anche la sua faccia: le foto _____ settimanali che lo ritraevano _____ un cespuglio alla Rasputin, adesso lo ritraggono _____ un raffinato giardinetto _____' inglese.

L'intellettuale si gestisce la barba come gli pare, ma ci sono barbe che devono sottostare ___ ordini e regolamenti: sono le barbe ___ militari.

Il militare può portare la barba ___ patto che non sia attaccata _____ basette. ____ Italia le barbe sono ____ costante aumento, anche perché sembra che un giovane _____ gote ben coltivate trovi più facilmente occupazione ____ certi settori (studi pubblicitari, agenzie ____ pubbliche relazioni, assessorati _____ cultura e _____'ecologia, eccetera).

_____ un giovane aspirante ____ pelo, il periodo più critico è naturalmente quello iniziale: ____ genere verso il decimo giorno, i genitori arrivano ____ ricatto : "O ti fai la barba o non vedi più una lira".

(LUCA GOLDONI, *Il sofà*, Milano, Rizzoli, 1988)

Per la lingua IN VERSI

IL VECCHIO E IL BAMBINO
(Francesco Guccini)

1 Un vecchio e un bambino si preser per mano
e andarono insieme incontro alla sera.
La polvere rossa si alzava lontano
e il sole brillava di luce non vera.

2 L'immensa pianura sembrava arrivare
fin dove l'occhio di un uomo poteva guardare
e tutto intorno non c'era nessuno
solo il tetro contorno di torri di fumo.

3 I due camminavano, il giorno cadeva
il vecchio parlava e piano piangeva,
con l'anima assente con gli occhi bagnati
seguiva il ricordo di miti passati.

4 I vecchi subiscon le ingiurie degli anni
non sanno distinguere il vero dai sogni.
I vecchi non sanno nel loro pensiero
distinguer nei sogni il falso dal vero.

5 Il vecchio diceva, guardando lontano:
"Immagina questo coperto di grano
immagina i frutti, immagina i fiori
e pensa alle voci e pensa ai colori.

6 E in questa pianura fin dove si perde
crescevano gli alberi e tutto era verde;
cadeva la pioggia, segnavano i soli
il ritmo dell'uomo e delle stagioni."

7 Il bimbo ristette, lo sguardo era triste,
gli occhi guardavano cose mai viste.
Poi disse al vecchio con voce sognante:
"Mi piacciono le fiabe, raccontane altre".

(di FRANCESCO GUCCINI, *Copyright EMI MUSIC,* Publ. Italia, s.r.l.)

35. Spiegare le funzioni dei tempi verbali: passato remoto, imperfetto, presente

35a. Sottolineare le parti relative a:

1. psicologia del vecchio
2. paesaggio

35b. Volgere il racconto in una situazione futura

Es.: *Un vecchio e un bambino si prenderanno per mano ...*

35c. Polisemia. Indicare quale significato hanno le parole nel testo

vecchio:	- uomo anziano	- antico	- usato
luce:	- chiarore	- lampo	- lampada
pianura:	- altipiano	- pianoro	- distesa di terreno
anima:	- sentimento	- persona	- spirito
ingiuria degli anni:	- offesa	- danno	- invecchiamento
grano:	- frumento	- chicco	- piccola parte

35d. Costruire liberamente frasi

Prendersi per ...
Andare incontro a ....
Seguiva il ricordo di ...
L'immensa pianura sembrava ...
Il vecchio parlava e piano ...

35e. Trovare parole della stessa famiglia

Es. Sera: *stasera, serale, serata, serotino, ecc.*

polvere - sole - occhio - uomo - giorno - fiore - voce - fiaba

35f. Ripetere le situazioni e gli stati d'animo presenti nel testo

MORFOLOGIA

PRONOMI personali soggetto	Uso delle preposizioni
Pronomi personali complemento: diretto e indiretto	
Posizione dei pronomi	Per la lingua in versi:
Pronomi allocutivi	Ti voglio bene

1. Completare con IO / ME / MI

1. Per tornare a casa in motorino _____ sono bagnato tutto, con quest'acquazzone!
2. Oggi il professore ha chiamato alla lavagna Pierino e _____ .
3. Perché _____ guardi così? Non _____ riconosci?
4. "Qualcuno ha mica visto per caso il mio ombrello?" "L'ho visto _____, è nell'ingresso".
5. Piero _____ aspetta all'uscita.
6. Come mai hai chiamato proprio _____ ?
7. Di' ai miei che _____ aspettino.
8. "Chi va a comprare la frutta?" "Ci vado _____ ."
9. Simone ha guardato proprio _____ e non _____ ha riconosciuto.
10. Sono stato proprio _____ a riconoscerlo!

2. Completare con TU / TE / TI

1. Lei _____ ha aiutato molto e si merita che _____ le sia un po' più riconoscente.
2. Io preferisco Luigi per le cose teoriche, e _____ per le cose pratiche.
3. Loro non _____ sgriderebbero di certo, se _____ non lo meritassi.
4. Chi è stato ad aprire la porta? Sei stato _____ ?
5. Chi _____ l'ha detto che sono andato a riprendere i documenti?
6. Ci vado io o ci vai _____ ?
7. Eri _____ ieri che mi hai telefonato?
8. Con _____ è impossibile andare d'accordo!
9. Ce l'ho con _____, non _____ posso più soffrire, sei diventato insopportabile!
10. Sei sempre _____, non _____ decidi a cambiare una buona volta!

3. Completare con LO / LA / LUI / LEI

1. Cercavo il cane e _____'ho trovato nascosto dietro la siepe.
2. Paolo e Marina vengono sempre insieme, a lezione; oggi però c'era solo _____, _____ è restata a casa.

3. Hanno scelto _____ per la borsa di studio. Se _____ meritava proprio! Serena è una ragazza veramente in gamba!
4. Augusta ci sa fare molto bene, mandiamoci _____ a chiedere il permesso a papà.
5. Chi _____'ha vista, la mia borsa?
6. Non fate_____ arrabbiare così, la vostra mamma!
7. Se _____'ami veramente, non farla soffrire così, poveretta!
8. Chi va oggi a fare la spesa, tu o _____?
9. Sei stato tu o è stata _____ a perdermi l'ombrello?
10. Se Lei insiste in questo Suo atteggiamento, sarò costretto a riferir_____ ai Suoi superiori.

4. Completare con NOI / CI / CE

1. La mamma _____ ha rincorso e _____ ha portato il biglietto che avevamo dimenticato.
2. Abbiamo trovato un taxi che _____ ha portato qui; per fortuna _____ avevamo abbastanza soldi per pagarlo!
3. Loro _____ aspettano all'uscita da parecchio tempo ormai, dobbiamo sbrigar_____ .
4. Perché _____ lo dite, proprio a _____? Non è forse vostra la responsabilità?
5. Coraggio! Aspettano solo _____ per partire, sbrighiamo_____ !
6. Lui _____ confortava, ma _____ eravamo troppo angosciati per ascoltarlo.
7. _____ non _____ lo saremmo mai immaginati che vi sareste comportati in questo modo!
8. _____ le prestereste diecimila lire, per favore? _____ servirebbero per una spesetta urgente.
9. Questa notizia, chi _____ l'ha data?
10. Da bambini _____ raccontavano: "C'era una volta un...".

5. Completare con VOI / VI / VE

1. Aspettavamo anche _____, perché non siete venuti?
2. Chi _____ ha detto che ero qui?
3. E' per questo che _____ ho rimproverato!
4. _____ lo dico e _____ lo ripeto, non fatemi perdere la pazienza!
5. Quando _____ rivedremo? Tornerete a trovarci entro l'anno?
6. _____ è piaciuto lo spettacolo? _____ la ricordate la seconda parte quanto era noiosa?
7. Ho visto i vostri genitori, ma _____ non c' eravate con loro!
8. Chi _____ l'ha raccomandato quell' albergo? E' vero che non _____ siete trovati bene?
9. _____ lo raccomando ancora una volta, non fate di testa vostra!
10. Quello che _____ ho detto, tenetelo per _____: è un segreto.

6. Completare con LI / LE / LORO

1. Questi carciofi sono freschissimi: _____ ho colti un'ora fa.
2. Perché non ______ chiudi la finestra? Sto tremando dal freddo.
3. Ho invitato anche ______ domani; spero che possano venire.
4. Il professore ha chiamato proprio ______ che non avevano studiato.
5. Chi ci va? Ci andate voi o ci vanno ______ ?
6. "_____ hai già lavati i bicchieri? O speri che _____lavi io?" "Ma no, ______ ho anche asciugati! _____ sto mettendo a posto!
7. "Dove sono le valigie?" "_____ ho messe via io, nell'armadio".
8. Ti prego di dire ______ che non è il caso che si affrettino, c'è ancora tempo.
9. ________ hai comprate le ciliegie? Quanto _______ hai pagate al chilo?
10. Se incontri mia sorella, di_______ per favore che mi chiami al telefono: è una cosa urgente.

7. Completare con LO / LA / LI / LE / LUI / LEI / LORO

1. La traduzione era piuttosto difficile, comunque _____' abbiamo fatta tutta.
2. Gli ospiti erano tutti intorno a ______, che ______ intratteneva con i suoi giochi di prestigio; anche sua moglie ______'ascoltava divertita.
3. Giorgio e Franca erano ancora in ufficio, così in casa non ho trovato né ______ né ______, però ______ ho aspettati, perché avevo proprio bisogno di parlare con ______.
4. Ha chiamato la sua assistente e ______ ha dato da fare un lavoro così impegnativo che _____ si è trovata in difficoltà.
5. Giulio e Valeria erano due persone di grande valore: _____ per la sua generosità, _____ per la sua pazienza.
6. Se _____'erano presa proprio con _____ che non c'entravano per niente con questa faccenda.
7. Ci andate voi, o ci devono andare ______?
8. Signora, non _____ dico quanto mi dispiace dover ______ rifiutare questo favore!
9. I Signori sono invitati ad attendere alla stazione. Verremo noi a prender_______.
10. E' venuta ______ con i bambini a tenerci un po' di compagnia.

8. Completare con i pronomi personali soggetto

1. "Allora, come ci organizziamo?" "Direi di fare così: _____ vado avanti in macchina, e il giorno dopo ______ prendete l'aereo e mi raggiungete."
2. Chi è stato a spegnere il fornello? Sei stato mica ____, Gianni?
3. Con mio marito mettersi d'accordo sul tema vacanze è sempre un problema: ______ ama il mare mentre _____ preferisco la montagna.
4. Della festa ne hai parlato con Sandro? Ti ha detto se viene anche ______?

5. Luisella è molto più forte di suo fratello: dopo una settimana d'influenza era perfettamente ristabilita, mentre _____ era smunto e indebolito.
6. Partiti ______, ce ne siamo andati pure ______.
7. ______ credere a questo? Non me lo sogno nemmeno!
8. "Sei andato anche _____ alla conferenza?" "No, _____ no!" "Davvero? Non ci sono andato nemmeno ______!".
9. _____ vado a letto; e _____ che fai, resti qui a dormire in poltrona?
10. _____ preferiamo non bere a pasto, ______ invece bevono tanto.
11. "Sai che ho fatto? Mi sono licenziato!" "Contento _____, contenti tutti!"
12. "Vengo anch'_____ !" "No, _____ no. _____ non puoi venire!"
13. Non sono stato _____, è stata ______ a spifferare tutto.
14. _____ stessi, Signori, potranno rendersi conto delle difficoltà cui si andrà incontro.
15. Non è opportuno, dice ______, esporsi a un rischio del genere.

9. Indicare se si usa TU o LEI

SITUAZIONI	TU o LEI?
1. I compagni di università parlando tra di loro	__________________
2. Nei negozi, i commessi rivolti ai clienti (adulti)	__________________
3. In un negozio di jeans, i ragazzi a commessi piuttosto giovani	__________________
4. Negli uffici, i colleghi (sui 30-40 anni) parlando tra di loro	__________________
5. Negli uffici, gli impiegati parlando con i loro superiori	__________________
6. Nelle scuole, gli insegnanti parlando tra di loro	__________________
7. Nelle caserme, i militari si rivolgono ai superiori	__________________
8. Negli uffici, gli utenti agli impiegati, e viceversa	__________________
9. I nipoti rivolti ai nonni	__________________
10. L'automobilista che si rivolge ad un vigile urbano	__________________

10. Trasformare dal TU al LEI

TRA DIRIGENTI D'AZIENDA

Caro collega,

mi è noto come, in questo periodo, tu sia stato coinvolto in una serie di problemi piuttosto gravosi; inoltre so che le tue condizioni di salute non sono ancora perfettamente buone; pur tuttavia mi vedo costretto a ricordarti che i tempi per il programmato incontro con la direzione generale non possono più a lungo essere rimandati.

Spero che tu mi possa incontrare in sede la prossima settimana; ti lascio completa libertà di scelta per il giorno e per l'ora.

Mi auguro che tu possa, in previsione di questo incontro, preparare la documentazione necessaria, che vorrai discutere con me in via preliminare.

Spero che tu ritrovi la tua consueta energia; in attesa di un tuo riscontro, ti faccio i miei migliori auguri e ti saluto cordialmente

Ermanno Dominici

11. Trasformare prima dal TU al LEI e poi dal singolare al plurale LORO

DAL DIRETTORE DI RICERCA AL RESPONSABILE DI UN PROGETTO

Egregio collega,

in occasione del consuntivo annuale delle attività di ricerca è mio vivo desiderio porgerti il mio saluto e le mie congratulazioni per il lavoro svolto.

Spero che tu convenga con me nel considerare ottimi i progressi fatti e spero che ciò ti ripaghi dei tuoi sacrifici.

Grazie ai risultati conseguiti, al nostro gruppo sono stati recentemente affidati altri progetti e, tra pochi mesi, altri ottimi collaboratori ti si affiancheranno.

Ti ringrazio per la tua collaborazione e intendo estendere il mio apprezzamento al tuo gruppo.

Distintamente tuo

Sergio Cini

12. Completare con i pronomi

1. "E' una villa privata quella?". "Una volta ____ era; adesso ____ hanno fatto un albergo!"

2. "Dov' è andato Giorgio?". "Chi ____ sa?".
3. "Cercavi le mele? ____ ho prese io". "E che ___ hai fatto di un chilo di mele?". "___ ho fatto una torta".
4. "Ti piacciono le Dolomiti?". "Non ____ conosco e su quelle montagne non sono mai stato".
5. "Ti piace andare in discoteca?". "No, non ____ vado quasi mai".
6. "Che ____ facciamo di tutti questi vasetti vuoti?" "Regaliamo___ a Marina, che fa sempre la marmellata!".
7. "Chi ____ avrebbe mai detto che le cose sarebbero andate a finire così!".
8. Laura ____ tiene molto a vestirsi bene.
9. Giovanni ____ ____ è andato da Milano? Non ____ credo!
10. Non far___ lunga! Che ___ vuole a rimettere tutto a posto?
11. Ma che avrà Elena? Mi sembra che ____ l'abbia un po' con me!
12. ____ ____ hai una penna?
13. Ragazzi, ____ vuole una pausa: non ____ posso proprio più!
14. Non ___ ___ sarai mica avuta a male, Patrizia?
15. "Che ____ dici, ____ vendiamo a questo prezzo la macchina?". "Secondo ___ non ___ vale la pena".
16. Non prenderte____! Che ____ vuoi fare, la gente è fatta così!
17. A Pietro ____ è andato male l'esame: ____ è rimasto molto male.
18. Lo sai che su di ___ ___ puoi contare sempre.
19. Sentite, io ____ ho abbastanza! ___ ___ vado.
20. Ha avuto una brutta polmonite, ma non ____ ha subito nessuna conseguenza.

13. Sostituire le parole ripetute con le particelle pronominali LO / LA / LI / LE / CI / NE

1. Abbiamo letto molti racconti, ma abbiamo dimenticato i racconti.
2. Quanti esercizi avete fatto? Abbiamo fatto cinque esercizi; abbiamo sbagliato un esercizio, abbiamo fatto bene tutti gli altri esercizi.
3. Questa città mi piace da impazzire; vorrei vivere in questa città per sempre, perché è bellissima e io sogno questa città giorno e notte, e quando andrò via da questa città lascerò il cuore in questa città.
4. A me piacciono gli italiani; trovo gli italiani molto espansivi e spesso ho ricevuto dagli italiani prove di vera amicizia.
5. "Conosci Bari?" "Oh, sì, conosco Bari. Vado spesso a Bari e trovo Bari incantevole, soprattutto in questa stagione. Sono tornato da Bari proprio ieri, ma spero di tornare presto a Bari".
6. "Hai sfogliato i giornali? " "Sì, ho sfogliato i giornali, ma non ho trovato i giornali interessanti. Ho letto nei giornali solo notizie di poco conto e non ho ricavato dai giornali alcuna informazione sostanziale."
7. Ho incontrato Paolo e ho salutato Paolo; poi è arrivata sua sorella. Allora ho

invitato Paolo e sua sorella a fare una passeggiata per il Corso. Ma loro mi hanno risposto che venivano dal Corso proprio allora.
8. "Ti piace il caffè all'italiana?" "Oh, sì, mi piace! Bevo sempre un caffè dopo pranzo; metto nel caffè due cucchiaini di zucchero; trovo il caffè distensivo e digestivo allo stesso tempo."
9. Prendete il libro di lettura, aprite il libro a pagina 58 e leggete nel libro la lettura indicata. Infine fate il riassunto della lettura.
10. "Conosci bene i pronomi?" "Sì, sì! Ormai conosco anche troppo bene i pronomi; penso spesso ai pronomi, ripeto spesso a memoria i pronomi, ma alla fine ho la nausea dei pronomi!"

14. Sostituire le parole sottolineate con i pronomi semplici o accoppiati

Es.: "Cerca di fare questo favore a Gianna". "Credo di aver già fatto a Gianna favori in quantità!"

*"Cerca di far**le** questo favore". "Credo di aver**gliene** già fatti in quantità".*

1. Ragazzi, mi dispiace di non poter venire a casa vostra, ma non ho proprio il tempo di fare questa cosa.
2. Non mi pare di essere mai stato in quel posto, né di aver mai sentito parlare di quel posto.
3. "Pensi di dire la verità ai ragazzi?".
"Sì, onestamente penso di dire la verità ai ragazzi".
4. "Voi dite di aver parlato a noi di ciò"
"Ma sì, siamo sicuri di aver parlato a voi di ciò!"
5. Signora, mi sembrava di aver già raccontato a Lei l'episodio.
6. Siamo contenti di aver spedito a voi alcuni di quei libri, e pensiamo di inviare a voi altri libri.
7. Signorina, La prego di lasciare a me una parte di quel lavoro.
8. Non ho più benzina nel serbatoio. Sarà bene mettere un po' di benzina nel serbatoio.
9. Ti consiglio di tacere, di non far cenno di ciò ai ragazzi.
10. Vi dico e vi ripeto questo, e torno a dire questo a voi di nuovo: non mi provocate!

15. Trasformare dal maschile al femminile, poi dal singolare al plurale

1. Ho incontrato mio fratello e gli ho consegnato la busta che lo zio mi aveva dato per lui.
2. E' venuto lo zio, così gli ho fatto vedere le foto dei bimbi.

3. La commedia è stata accolta dal pubblico con molto favore; l'attore protagonista è stato davvero brillante e gli sono stati tributati molti applausi.
4. Il medico ha visitato mio figlio e gli ha prescritto una cura ricostituente.
5. Lo studente ha fatto una bella figura all'esame: il professore si è congratulato con lui e gli ha dato un bel 30 e lode.
6. Ho prestato al mio collega tutti i miei appunti di matematica, ma gli ho detto di non sciuparli e di restituirmeli al più presto.
7. Signore, Le ricordo il divieto di non fumare: c'è tanto di cartello esposto!
8. Il presidente ha inviato una lettera ad ogni iscritto, raccomandandogli di essere presente alla prossima assemblea.
9. Il mio compagno di banco è spesso distratto e dimentica di fare i compiti; il professore lo rimprovera e gli fa presente che così va incontro ad una sicura bocciatura.
10. Il giudice gli ha fatto la solita domanda di rito, poi tutto si è svolto secondo le modalità.

16. Sottolineare nella domanda la parola o le parole a cui si riferisce il pronome contenuto nella risposta

Es.: Domanda - Ti va un caffè?
Risposta - *Grazie,* ***lo*** *prendo volentieri.*

1. - Quando vai a Roma?
   - Ci vado dopodomani.

2. - Come si chiama il fratello di Luisa?
   - Non lo so.

3. - La vuoi un'altra fetta di torta?
   - No, grazie! Ne ho già mangiata tantissima.

4. - Ti piace l'"Espresso"?
   - Mah! Non lo leggo mai!

5. - Resti qui?
   - No, me ne vado via.

6. - Hai già presentato la domanda per il concorso?
   - Si, l'ho spedita due giorni fa.

7. - Avete parlato con l'ispettore di polizia?
   - Certo, e gli abbiamo riferito tutto quello che sapevamo.

8. - Hai consegnato i regali di Natale ai bambini?
   - Sì, li ho messi sotto l'albero.

9. - Cosa hai riferito di me ai tuoi colleghi?
   - Ho detto loro di non fidarsi troppo di te.

10. - Pensate che a Maria Pia piacerà il quadro che le hanno regalato i suoi colleghi?
    - Sicuramente le piacerà.

17. Trasformare le seguenti frasi usando la forma atona del pronome

Es.: Dà noia la finestra aperta **a te**?
Ti *dà noia la finestra aperta?*

1. Consiglio questo a te: non fidarti troppo degli altri.
2. Fai un piacere a me, chiudi quella finestra!
3. Io ho già parlato a lei di quello che ti interessava.
4. Non posso uscire oggi, devo accompagnare lui in piscina.
5. Raccontate a lei questa storia.
6. Fai dare a te i soldi che a te spettano.
7. Di' ciò a chi vuoi, ma non a me, tanto io non credo a ciò.
8. Fate a me il favore di stare zitti un momento.
9. Dai a me una sigaretta.
10. Che sorpresa! Non aspettavo loro.
11. Non capisco perché il tuo ragionamento non abbia convinto lei.
12. Ho detto a lui di lasciare in pace voi.
13. Io farò un regalo a lui, ma spero che ringrazierà me.
14. Ho incontrato loro per la strada e sono sembrate a me proprio carine.
15. Ho deciso che domani stesso verrò a trovare te.
16. Cerca di non offendere lei.
17. Perché non vuoi dire a me la verità?
18. Non posso proprio dare ragione a te per quello che hai fatto a me.
19. Spiegando a lui le cose per bene, capirebbe meglio.
20. Non vuoi dire a noi quello che sai?
21. Vedendo lui in seria difficoltà, ho creduto giusto aiutare lui.
22. Posso portare a te qualcosa da bere?
23. Cerca di capire me, non l'ho fatto apposta.
24. Perché non hai detto a lei quello che pensavi?
25. Ho telefonato a tuo fratello e ho detto a lui che incontreremo voi questa sera.
26. Se qualcuno chiederà a te dove sono, di' a lui che sarò assente per almeno una settimana.
27. Ieri ho incontrato il direttore che ha detto a me che voleva parlare a te.
28. Vedendo voi, colgo l'occasione per invitare voi al compleanno di Giorgio.
29. Andando lì troppo spesso, c'è il rischio di annoiare loro a morte.
30. Non posso pensare a ciò, vengono a me i brividi dallo spavento.

18. Correggere gli errori

1. Come sei brava con i bambini! Io sono molto meno paziente di tu.
2. "Lo sai che Matteo si è rotto una gamba?" "Davvero? Povero egli!"
3. Tu non sei fatto come io, e non puoi nemmeno pretendere che io mi comporti come tu.
4. "Lo sai che ho vinto al totocalcio?" "Beato tu!"
5. "E' mai possibile che te ti ostini a ripetere sempre gli stessi errori?!"
6. "Hai ragione, d'altra parte... io sono sempre me, non riesco a cambiare."
7. Quando si comporta così, Loretta mi sembra tu.
8. Tu sei te: non fingere di essere diverso da quello che sei.
9. "A te piace questo tipo di architettura?" "A me sì, ma sono in pochi a pensarla come io."
10. Povero io, a volte sono proprio disgraziato, non sono fortunato come tu.
11. Cerca di capirmi: se tu fossi in io, non faresti la stessa cosa?
12. Capisco le difficoltà che Andrea incontra ogni giorno: se però io fossi in egli cercherei di essere meno pessimista.
13. Beato tu che non hai niente da fare!
14. Abbi fiducia in me: ricordati che io sono sempre me e non tradirò tu mai.
15. Vieni anche te al bar?

19. Sottolineare l'elemento della frase a cui si riferisce il pronome, oppure indicarlo tra parentesi, se non è espresso

1. Ecco**ci**, stiamo arrivando!
2. Dov'è Marina? Ecco**la**!
3. Alzati**si** in piedi, iniziarono a cantare.
4. Domani arrivano i Bianchini. Chi te **l'**ha detto?
5. "Ti capita mai di andare a Bologna?" "Sì, **ci** vado spesso."
6. Me **ne** vado da qui, non sopporto il fumo!
7. Di**llo** sinceramente, non hai voglia di lavorare!
8. **L'**ho subito notato che Gianni non c'era.
9. **Ci** vai tu questa volta a parlare con i professori di Vittorio?
10. **Lo** sapevo che avresti cambiato idea!
11. Pensa di essere simpatico, ma non **lo** è.
12. Me **ne** vado, sono stanco di stare qui.
13. **Ci** sono ancora posti liberi in platea?
14. Perché non **vi** fate mai vedere da queste parti?
15. Rientrando in casa: "Ecco**mi** qua, finalmente con voi!" "Benvenuto, Mario!"

20. Completare con i pronomi

DA BAMBINA, A VOLTE...

Da bambina, a volte, _____ capitava per un attimo di pensare al babbo.

Lui _____ arrestava di botto e _____ guardava. Come una volta nella piazzetta di Monte Uliveto.

Pochi giorni avanti _____ avevano rubato il cappotto, dall'attaccapanni di una trattoria. _____ aveva esclamato: "Chi ___'ha preso _____ aveva certamente più bisogno di ______".

Credette di risolvere la cosa con una maglia in più e una sciarpa al collo.

Spesso incontravo un bambino che ____ piaceva, scuro come un'oliva e un che di rabbioso nel visino aguzzo, nonostante le labbra piene. Quella volta se ___'avessi visto, non ___'avrei neanche guardato: il babbo disinvolto, senza cappotto, che dice imperturbabile: "Chi ____ ha preso ____ aveva, certo, più bisogno di ____!" _____ rendeva talmente fiera di lui che, per nulla al mondo, _____ avrei sottratto un briciolo d'affetto.

Però in casa ______ era commentato: "Tutte pose". E la mamma aveva sì abbassato la testa; ma non _____ aveva difeso. Che pianto allora, ______ sola, in un'altra stanza. Avrebbe potuto insorgere, _____; e invece: zitta. ______ odiai.

(GIANNA MANZINI, *Ritratto in piedi,* Milano, Mondadori, 1971)

21. Completare con i pronomi

ERA ENTRATA CON PICCOLI PASSI ESITANTI...

Era entrata con piccoli passi esitanti. La prudenza dei bambini quando voglion qualcosa. Appoggiata ad una valigia, ____'era messa a fissarmi dondolando un piede su e giù.

Fuori era novembre, il vento invernale gelava i boschi della mia Toscana.

- E' vero che parti?
- Sì, Elisabetta.
- Allora resto a dormire con ____.

_____ avevo detto "va bene", era corsa a prendere il pigiama e il suo libro dal titolo *La vita delle piante*, poi ____'era venuta accanto nel letto: minuscola, indifesa, contenta.

Io, tenendo____ stretta, ____'ero messa a legger____ il libro. D'un tratto ____' aveva puntato gli occhi negli occhi e posto quella domanda.

- La vita, cos'è?

_____ coi bambini non sono brava. Non so adeguar_____ al loro linguaggio, alla loro curiosità.

____ avevo dato una risposta sciocca, lasciando____ insoddisfatta.

- La vita è il tempo che passa fra il momento in cui ____ nasce e il momento in cui ____ muore.

- E basta?

- Ma sì, Elisabetta, basta.

- E la morte cos'è?

- La morte è quando ____ finisce e non _____ siamo più.

- Come quando viene l'inverno e un albero secca?

- Più o meno.

- Però un albero non finisce, no? Viene la primavera e allora ____ rinasce, no?

- Per gli uomini non è così, Elisabetta. Quando un uomo muore, è per sempre. E non rinasce più.

- Anche una donna? Anche un bambino?

- Anche una donna, anche un bambino.

- Non è possibile!

- Invece sì, Elisabetta.

- Non è giusto!

- ____ so. Dormi.

- ____ dormo ma non ____ credo alle cose che dici. ____ credo che quando uno muore fa come gli alberi che d'inverno seccano, ma poi viene la primavera e ____ rinascono, sicché la vita deve essere un'altra cosa.

- E' anche un'altra cosa. E se dormi ____ ______ racconterò.

- Quando?

- Domani, Elisabetta.

L'indomani ero partita per il Vietnam. C'era la guerra in Vietnam e se uno faceva il giornalista finiva prima o poi per andar ____. Perché ce____ mandavano o perché lo chiedeva. _____ _____ avevo chiesto.

Per dare a _____ stessa la risposta che non sapevo dare a Elisabetta, la vita cos'è, per ricercare i giorni in cui avevo presto imparato che i morti non rinascono mai a primavera.

(ORIANA FALLACI, *Niente e così sia*, Milano, Rizzoli, 1969)

22. Completare con pronomi e preposizioni semplici e articolate

PIGNOLO [1]

Adesso, quando ____ incontra ____ la strada, Peppino tira avanti senza salutarmi, ma c'è stato un tempo ____ cui eravamo amici.

_____ cominciava allora _____ guadagnare bene _____ un negozio _____ accessori elettrici, ed io ____ ero amico non perché avesse i soldi ma perché _____ ero amico, così, senza secondi fini: _____ l'altro eravamo stati sotto le armi insieme. Peppino è un piccoletto ____ le spalle larghe e le gambe corte che cammina tutto preciso, senza muovere il busto e la testa, come se fosse____ legno. Ha un viso anch'esso che pare ___ legno, ___ la pelle troppo corta, ____ direbbe, tutta tirata e liscia, ma quando ride o aguzza gli sguardi ____ vengono tante rughettine sottili, ____ vecchio. Anche ____ non conoscerlo, ____ porta scritto _____ fronte quello che è: pignolo. Infatti ____ è, _____ non credersi.

Ricordo anzi a questo proposito che una volta, andando ____ spasso ____ lui e una ragazza _____ pineta di Fregene [2], lei che spesso ____ prendeva ___ giro _____ la sua pignoleria, ____ disse _____ un tratto, indicando il suolo: "Guarda... guarda, quanti Peppini". "Io capii subito e mi misi subito a ridere. Ma lui, appunto pignolo, domandò: "Non capisco... che vuoi dire?" E ____ seria: "Quanti pignoli, guarda, non _____ vedono che Peppini, cioè pignoli."

Ma oltre che pignolo, Peppino ha un altro difettuccio: la vanità. I pignoli, di solito, non sono vanitosi, al contrario: modesti, discreti, chiusi, seri, senza grilli, non danno fastidio ____ nessuno. Invece Peppino è un pignolo vanitoso. Eh, già, anche questo può succedere. E se un uomo soltanto vanitoso fa quasi sorridere, perché i vanitosi, si sa, sono dei fanciulloni innocenti, il vanitoso pignolo invece è una peste. Bisognerebbe scansarlo peggio _____ uno iettatore [3]. Peppino, la pignoleria, insomma, ______ mette soprattutto ____ sciocchezze. Per fare un esempio, arrivava ___ bar vicino ____ Rotonda, dove ci vediamo ____ gli amici, e subito cominciava ____ girare _____ un amico ____ altro, tenendo ______ due dita il lembo ______ cravatta: "_____ vedi questa cravatta? Bella, eh? ____ 'ho comprata ieri _____ un negozio ____ via Due Macelli... ______ ho pagata millecinquecento lire... guarda che colori ... e poi ha anche la fodera...". Eccetera, eccetera. Gli amici guardavano la cravatta giusto un momento, tanto ____ non si smontava per questo, anzi continuava un pezzo ___ girare ___ uno ____altro ____ la cravatta _____ due dita, come se avesse voluto venderla. Insomma: era pignolo.

(ALBERTO MORAVIA, *Racconti romani,* Vol. 1°, Milano, Bompiani, 1954)

[1] Pignolo: si dice di un individuo troppo preciso, pedante; ma *pignoli*, o meglio *pinoli,* sono anche i semi del pino.
[2] Fregene: località balneare nei pressi di Roma.
[3] Iettatore: uno che porta sfortuna, iella.

Preposizioni

23. Completare

pause e applausi

Apriamo il televisore, e____ qualsiasi canale sta scrosciando un applauso. Applausi___ conduttori, applausi ______ comici e ospiti____'onore, applausi ____ concorrenti.

Ci pensavo l'altra sera cenando ______ la mia famigliola: ___ un certo punto dissi una battuta che non era niente male. Fu liquidata ______ un ghigno ____ circostanza.

La verità è che nella nostra vita domestica non applaude nessuno; ______ avere un po' di battimani bisogna sposarsi e offrire un pranzo ______ cento persone ____ ristorante.

Mi son detto : ____ questi anni, gruppi ____ giovani intraprendenti si sono assicurati un reddito inventando nuove occupazioni; ci sono quelli che vengono ingaggiati ____ animare ____ qualche "gag" una festa ____ compleanno, quelli che ti portano _____ casa il complessino rock, quelli che recapitano il telegramma ___ auguri cantando, ecc. .

Come mai nessuno ha ancora pensato ____ un servizio ___ "claque" ___ domicilio? Arrivano ___ casa la sera ____ cui abbiamo ospiti ____ riguardo, si dispongono_____ discrezione______ divani e____poltrone____ soggiorno e possono intervenire già ___'arrivo _____ invitati: ____ ogni presentazione un piccolo battimani.

Poi, mentre noi andiamo ____ tavola e cominciamo ____ parlare ___ più e ___ meno, il personale ingaggiato assiste, sottolinea le fasi _____ conversazione ______ brevi interruzioni che possono andare _____ mormorio ____ consenso, ____ risata ____'applauso prolungato e commosso.

____ attesa di ciò, l'esistenza continua senza storia, non applaude mai nessuno. Il confronto _____ quanto accade ____ video è mortificante : _____ un famoso spettacolo si sono verificate ovazioni anche ____ le pause.

(LUCA GOLDONI, *Il sofà*, Milano, Rizzoli, 1988)

Per la lingua IN VERSI

TI VOGLIO BENE

Vorrei dirtelo tutto di un fiato
e gridartelo questo mio amore
come grida un bambino che è nato
come grida la gente che muore
come grida chi si è ribellato
come grida chi chiede vendetta
ed invece son qui senza fiato
che ti dico una cosa già detta.

Vorrei dirtelo questo mio amore
e parlartene a lungo ed a fondo
come parla di un mondo migliore
chi vuol render miglior questo mondo
come parla chi vuol risvegliare
la coscienza di un popolo stanco
ma sta zitto per non disturbare
mentre dormi tranquilla al mio fianco.

Vorrei dirti che questo mio amore
è l'amore che riesce a sentire
chi per la libertà lotta e muore
verso la libertà di chi vive
che chi non vive vorrebbe trovare
per la vita che lo ha rifiutato
ma ti riesco soltanto ad amare
come un cucciolo buffo e impacciato.

Vorrei farti capire che t'amo
perché tu riesci a darmi coraggio
ad ascoltare l'antico richiamo
verso un mondo più giusto e più saggio
perché tu riesci a starmi qui accanto
ad ascoltare i miei sogni ribelli
mentre sembra che ami soltanto
il tuo viso e i tuoi lunghi capelli.

E beato chi riesce ad amarti
alla buona così come viene
come quando sorridi e mi guardi
e mormori che mi vuoi bene...

24. Ricostruire il testo, prima a voce e poi per iscritto, tenendo presenti gli elementi suggeriti

– Vorrei dirti questo mio amore che grida come ...
– Ma sono qui senza fiato e ...
– Vorrei dirti questo mio amore come parla ...
– Ma sta zitto per non ...
– Vorrei dirti questo mio amore che riesce a sentire ...
– Riesco ad amarti come ...
– Vorrei farti capire che ...
– Mentre sembra che ...
– E felice chi riesce a ...

24a. Trovare i prefissi di queste parole e dirne il nuovo significato

Es.: Dire: *disdire, contraddire, interdire, maledire, benedire, addire, indire,* ecc.

Stare -
Sentire -
Vivere -
Venire -

24b. Trovare i sinonimi

Es.: Fiato: ***alito, respiro, sospiro, soffio,* ecc.**

Gente -
Cosa -
Coscienza -
Libertà -
Viaggio -
Sogno -

24c. Trovare qualche espressione legata alle parole

Es.: Fiato: *tutto d'un fiato, in un fiato, a perdita di fiato, mozzafiato, strumento a fiato, dar fiato, senza fiato, trattenere il fiato,* ecc.

Amore, vendetta, risvegliare, fianco, rifiutare, richiamo, viso

MORFOLOGIA

L'ARTICOLO: determinativo
indeterminativo
partitivo
Preposizioni semplici
e articolate

Uso delle preposizioni

Per la lingua in versi:
La gatta *(Gino Paoli)*
Il pescatore *(Fabrizio De André)*

1. Completare con gli articoli

1. _____ abito di Camilla è molto elegante.
2. Ho commesso _____ stupido errore.
3. Mi puoi prestare _____ soldi?
4. "Dove ha messo _____ panini?" "(in) _____ zaino."
5. Hai già messo _____ zucchero (in)_____ mio caffè?
6. Il professor Mari è _____ psicologo di chiara fama.
7. Vorrei _____ acqua, per favore!
8. _____ nostri insegnanti ricevono _____ genitori _____ lunedì.
9. _____' erba (di) _____ vicino è sempre più verde. E' ___ proverbio.
10. _____ sciopero (di) _____ ferrovieri è durato quasi _____ settimana.
11. Mi presti _____ zoccoli, per favore?
12. Dottore, ci sono _____ persone che chiedono di parlarLe!
13. Mi occorre _____ altra carta per finire questa lettera.
14. Michela parla molto bene _____ inglese e _____ francese, ma non conosce affatto _____ spagnolo.
15. Domenica scorsa abbiamo invitato _____ amici a cena.
16. "Chi è a _____ telefono?" "_____ zio Giorgio!"
17. E' stata _____ impresa arrivare fin qui con _____ macchina.
18. Chi è _____ architetto che ha progettato questa casa?
19. Su, non offenderti! Era solo _____ scherzo!
20. In questa rivista ci sono sempre _____ articoli molto interessanti.
21. Stanno arrivando _____ ospiti: svelta, va' ad aprire!
22. Ho preso _____ sciroppo che mi avevi consigliato; lo sai che sto già meglio?!
23. Hai fatto _____ errori piuttosto gravi in questa traduzione!
24. ____ ingegner Ragni ha _____ studio vicino a casa mia.
25. Da qualche tempo faccio _____ brutti sogni.
26. A _____ mia automobile ho fatto montare _____ pneumatici da neve.
27. Per domani ho preparato ____ tuo piatto preferito: _____ gnocchi a _____ gorgonzola.
28. Questo è _____ scialle che mi ha regalato Margherita.
29. Quella Signora è _____ amica di mia madre, anzi, è _____ sua migliore amica.
30. Per _____ tuo compleanno ti regalerò _____ orologio.

31. _____ asino è _____ animale molto paziente.
32. Luisa ha _____ occhi bellissimi, peccato che abbia _____ naso tanto brutto!
33. Vicino a casa mia si sono accampati _____ zingari.
34. _____ studio (di) _____ matematica è molto formativo.
35. Sei stato proprio _____ sciocco a farti prendere in giro in questo modo!
36. _____ ozio è _____ padre (di) _____ vizi. E'_______ proverbio.
37. E' stato assalito da _____ sciame di api.
38. _____ zio di Loretta si è sposato con _____ svizzera.
39. Luigi è proprio ____ strano tipo.
40. Quant'è buona ____ zuppa di cipolle!

2. Completare con l'articolo determinativo, indeterminativo, partitivo. Barrare gli spazi dove l'articolo non è necessario

1. Dai, su, non perdiamo ____ tempo!
2. "Dove abiti tu, in ____ via Rossini, vero?" "No, in ____ piazza Manzoni."
3. "Quando è nato ____ tuo figlio?" "___ 1986."
4. Restituisco _____ tessera scaduta e ritiro _____ nuova.
5. Sono uomini senza ____ paura.
6. Viveva con ____ paura di essere scoperto.
7. Mi dai quegli occhiali da ____ sole?
8. Tutti lo considerano ______ uomo saggio.
9. Dov'è _____ telecomando?
10. E' questo_____ tuo ombrello?
11. Non mi piacciono ____ letti in ____ ferro battuto.
12. Devo farti ____ mie scuse.
13. Questa è proprio _____ cosa da ridere!
14. Andiamo a ___ piedi o in ___ macchina?
15. Abbiamo parlato a ___ lungo per ___ telefono.
16. Quant'è in _____ disordine ____ tua stanza, è quasi peggio di ____ mia!
17. Vai a chiudere _____ finestre (di) _____ piano di sopra!
18. Bello questo divano ___ pelle!
19. Ho comprato _____ penne, _____ matite, _____ gomme e ____ carta.
20. Loro sono (di) ____ brave persone.

3. Completare con l'articolo determinativo, indeterminativo, partitivo. Barrare gli spazi dove l'articolo non è necessario

1. Dov'è andata ___ Monica? Dov'è andato ___ Leonardo?
2. Sono ______ nove e mezzo.
3. ____ falco è ______ uccello rapace.
4. _____ Ferrari è ____ macchina da _____ corsa.

5. Dateci _______ birra, per ___ favore!
6. Mi dispiace, non ho ___ tempo!
7. Paolo e Mario sono ___ operai che lavorano alla FIAT.
8. Questa esperienza mi ha reso ____ ottimista.
9. _____ topo è ______ roditore.
10. E' lì, su ____ tavolino (di) ___ marmo.
11. E' stato eletto _____ presidente (di) _____ assemblea.
12. Sono arrivati _____ Signora Rossi e _____ Signor Paolini.
13. Torno entro ____ settimana.
14. "Quanto dista Roma da qui?" "_____ ventina (di) _____ chilometri."
15. Io e Gerda parliamo sempre ____ tedesco fra di noi.
16. Mi piace moltissimo parlare (in) ___ francese.
17. Per favore, mi passi ____ pane?
18. Lo parli bene, tu, ______ spagnolo?
19. ___ macchina (di) ___ mamma è rimasta fuori (di) __ cancello.
20. Ho ______ fame!!

4. Completare con l'articolo determinativo, indeterminativo, partitivo. Barrare gli spazi dove l'articolo non è necessario

1. Questi sono ______ articoli che ti avevo promesso.
2. Su___ tavolo c'erano ____ libri, ______ riviste, ______ fogli sparsi, _______ posacenere e ______ bicchieri di ___ carta.
3. Suona _____ telefono!
4. "Dov'è ___ Luisa?" "A fare _____ doccia!"
5. Ho ______ sete da morire!
6. Si è comportato da ___ vero ___ mascalzone!
7. Mi sono messa ______ cappotto e _______ stivali, ho preso in fretta _____ borsa e sono uscita.
8. Mi fa male _____ testa!
9. ___ pazienza è ____ virtù di___ forti, dice ___ proverbio.
10. ____ uomo moderno ha perso _____ senso (di) ___ misura.
11. "Di chi è ___ questa poesia?" "Di___ Giovanni Pascoli."
12. Vorrei di ____ altro caffè, per ___ favore!
13. Mi passi _____ sale, per ___ favore?
14. _____ cane è _____ migliore amico di ___ uomo.
15. Non c'è _____ sabato senza ___ sole. E' _____ canzone.
16. Chi ___ troppo vuole, ___ nulla stringe.
17. Mi son fatto ___ male a _____ ginocchio!
18. Non fare _____ male, se vuoi aspettarti ____ bene! E' ______ proverbio
19. Sta sempre con ____ testa fra ____ nuvole!
20. Mi è arrivata ____ cartolina di precetto per ____ servizio militare.

5. Completare con gli articoli. Barrare gli spazi dove l'articolo non è necessario

1. ___ Germania è ricca di _____boschi.
2. "___ dottor Rossetti desidera parlarLe!" "Gli dica di attendere _____ attimo, per ____ favore; sono al telefono con _____ mia moglie".
3. Milano è ____ capoluogo (di) _____ Lombardia.
4. Sabrina porta da_____ anni capelli corti.
5. _____ oro e _____ argento sono metalli nobili.
6. _____ anno scorso l'ho passato (in) ___ Stati Uniti a studiare.
7. Guglielmo ____ I, fratello di Federico Guglielmo ____IV, salì al trono (in) _____ 1861.
8. _____ zucchero fa male (a) _____ denti.
9. ____ mese prossimo mi compro _____ automobile nuova.
10. Ha ____ fronte larga e ____ occhi piccoli.
11. _____ mio medico riceve solo ____ pomeriggio.
12. Mario è _____ dottore (in) ____ agraria.
13. ____ signor Minelli ha lavorato (in) _____ banca per molti anni ed è andato in pensione da ____ mese scorso.
14. ____ Santa Barbara è _____ protettrice dei Vigili del Fuoco.
15. Puoi andare (in) ____ cantina a prendere _____ bottiglia (di) ______ vino?
16. ____ Luigi adesso abita (in) ____ via Baglioni, prima stava (in) ____ piazza Ansidei.
17. (in) ______ Umbria (di) _____ inverno fa piuttosto freddo.
18. A ______ maggio fioriscono le rose.
19. Pietro, ____ amico (di) ____ mia sorella, è andato a vivere in _____ campagna.
20. ____ domenica mattina vado sempre (in) _____ chiesa a ___ otto.
21. _____ uomo è ______ animale dotato di ____ ragione.
22. _____ lunedì prossimo ricominciano _____ lezioni.
23. Da ______ emozione non riusciva più a parlare.
24. _____ petrolio è indispensabile per ____ economia moderna.
25. Si ferma _____ quest'autobus in ____ piazza Manzoni?
26. ____ nostro professore (di) _____ biologia è ______ uomo molto comprensivo.
27. A _____ Natale vado sempre in _____ montagna.
28. (Di) ______ estate _____ mio cugino ama molto andare in ______ bicicletta.
29. Quando fa ____ bel tempo vado a ____ scuola (in) _____motorino.
30. ____ smeraldi sono ____ pietre preziose.
31. _____ pazienza è ____ gran virtù.
32. "Dove hai messo _____ farina?" "(in) ______ credenza, (in) ____ cucina.

6. Completare con gli articoli. Barrare gli spazi dove l'articolo non è richiesto (articolo con i nomi geografici)

IL VIAGGIO DEI MIEI CUGINI AMERICANI

Sam, il mio zio d'America, ha ____ due figli, che però non vivono con lui (in) ____ Stati Uniti: uno, John, vive (in) ____ Canada, l'altro, Bob, (in) _____ Argentina.
_____ quest'estate ____ miei due cugini sono venuti per ____ prima volta a trovarmi (in) ____ Italia. ____ loro viaggio da ____ America a ____ Europa è durato ____ parecchi giorni, perché hanno preferito viaggiare per ___ mare anziché (in) ___ aereo.
Sono partiti da ____ New York e sono sbarcati (in) ____ Gran Bretagna, a ____ Londra: di lì è iniziato ____ loro "tour" attraverso _____ Europa.
Prima di venire in Italia, infatti, hanno voluto visitare ___ Europa del Nord. Così hanno navigato da ____ Inghilterra verso ____ Norvegia; da lì (in) ____ Svezia e poi (in) ____ Danimarca.
Da ______ Danimarca, passando per ____ Germania, sono andati (in) ____ Olanda, poi (in) ___ Belgio.
_____ tappa successiva è stata ____ Francia.
Non vedevano ____ ora di visitare ____ romantica Parigi e ____ castelli della Loira!
Da ____ Francia, sono andati (in) ____ Svizzera, dove hanno trascorso ____ alcuni giorni sulle Alpi.
Dopo tanto viaggiare attraverso ____ Europa, eccoli finalmente (in) ____ Italia!
Ci siamo incontrati a _____ Milano, e abbiamo visitato insieme ____ città più interessanti (di) ____ Lombardia e (di) ____ Piemonte.
Siamo poi passati (in) ____ Liguria e da lì (in) ____ Toscana.
____ miei cugini americani sono rimasti affascinati dalle bellezze (di) ____ Pisa, (di) ____ Lucca, (di) ____ Siena e soprattutto (di) ____ Firenze.
Purtroppo, però, dopo solo pochi giorni sono dovuto tornare a _____ mio lavoro e ____ miei cugini hanno continuato da soli a girare per _____ Italia.

7. Completare con gli articoli. Barrare gli spazi dove l'articolo non è necessario

LISTA DELLA SPESA

DIALOGO. Questa è la lista della spesa che la moglie, a letto con l'influenza, ha consegnato al marito, con l'incarico di andare lui al negozio di alimentari: **mortadella (tre etti), caffè (un pacchetto), parmigiano, farina (un pacco), pane, pasta.**

Mario: Buongiorno, Signor Nino!
Nino: Buongiorno a Lei! Come mai è venuto Lei?
Mario: Eh, ___ mia moglie... ha _____ 'influenza e così toccano a me _____ faccende!
Nino: Mi spiace per _____ sua signora! Mi dica, di che cosa aveva _____ bisogno?
Mario: Allora... _____ tre etti di mortadella.
Nino: Ecco a Lei _____ sua mortadella. Poi?
Mario: Poi, ______ caffè!
Nino: Quanto? Preferisce il pacchetto da ___ mezzo chilo o quello da _____ 250 grammi?
Mario: Mah... Mi dia ___ quello più grande! E poi _____ parmigiano!
Nino: Quanto gliene devo dare?
Mario: Mica lo so! Qui non c'è scritto niente. ____ mia moglie, di ____ solito, quanto ne compra?
Nino: _____ due etti... grattugiato.
Mario: Allora così. E poi... ancora un pacco di ____ farina e ______ pane.
Nino: Che tipo? Integrale?
Mario: Integrale, no; bianco... mezzo filone e ______ filoncino.
Nino: Basta così?
Mario: Sì, allora... _______ pacco di pasta, e poi abbiamo finito.
Nino: Ecco a Lei. Grazie e tanti auguri per _____ sua moglie.
Mario: Grazie a Lei. A presto!

8. Completare con gli articoli e le preposizioni semplici e articolate. Barrare gli spazi dove l'articolo non è necessario

GEOGRAFIA ASTRONOMICA

DIALOGO. Siamo in una scuola media. E' l'ora di geografia. Il professore interroga i suoi alunni sulla geografia astronomica

Professore: Allora ... sentiamo Rossi, _____ primo. Dimmi ____ po': ____ Luna è _____ pianeta?
Rossi: Certo!
Professore: Mm...non direi; Marini!
Marini: No, è ____ satellite.
Professore: Perfetto! E tu, Neri, dimmi, quanto tempo impiega ____Terra ____ girare intorno ____ Sole?
Neri: 365 giorni.
Professore: Bene! Bianchi, metti _____ ordine _____ grandezza ____ Giove, ____ Marte e _____ Terra.
Bianchi: Prima metterei ____ Giove, poi ____ Marte e ____ ultima _____ Terra.
Professore: Ditemi, quanti sono ____ satelliti _____ Giove?

In coro: Sette!
Professore: E adesso ______ domandina ___ tranello. Fate bene attenzione: che differenza c'è ______ ____ Luna, e _____ altri satelliti?

9. Completare con gli articoli (partitivo e indeterminativo)

DIALOGO. La segretaria di un commercialista e la commessa di una cartoleria

Commessa: Buongiorno signorina, desidera?
Segretaria: Buongiorno, vorrei _____ carta per fotocopiatrice.
Commessa: Quanta?
Segreteria: Me ne servono venti pacchi, formato A4. Poi _____ penne biro.
Commessa: Di che colore?
Segreteria: Dieci blu e dieci rosse. Poi _____ matite nere, a punta morbida.
Commessa: Va bene ___ pacchetto da_____ venti?
Segretaria: Sì, va bene! A proposito, vorrei anche _____ gomme da matita, quelle più morbide; me ne dia _____ decina. Che cancellino bene!
Commessa: Altro?
Segretaria: Ah, sì! _____ carta da lettere, di tipo commerciale, e poi _____ pacco di elastici.
Commessa: Basta così?
Segretaria: Ancora ______ buste, cento grandi e cento piccole.

10. Completare con gli articoli e con le preposizioni semplici e articolate. Barrare gli spazi dove l'articolo non è necessario

QUANTO NE OCCORRE?

DIALOGO. Laura, ___ ragazzina ___ quindici anni, trova ___ ricetta ___ biscotti ___ quaderno ____ ricette ___ sua madre. Decide ___ prepararli. Ma prima ancora ___ cominciare chiede ___ aiuto ___ mamma. Questi sono ___ ingredienti: ___ burro, ___ uova, ___ vaniglia, ___ zucchero, ___ farina, ___ buccia d'arancia grattugiata, __ zucchero a velo.

Laura: (____ *quaderno* ___ ***mano***) Mamma, qui non ci capisco ___ bel niente! Viene spiegato come si fa però non ci sono scritte _____ dosi! Ma tu, come fai?
Mamma: Vedi, io li so fare, ___ biscotti! Ormai faccio tutto ___ occhio, non ho bisogno ____ pesarli, ___ ingredienti. Ma, se vuoi, te la do io _____ mano!

Laura: Magari! Ormai mi è venuta proprio voglia _____ mangiarmeli, questi biscotti. Allora dimmi, se ho ben capito: ______ cominciare bisogna mescolare bene _____ burro e ______ zucchero e sbatterli finché non diventino ______ composto cremoso.
Mamma: Perfetto!
Laura: Ma quanto ne occorre, ____ burro e ____ zucchero?
Mamma: Due etti ____ burro e due ____ zucchero.
Laura: E adesso ci devo aggiungere ____ uova. Solo ___ tuorli, vero?
Mamma: Esatto! Ne servono ____ quattro.
Laura: E ____ vaniglia, quando ce la metto?
Mamma: Ora, insieme ____ tuorli.
Laura: Quanta?
Mamma: ______ bustina ____ ____ grammo.
Laura: ____ farina, quanta ne occorre?
Mamma: Ce ne vogliono ____ quattro etti. La devi aggiungere adesso, poca ______ volta. E ora... ____ forno!
Laura: E tra venti minuti è pronta ____ merenda!
Mamma: Ti sei dimenticata ____ niente?
Laura: Ah, già! ____ zucchero ____ velo! _____ biscotti cotti o crudi?

11. Completare con gli articoli e con le preposizioni semplici e articolate. Barrare gli spazi dove l'articolo non è necessario

UNA SPILLA PER LA SIGNORA

DIALOGO. In _____ laboratorio ____ oreficeria ______ Ponte Vecchio, ____ Firenze. ____ orafo e _____ cliente, che vuole regalare ____ spilla ________ moglie

Cliente: Buona sera, Signor Rigolli!
Orafo: Buona sera, Avvocato! E' venuto ____ ritirare ____ bracciale ____ sua moglie? E' pronto!
Cliente: Non ho mica presente _____ quale bracciale Lei parli!
Orafo: Quello a torciglione, ___'oro bianco e giallo. Ho accomodato _____ chiusura.
Cliente: Ah, sì, ho capito. No... ____ realtà ero venuto ____ far montare quello smeraldo intagliato... se lo ricorda?
Orafo: Certamente! Che cosa vorrebbe farne?
Cliente: Forse _____ spilla, Le pare?
Orafo: Sì, sì... ce la vedo bene _____ spilla; verrà _____ gioiello _____ valore; però quella pietra necessita ____ ______ montatura, come dire, _____ po' ... particolare, per farla risaltare come si deve.
Cliente: Provi ____ descrivermi come lo vede Lei, _____ gioiello finito!
Orafo: Intorno ______ smeraldo metterei _____ corona _____ foglioline e "ramages" ____ oro bianco, inframmezzati con pietre...

Cliente: Che pietre userebbe?
Orafo: Io userei _____ brillanti, non troppo grandi; oppure _____ perle e dei rubini alternati, incastonati _____' oro giallo. ____ castone _____ smeraldo, invece, lo farei _______'oro bianco!
Cliente: Scusi, quanto viene a costare in oro bianco o ____ oro giallo?
Orafo: _____ grammo hanno __ stesso prezzo, ma ___ l'oro bianco è più costosa ____ lavorazione. ______ alternativa ______ tutto questo, si potrebbe montare _____ smeraldo tutto _____ platino ______ per farne un modello "déco".
Cliente: Non sono sicuro che ____ mia moglie piaccia molto ____ "déco", penso che lo trovi ... poco attuale! Dovrei sentirla ____ po' _____ questo punto. Poi, _____ qualche giorno, ci rivediamo.

12. Correggere gli errori

LA GATTA
canzone di Gino Paoli

C'era la volta la gatta
che aveva la macchia nera su il muso
e una vecchia soffitta vicino a un mare
con una finestra a un passo da un cielo blu.
Se una chitarra suonavo
una gatta faceva delle fusa ed una stellina
scendeva vicina vicina
poi mi sorrideva e se ne tornava su.

Ora non abito più là;
tutto è cambiato, non abito più là.
Ho la casa bellissima,
bellissima come vuoi tu.
Ma io ripenso alla gatta
che aveva la macchia nera su il muso,
alla vecchia soffitta vicino a un mare
con la stellina che ora non vedo più.

(di GINO PAOLI, *Ed. BMG Ricordi S.p.A.* (Ex FAMA)

13. Riscrivere i testi che seguono in forma estesa (usando articoli e preposizioni)

a) PROVERBI
Spiegare con parole proprie

Es.: *Paese che vai, usanza che trovi*
In qualunque paese che tu vai/vada, trovi un'usanza diversa.

- Buon vino, fa buon sangue
- Rosso di sera, bel tempo si spera
- Chi troppo vuole, nulla stringe
- Chi la fa, l'aspetti

b) TELEGRAMMI

Partendo dal contenuto dei telegrammi, immaginate di fare telefonate di analogo contenuto

- Contratto perfezionato. Segue lettera. Pregasi inviare fax comunicazioni ulteriori su modalità pagamento.

- Superato esame. Votazione soddisfacente. Comprata moto usata.

- Arrivo previsto aeroporto Fiumicino mercoledì ore 21.
  Predisponete per rientro casa: spesa, riscaldamento, pulizia.
  Mandate autista aeroporto.

- Intervento chirurgico perfettamente riuscito. Stato generale paziente buono. Uscita ospedale prevista giorno 20.

- Pregasi recarsi presso nostro ufficio per comunicazioni urgenti riguardanti pagamenti.

c) ANNUNCI ECONOMICI

Spiegare con parole proprie

- Zona stazione (via Campo di Marte) vendesi appartamento ristrutturato: 2 bagni, 3 camere, cucina, soggiorno, terrazzi. Riscaldamento centralizzato.

- Ponte Felcino, villa bifamiliare affittasi, mansarda, garage, doppi servizi, 2.000 mq. terreno.

- Centro storico: cedesi avviata attività abbigliamento, locale mq. 80 circa.

- Via Pallotta, privato vende appartamento mq. 106, ultimo piano; mq. 60 piano terra, per uso casa e ufficio. Trattative riservate.

- Via A. Vecchi, vendo appartam. di mq. 80, 3° piano, senza ascensore, riscaldamento autonomo. Prezzo interessante.

- "Villaggio Oliveto", vendesi villetta a schiera in nuovo complesso residenziale. Consegna maggio '98. Possibilità di mutuo.

14. Completare con le preposizioni DI / DA / IN / PER / A

GITA SCOLASTICA IN CAMPANIA

SCUOLA MEDIA "MAZZINI"
Umbertide (PG);
Periodo: dal 20/4 al 22/4;
Quota di partecipazione: L.480.000
Viaggio in pullman.

PROGRAMMA

GIOVEDÌ, 20/4

- ore 6,00	Partenza ____ piazza Mazzini
- ore 9,00	Sosta _____ autogrill lungo l'autostrada ____ la colazione
- ore 13,00	Previsto arrivo ____ albergo (Hotel Parco ______ Principi, Sorrento)
- ore 13,30	Pranzo _____ albergo
- ore 15,30	Visita ____ città ___ Sorrento (chiesa ___ S. Francesco, Museo Correale, Belvedere)
- ore 20,00	Cena ___ albergo
- ore 21,00	Passeggiata ____ le vie _____ città

VENERDÌ, 21/4

- ore 8,00	Colazione
- ore 9,00	Partenza ____ pullman ______ Pompei
- ore 10,30	Arrivo ___ Pompei. Visita _____ scavi archeologici
- ore 13,00	Pranzo ___ sacco
- ore 18,30	Previsto ritorno _____ Sorrento
- ore 20,00	Cena ___ albergo
- ore 21,30	Serata ______ discoteca ______'albergo

SABATO, 22/4

- ore 7,30	Colazione
- ore 8,00	Partenza ______ pullman _____ Napoli
- ore 9,30	Arrivo____ Napoli (Molo Beverello). Imbarco ____aliscafo ___ Ischia.
- ore 10,30	Arrivo ___ Ischia. Visita guidata _____'isola (Castello Aragonese, Ischia Ponte, porto)
- ore 13,00	Pranzo ____ un ristorante tipico
- ore 14,30	Giro _____'isola _____ battello con sosta a Sant'Angelo
- ore 18,00	Aliscafo ______ Napoli
- ore 19,00	Partenza ______ pullman _____ Umbertide
- ore 1,00	Previsto arrivo ____ Umbertide (piazza Cavour)

15. Completare il dialogo con le battute del padre

ALLA GITA

DIALOGO. Un ragazzo, che vuole assolutamente partecipare a questa gita, ne spiega il programma al padre, che invece è un po' scettico al riguardo; il ragazzo cerca pertanto di convincerlo.

Padre: ______________________________

Figlio: Il 20 aprile.

Padre: ______________________________

Figlio: Tre giorni soltanto.

Padre: ______________________________

Figlio: In pullman.

Padre: ______________________________

Figlio: 480.000 lire; non è mica tanto, no?

Padre: ______________________________

Figlio: Sorrento, Pompei, e Ischia. Sarà una gita molto istruttiva, sai ...

Padre: Dove alloggiate?

Figlio: In albergo, a Sorrento. Si chiama "Parco dei Principi": si dice che sia un albergo meraviglioso!

Padre: ______________________________

Figlio: Il secondo giorno.

Padre: ______________________________

Figlio: L'ultimo giorno, prima di partire.

Padre: ______________________________

Figlio: Ah! Un sacco di cose interessanti: visitiamo un po' l'isola, facciamo una gita in battello; a pranzo, poi, andiamo in un ristorante tipico...

Padre: ______________________________

Figlio: Il 22, sabato. Beh, allora, che ne dici? Insomma, mi ci mandi?

Padre: Va bene!

16. Completare con l'articolo determinativo e indeterminativo. Barrare gli spazi dove l'articolo non è necessario

PROGETTARE PER SERVIRE GLI ALTRI

Io sono ______ architetto. Mi sento _____ tale. E quando penso a ______ architettura mi sento a ___ mio agio.

____ spazio!

E' bello prendere ______ spazio fra ____ mani, manipolarlo fra ____ dita come ____ pasta fresca per fare ____ buon pane, relazionarlo con _____ ogni spazio vivente! Cioè relazionare _____ spazio di un' architettura con ____ spazio degli uomini che devono "viverci" dentro, con ____ spazio del gatto, del cane, con ____ spazio di ____ poltrona già "piena" della donna seduta, con ____ spazio del cielo, dell'albero, dell'uccello, con ____ spazio di ____ sorriso di bambino, con ____ spazio del mio stomaco, del mio cervello.

____ materia!

Toccarla! Carezzarla! Sentirne ____ peso vivente! ____ peso forza di gravità! È ____ peso-inverso sul quale io "carico" ____ materia perché vinca ____ peso. Per farla nascere!

____ pietra, ____ ferro, ____ ferro e ____ pietra insieme!

____ sassi sono belli e forti e hanno ____ presenza della terra prima della nascita dell'uomo. ____ ferro lavorato è divenuto ____ forma esatta impregnata della presenza della fatica e dell'intelligenza di ____ uomo che l'ha dominata.

____ vetro!

____ vetro che divide ____'aria in due ma che sposa ____ parte e ____'altra dell'aria. In inverno ____'aria calda, dentro, piacevole e dolce, ____'aria fredda e umida, fuori. In estate _____'aria fresca che carezza ____ pelle, dentro, e ____'aria calda carnale, fuori, che assorbe tutto, come _____ bicchiere d'acqua bruciato al sole sulla sabbia del deserto.

____ strutture!

Solcare ____ terreno per ricavare ____ fondazione. Gettargli dentro energia come ____ radice. E da ____ questa radice-fondazione ____ linfa comincia a salire. Sale come ____ sangue giovane. Sale! Sul muro in verticale. Quando è stanca, eccola riposarsi orizzontale, parallela alla crosta terrestre.

______ colore!

_____ colore di _______ cosa viva in se stessa, non rappresentato o immaginato. _______ colore vero, tangibile, uguale in superficie, e anche nell'angolo più interno, ma che ____ presenza visiva esterna fa intendere e comprendere!

(LEONARDO RICCI, *Per una nuova città*, Firenze, Alinea Ed., 1983)

17. Completare il testo con gli articoli e le preposizioni articolate

Rosanna Benzi [1]

C'era _____ signora ricoverata in ospedale in _____ polmone d'acciaio come ____ mio. Aveva avuto non so quale incidente e quello era ____ risultato. Non potevo vederla ma la sentivo, ____ sua presenza mi era tangibile, come ____ sensazione di essere in due. ___ bel giorno ____ dottor Enrico, Enrico Gualco, mi arrivò in camera sorridendo e annunciò che ____ signora cominciava a respirare da sola. "Sai che vuol dire?" Non mi guardava, guardava oltre ____ parete, ____ spazio di fuori, misurava ____ distanza tra ciò che era e ciò che poteva essere. "Vuol dire che forse ce la farai anche tu." Enrico aveva questa speranza, e questa pazienza. Facemmo ____ tentativo. E arrivai a respirare fuori _____ polmone per quaranta minuti, quaranta terribili minuti di sforzo sovrumano. _____ notizia che ____'altra sarebbe uscita presto _____ polmone mi fece _____ gran rabbia. _____ mia invidia fu feroce. Non ero disposta a perdonare questa sorte capricciosa e gratuita che talvolta ci perseguita. Se dico che odiai quella donna, non esagero. _____ disperazione non conosce mezze misure. Due o tre giorni dopo lei morì; ____'odio mi rimase in gola e ____'invidia divenne rossa vergogna. Fu ____ lezione, una delle tante di cui si farebbe volentieri a meno, ma che poi sarebbe assurdo dimenticare: non mi consolo mai pensando che c'è gente più sfortunata di me. Se qualcuno lo fa, sbaglia. ____ sofferenze _____ altri non potranno mai farmi bene. E così, se ____ consolazione può venire _____ leggere _____ mia storia, essa non sarà ____ mia disgrazia, ma ____ mia vita, ____ cose che ho fatto. Questo deve essere chiaro.

(ROSSANA BENZI, *Il vizio di vivere*, Milano, Rusconi, 1985)

Preposizioni

18. Completare

sedile anatomico

_____ tutti ho chiesto qual era la situazione _____ cui si concentravano ___ più ___ loro pensieri. E tutti mi hanno risposto: quando guido la

[1] L'autrice del brano viveva in un polmone d'acciaio da oltre 20 anni. E' morta nel '91.

macchina. Milioni _____ uomini trascorrono una parte _____'esistenza _____ questa situazione _____ solitudine totale dove non si può leggere, fare parole crociate, sonnecchiare, guardare la televisione. Non ci si può neppure fare compagnia _____ la radio, perché ogni quattro o cinque chilometri c'è un'emittente _____ luogo che balza fuori _____ la sua frequenza e ti ruba quello che stavi ascoltando.

Non resta che pensare, ripassare un discorso, o arrabbiarsi _____ storie _____ traffico, improvvisare monologhi _____ tenersi svegli.

L'imprudenza, sostengono le statistiche, è la causa principale _____ incidenti. Ho macinato molti chilometri e mi sono rafforzato _____ convinzione che non è vero. Prendiamo un'"autostrada durante il grande rientro": tre corsie, tre colonne, piccolo trotto. La probabilità ____ incidenti, _____ carta, è zero: basta mettersi il cuore _____ pace e considerarsi, anziché _____ una macchina, _____ vagone ____ un treno merci che non va _____ strada ma _____ rotaia.

Dannatamente c'è sempre chi non si adatta _____ questa logica ferroviaria e passa continuamente _____ un binario ____'altro, incuneandosi ____ un cofano e un baule. Cento sorpassi ____ destra e _____ sinistra _____ guadagnare neppure mezzo chilometro non sono un'imprudenza, sono un'idiozia. Sai comunque che questo archetipo _____ guidatore esiste, si moltiplica e sai anche che, se la lenta processione si bloccherà _____ un fiammeggiare _____ stop, sarà proprio _____ questi slalom saettanti e imbecilli. E_____ tale ragione ti tieni ____ ragionevole distanza _____ vagone che ti precede.

(LUCA GOLDONI, *Il sofà*, Milano, Rizzoli, 1988)

Per la lingua in VERSI

IL PESCATORE
(Fabrizio De André)

19. Completare il testo della canzone di Fabrizio de André

______'ombra ________'ultimo sole s'era assopito _____ pescatore
e aveva _____ solco lungo _____ viso come _____ specie _____ sorriso

Venne ______ spiaggia _____ assassino due occhi grandi _____ bambino
due occhi enormi _____ paura eran _____ specchi d'_____'avventura.
E chiese _____ vecchio: Dammi _____ pane, ho poco tempo e troppa fame.
E chiese _____ vecchio: Dammi _____ vino ho sete e sono _____ assassino.
_____ occhi dischiuse _____ vecchio _____ giorno, non si guardò neppure intorno,
ma versò _____ vino e spezzò _____ pane _____ chi diceva: Ho sete, ho fame!
E fu ______ calore d'_____ momento poi via _____ nuovo verso ______ vento.
Davanti _____ occhi ancora _____ sole, dietro _____ spalle _____ pescatore.
Dietro _____ spalle ______ pescatore e _____ memoria è già dolore
è già _____ rimpianto d'_____ aprile giocato _____'ombra d' _____ cortile.
Vennero _____ sella due gendarmi, vennero _____ sella con _____ armi.
Chiesero _____ vecchio se lì vicino fosse passato _____ assassino.
Ma _____'ombra ______'ultimo sole s'era assopito _____ pescatore
e aveva _____ solco lungo _____ viso come _____ specie di sorriso.

(F. DE ANDRÉ - G. REVERBERI, F. ZAULI, *Editori associati*)

19a. Sintesi orale e scritta

Quanti sono e chi sono i protagonisti della ballata?
Dove si svolge la scena?
Quali sono i tratti caratteristici del pescatore e quelli dell'assassino?

19b. Indicare con una S i sinonimi, con una C i contrari

assopito	-	sveglio	-	C (contrario)
assassino	-	bandito	-	
bambino	-	fanciullo	-	
paura	-	tranquillità	-	
dischiudere	-	aprire	-	
momento	-	attimo	-	
rimpianto	-	ricordo piacevole	-	
memoria	-	amnesia	-	
vicino	-	contiguo	-	

19c. Polisemia. Indicare quale significato hanno le parole nel testo

ombra:	- oscurità parziale	- protezione	- fantasma
solco:	- fossato	- ruga	- segno dell'aratro
calore:	- temperatura elevata	- energia	- affetto
sella:	- sedia	- sedile per cavalli	- depressione tra montagne

MORFOLOGIA

CONGIUNTIVO	**Uso delle presposizioni**
"che"	**Per la lingua in versi:**
Locuzioni	**Vorrei che fosse amore *(Mina)***
	Come è profondo il mare (*Lucio Dalla*)

1. Leggere il testo

UNA CENA A FERRAGOSTO

DIALOGO. Pomeriggio estivo in giardino. Marta e Laura, due sorelle sui cinquant'anni, chiacchierano tra di loro. Un po' in disparte la vecchia madre, che sta lavorando a maglia.

Laura: Marta, che ne dici di fare una cena la sera di Ferragosto?
Marta: Ferragosto? Ma è tra soli cinque giorni! Si farà in tempo ad organizzare tutto?
Laura: Ma sì! Vedrai che ce la faremo.
Marta: Chi dici di invitare?
Laura: Secondo me gli amici più intimi, i soliti del nostro giro: cioè i superstiti, visto che son quasi tutti in vacanza!
Marta: Già! Chissà quando tornano Eugenia e Pietro?
Laura: Mi pare che debbano tornare il 13 sera.
Marta: Magari! Mi farebbe tanto piacere se potessero esserci! E dei Rossi, ne sai niente?
Laura: Beh, temo che loro non possano venirci, dal momento che tra due giorni devono fare il trasloco! E i Becchetti?
Marta: Mah, può darsi che loro ci siano. A me hanno detto che sarebbero tornati non più tardi del 14 sera. E così anche i Rometti.
Laura: Che bello! Così saremo ... vediamo un po'... una quindicina!
Marta: Ma forse anche di più!
Laura: Allora domani vado subito a fare la spesa e cominciamo a preparare!
Mamma: Ma dai, Laura! Non avere tutta questa fretta! Aspetta che tutti ti diano conferma, se no ci toccherà di mangiare avanzi per una settimana!
Marta: La mamma ha sempre ragione: parla in lei la saggezza dell'età!
Mamma Scherza, scherza, tu! A proposito di spesa, bisogna che vi ricordiate di comprare il vino, in casa non ce n'è quasi più.
Laura: Facciamo una cena seduti o in piedi?
Marta: Mah, io penso che la cena in piedi col buffet freddo sia la soluzione più pratica.

Mamma: Sarà! A me sembra, invece, che una bella tavola apparecchiata sia sempre la cosa più gradita, specie ai meno giovani.
Laura: Dai, su, mamma, modernizzati!
Marta: Ma no! Forse la mamma ha ragione, seduti si sta più comodi.
Laura: Come volete voi! Mi adeguo. E per il menù, come ci organizziamo?
Marta: A me pare che una cosa molto simpatica d'estate siano i menù esotici, la cucina cinese per esempio.
Laura: Troppo complicata! Io credo invece che sia meglio fare piatti tradizionali, si va più sul sicuro. Tu, mamma, che ne dici?
Mamma: Lo sapete, alla mia età si amano le cose all'antica.
Marta: A proposito, come dolce, vorrei tanto che facessimo il babà col gelato: è una vita che mi va di mangiarlo.
Laura: Mhm, quanto mi piace ... e anche alla mamma!
Marta: Allora d'accordo per il dolce: babà col gelato. E per l'antipasto che proponete?
Laura: Che ne direste di un'insalata di riso? Mi sembra che sia una soluzione piuttosto originale, e anche pratica.
Marta: Ottima idea. Per inciso: sarebbe bene che avvertissimo subito la Lina, così ci viene a dare una mano per servire a tavola.
Mamma: Ma no! E' meglio che facciate voi da sole: gli ospiti non si sentirebbero a loro agio con la cameriera che serve a tavola.
Laura: Mamma, sei la solita spilorcia!

Analisi dei verbi

a) - Individuare e sottolineare nel dialogo le forme di congiuntivo dipendente.
b) - Quante sono?
c) - Che cosa hanno in comune?

2. Coniugare al congiuntivo gli infiniti tra parentesi *(reggente di tipo PRESENTE - Rapporto cronologico di CONTEMPORANEITÀ o POSTERIORITÀ)*

1. "Dov'è Claudio?" "Credo che ______________ (essere) in camera sua".
2. Temo che Luisa non ______________ (riuscire) a superare quest'esame: non mi sembra proprio preparata a sufficienza.
3. E' strano che i Rossi quest'estate ______________ (andare) in montagna, hanno sempre passato le vacanze al mare.
4. Bisogna proprio che la prossima settimana me lo ____________ (riportare) questo libro, ce l'hai già da più di un mese.
5. "Che ne dici di questo progetto?" "Penso che ______________ (trattarsi) di un'opportunità molto buona per la tua ditta."
6. "Che ci fai tu da queste parti?" "Sto aspettando che mia madre ____________ (uscire) dall'ufficio".

7. Dicono che la signorina Bianchini __________ (stare) per sposarsi con un giornalista ungherese.
8. Spero proprio che tu __________ (essere) già di ritorno dall'America per allora: desidero tanto che anche tu __________ (venire) al convegno.
9. I ragazzi sono al mare in questi giorni: mi auguro che là non __________ (fare) il tempaccio che fa qui!
10. Non vedo l'ora che mi __________ (arrivare) la macchina nuova.
11. Mi fa tanto piacere che __________ (venire) anche tu a trovare Barbara in ospedale: in due la situazione sarà meno difficile.
12. Mi dà fastidio l'idea che loro __________ (comportarsi) in maniera sempre tanto opportunistica nei nostri confronti.
13. Non sopporto che la gente non __________ (rispettare) certe regole così elementari.
14. E' un vero peccato che la gente __________ (interessarsi) così poco di un problema tanto importante come l'ecologia.
15. Non è mica giusto che __________ (essere) sempre io a cucinare per tutti!
16. E' impossibile che voi non lo __________ (conoscere), perché abita nello stesso condominio!
17. E' inutile che te lo __________ (ripetere), tanto non mi ascolti!
18. Il capo vuole che questa relazione la __________ (scrivere) Cagnetti: è lui il più esperto in questo tipo di lavoro!
19. Stiamo tutti aspettando con ansia che __________ (uscire) i risultati dell'esame.
20. Non vedo l'ora che __________ (arrivare) la mamma per darle la bella notizia.

3. Coniugare al congiuntivo gli infiniti tra parentesi *(reggente di tipo PRESENTE - Rapporto cronologico di ANTERIORITÀ)*

1. E' tardissimo! Spero che Tommaso non __________ (dimenticarsi) di venire: senza di lui non possiamo cominciare il lavoro.
2. Avete un'aria un po' affaticata; mi auguro che il viaggio non vi __________ (stancare) troppo!
3. "Chi è stato a comprare tutta questa birra?" "Penso che __________ (essere) Massimo."
4. Si è messo in testa che la moglie, quella volta al mare, lo __________ (tradire) proprio col suo collega.
5. E' convinto che io, ai tempi dell'università, __________ (comportarsi) in modo poco serio.
6. E' strano che __________ (essere) proprio Margherita a proporgli di andare al mare: per quanto ne so, lei lo odia, il mare!
7. Si dice che lei lo __________ (sposare) solo per i soldi, ma io non ci credo: era già così ricca, lei!

8. "Da tempo cerco Nicola, ma non lo trovo!"
   "Credo che ______________ (trasferirsi) a casa dei suoi!"
9. Mi fa veramente piacere che la mia ragazza ti ______________ (rimanere) simpatica: ci tenevo molto al tuo giudizio!
10. Credo che quell'anello glielo ______________ (lasciare) in eredità sua nonna.
11. Sono proprio contento che voi ______________ (decidere) in questo senso: mi sembra davvero la soluzione migliore.
12. Ho la sensazione che con quel preside, gli insegnanti non ______________ (lavorare) molto in questa scuola.
13. Mi dispiace che ______________ (dovere) andare Lei a rispondere alla porta, ma io ero in cima a una scala!
14. Dicono che Rossi ______________ (essere) una persona molto tranquilla, prima di sposare quella strega.
15. "Dov'è Matteo?" "Non lo so, ma penso che ______________ (uscire) per andare a lezione."
16. "Chissà se Giuseppe è stato promosso all'esame?" "Mah, io dubito che lo ______________ (superare): aveva studiato pochissimo."
17. E' strano che Emilia non ti ______________ (invitare) alla sua festa di laurea: gli altri amici del nostro giro li ha invitati tutti!
18. Credo che Irene ______________ (andare) ad abitare coi nonni da bambina, perché i suoi lavoravano all'estero.
19. Ho l'impressione che ieri, alla riunione, loro ______________ (essere) molto imbarazzati.
20. Temo proprio che il treno ______________ (partire): non c'è più nessuno sulla banchina!

4. Coniugare al congiuntivo gli infiniti tra parentesi *(reggente di tipo PASSATO - Rapporto cronologico di CONTEMPORANEITÀ o POSTERIORITÀ)*

1. Raffaele voleva assolutamente che lo ______________ (accompagnare, io), non se la sentiva proprio di andare da solo.
2. Speravo tanto che tu mi ______________ (poter fare) questo favore, in quanto per me era una cosa molto importante!
3. Vorrei tanto che tu ______________ (capire), ma mi rendo conto di quanto sia difficile mettersi nei miei panni.
4. Credevo che Isabelle ______________ (essere) svizzera, e invece ho saputo che è francese.
5. Quando l'ho vista la prima volta, ho avuto l'impressione che ______________ (trattarsi) di un'insegnante.
6. In quel momento pareva che non ______________ (esserci) la possibilità di trovare una soluzione al problema.
7. Mi farebbe davvero piacere che loro ______________ (riuscire) ad ottenere quel posto.

8. Gradirei che voi ________________ (parlare) a voce un po' più bassa.
9. Non era possibile che, al corso di aggiornamento, __________ (andarci, noi) tutti quanti.
10. Non mi immaginavo neanche lontanamente che Mirco ____________ (potere) essere un tipo tanto complicato.
11. Non capivo proprio che cosa mi________________ (voler dire): parlavano in maniera così confusa!
12. La prima cosa che fece il nuovo direttore fu di assicurarsi che il lavoro si ________________ (ripartire) in modo equo.
13. I padroni di casa avevano un'aria molto stanca, cosicché era bene che noi ________________ (congedarsi).
14. Ero contento che lui ________________ (partecipare) alla riunione condominiale, perché aveva ottime idee da proporre.
15. Mi piacerebbe molto che ____________________(venire) ad abitare anche voi quassù in campagna!
16. Il direttore desidererebbe che Lei ___________ (ultimare) la relazione quanto prima: è estremamente urgente!
17. A lui conveniva che io _______________ (trasferirsi) in un altro ufficio.
18. Non gli importava niente del fatto che la traduzione si ___________ (fare) in modo poco accurato, gli bastava solo che si ___________ (finire) al momento giusto.
19. Temevo che non ______________ (esserci) nessuno in casa, perché si vedeva tutto spento dal di fuori.
20. Pensavo che ______________ (essere, voi) a Pisa oggi! Che ci fate ancora qui?

5. Coniugare al congiuntivo gli infiniti tra parentesi (*reggente di tipo PASSATO - Rapporto cronologico di ANTERIORITÀ*)

1. Si stupirono che noi ________________ (dimostrarsi) tanto disponibili verso di loro in quell'occasione.
2. Sembrava che lui ______________ (prendere) una decisione definitiva, e poi invece cambiò ancora idea.
3. Che ci fai tu qui? Credevo che ________________(partire) già per le vacanze!
4. Lei aveva il timore che il marito la _________________ (tradire) con la nuova segretaria.
5. Mi pareva strano che un lavoro così approfondito e complesso lei lo ____________ (fare) tutto da sola.
6. Credevo che tu, ieri, _________________ (andare) a teatro.
7. Era fiera del fatto che le ________________ (affidare, loro) quell'incarico così prestigioso.
8. Si diceva che il problema lo ______________ (risolvere) già il comitato, e invece non era che una voce.

9. Apprezzai molto il fatto che lui finalmente ________________ (decidersi) a parlarmi con chiarezza.
10. Pensavo che del problema dell'orario __________________ (occuparsene) già la signorina Bianchi.
11. Avrei gradito che tu ________________ (dedicarsi) personalmente alla questione.
12. Ero molto contenta che a mio marito _________________(dare, loro) le ferie a marzo, così finalmente potevamo andare a fare quel viaggio nel Sahara.
13. Lui era dell'opinione che l'acquisto di quel terreno non _____________ (essere) un buon affare; a me invece era sembrato piuttosto vantaggioso.
14. Non ne sapevi niente, davvero? Ero convinto che te ne _______________ (parlare) Lucia!
15. Non lo sapevo che Fabrizio e Sara __________________ (sposarsi); quando è stato?
16. Immaginavo che, da bambino, __________________ (essere) biondo.
17. Speravo che _________________ (andarci) voi a ritirare le coperte in lavanderia: come mai non ci siete state?
18. Pensavo che tua sorella, da giovane, _______________ (abitare) a Verona.
19. A dire la verità dubitavamo tutti che Michele ____________________ (superare) l'esame di guida, e invece tornò a casa e ci raccontò che era andato benissimo.
20. Per un attimo ebbi la sensazione che lui _______________(arrabbiarsi) davvero, poi mi resi conto che stava solo scherzando.
21. Pensavo che loro, prima di trasferirsi in Italia, ______________ (insegnare) agli handicappati.
22. Credevo che _______________________ (perdere, tu) il treno! Come mai sei così in ritardo?
23. Si supponeva che a rubare quei soldi __________________ (essere) il segretario.
24. Tutti ritenevano che questa storia la ____________________ (inventare, loro) di sana pianta.

6. Coniugare gli infiniti tra parentesi *(reggente di tipo PASSATO + CONDIZIONALE COMPOSTO - Rapporto cronologico di POSTERIORITÀ)*

1. Speravo che mia madre ______________________ (andare) a ritirare il certificato in comune, e invece non ne ha avuto il tempo.
2. Dubitavo che mi ____________________ (fare, loro) un favore tanto grande, e invece mi aiutarono moltissimo.
3. Pareva che, di lì a poco, ____________________ (trasferirsi, lui) in Svezia.
4. Pensavo che le ______________________ (dare) una mano tu a fare questa ricerca: è possibile che tu non abbia trovato neanche un'ora per aiutarla?
5. Non sapevo che ci _______________________ (venire) anche voi a quest'incontro!

6. Si diceva che Nicoletta ________________ (sposarsi) presto.
7. Pareva che tutti ________________ (partire) di lì a poco, e invece rimasero per più di un'ora.
8. Lei viveva nel timore che lui, prima o poi, la ________________ (lasciare).
9. Pensavo che li ________________ (mettere) a posto subito quei vestiti: perché non l'avete ancora fatto?
10. Io credevo che ci ________________ (portare, loro) a vedere qualcosa di interessante, e invece siamo rimasti chiusi in casa tutto il giorno.
11. Le venne il dubbio che suo marito presto o tardi ________________ (volere) cambiare paese.
12. Anche lui pensava che una volta o l'altra ________________ (espatriare, noi)

7. Coniugare al congiuntivo gli infiniti tra parentesi, poi volgere al passato

Es.: E' necessario che io ________________ (parlare) più spesso italiano se voglio impararlo bene.

a) E' necessario che *io parli* più spesso italiano, se voglio impararlo bene
b) *Era* necessario che *io parlassi* più spesso italiano, *se volevo* impararlo bene.

1. E' bene che voi ____________ (fare) un po' di moto se volete dimagrire.
2. Mi pare che ____________ (esserci) delle difficoltà.
3. Voglio che mia sorella oggi ____________ (recarsi) dal medico, perché mi sembra che non ____________ (stare) proprio bene.
4. Bisogna che oggi mi ____________ (comprare) il giornale. Ho l'impressione che ____________ (esserci) notizie di borsa interessanti.
5. E' opportuno che gli studenti ____________ (fare) attenzione a quello che dice il professore.
6. E' giusto che tu lo ____________ (accompagnare).
7. Ho incontrato un'amica e ci siamo messe d'accordo per fare una passeggiata: spero che lei non ____________ (dimenticarsi) dell'appuntamento.
8. Ho la ferma intenzione di studiare diligentemente per potermi esprimere in modo corretto, ma temo che ________ (essere) un processo faticoso e che ____________ (richiedere) molto tempo.
9. Mi sembra che gli studenti che ho ritrovato in questa classe ____________ (essere) più bravi e ____________ (mostrare) più interesse alla disciplina.
10. In questi ultimi tempi, da quanto ho visto, hai speso molti soldi: ora suppongo che tu ________ (essere) al verde e ________ (avere) bisogno di aiuto.
11. Permetterò a Roberto di rimanere in classe, a patto che ____________ (starsene) buono e non ____________ (disturbare).
12. L'Italia è un Paese straordinario. E' importante che tu ____________ (potere) venire a visitarlo.

13. Credo proprio che tutti _______________ (riuscire) a finire entro oggi il loro lavoro e _______________ (potere) andarsene in anticipo.
14. E' preferibile che tu _____________ (sapere) subito tutta la verità e nulla ti _______________ (venire) nascosto.
15. L'insegnante comincerà la lezione purché tutti __________ (smettere) di parlare, _______________ (raggiungere) il proprio posto e _____________ (sedersi) senza far rumore.
16. Molta gente crede che tutti gli uomini _________ (essere) fratelli, ma basta che ognuno di noi __________ (guardare) con un minimo di attenzione e ___________ (riflettere) su come vanno le cose, per cambiare opinione.
17. Non vedo i miei genitori da due mesi, ma confido che ___________ (stare) bene e credo che ____________ (sentire) la mia stessa voglia di rivederci.
18. Vado a trovare un mio vecchio professore: conto proprio che _________ (essere) in casa e che la mia presenza non gli _______________ (arrecare) disturbo.
19. Vengo volentieri con voi al ristorante, a patto che ___________ (pagare) voi il conto.
20. Spero proprio che non ____________ (esserci) lo sciopero dei treni questo fine settimana.
21. Elena non vuol credere che io _________ (essere) povero, benché in tasca non _________ (avere) mai il becco di un quattrino e nonostante che _____________ (cercare) sempre di risparmiare.
22. Devo andare dal dentista: temo che __________ (usare) il trapano e _________ (farmi) male. Spero che prima _____________ (farmi) l'anestesia.
23. Sono sempre qui ad aspettarti la sera. Lo sai bene, io desidero che tu non mi ____________ (fare) stare in pensiero e che ______________ (rientrare) a casa prima o mi ______________ (telefonare), se fai tardi.
24. Mio padre è disposto a comprarmi un cane a patto che io ne ____________ (avere) cura e non lo _______________ (trascurare).
25. Mi pare che questo problema lo ____________ (preoccupare) troppo e addirittura non lo ____________ (lasciare) dormire la notte.
26. Quando sentite parlare italiano, è indispensabile che voi ____________ (ascoltare) e ______________ (concentrarsi), se volete cogliere tutte le sfumature.
27. Desidero che questa lezione e questo lungo esercizio _____________ (finire) presto e tutti noi ______________ (potere) andarcene a prendere un caffè.
28. Temo che Pino non __________ (trarre) un grande vantaggio da questo affare.
29. Puoi gridare come e quanto vuoi, basta che tu non _______________ (prendertela) con me.
30. C'è un disordine incredibile, bisogna che voi _________ (rimettere) tutto a posto, non potete uscire prima che tutto ______________ (ritornare) di nuovo in ordine.
31. Credo che Carlo questa sera ___________ (andare) a cena fuori con amici.
32. Penso che lui domani ______________ (andare) a Como.
33. Speriamo che domani la mensa non ______ (essere) chiusa, non saprei dove andare a mangiare.
34. Temo che Antonietta _______________ (andarsene) la prossima settimana.
35. E' probabile che mia sorella ______________ (sposarsi) l'anno prossimo.

35. E' probabile che mia sorella ______________ (sposarsi) l'anno prossimo.
36. Mi auguro che alla fine del corso ____________ (essermi) facile parlare, capire e leggere l'italiano.
37. Sabato prossimo farò una cena all'aperto, ma ho tanta paura che il tempo non mi _______________ (assistere).
38. Penso che domani sera Patrizia ____________ (recarsi) all'aereoporto per ricevere i suoi amici in arrivo da Berlino.
39. Spero che presto la mia squadra _______ (occupare) il primo posto nella classifica del campionato.
40. Penso di andare a Genova il prossimo fine settimana, benché _______________ (volerci) due ore di treno.
41. Spero che non ___________ (esserci) lo sciopero dei treni previsto per il 22 del mese.
42. Conosce bene teoria e pratica: penso proprio che ____________ (superare) brillantemente l'esame di scuola guida.
43. Spero che quest'anno l'estate ___________ (mantenersi) a lungo calda e luminosa e le nostre vacanze ___________ (potere) essere del tutto soddisfacenti.
44. Credo che lui non ________________ (capire) il congiuntivo, desidero che tu glielo ______________ (spiegare).
45. Spero che Piero ieri ______________ (ricevere) la notizia tanto attesa.
46. E' un peccato che tu non ________________ (venire) alla mia festa.
47. Ha mal di testa. Suppongo che ieri sera _______________ (bere) troppi alcolici.
48. Mi auguro che voi ______________ (fare) di tutto per organizzare una bella manifestazione.
49. Franco pensa che tu ________________ (prendere) e ___________ (perdere) le chiavi. Ecco perché non le ritrovi.
50. Con tutto questo ritardo può darsi che _______________(perdere voi) il treno.
51. Sono un po' in ritardo; mi auguro che la lezione non ____________ (iniziare) ancora.
52. Non posso credere che Pina _______________ (sposarsi) già.
53. Non credo che Marilena _______________ (trasferirsi) e _____________ (abbandonare) un lavoro che le piace tanto.
54. Spero che la signora __________________ (capire) bene le cose che le ho detto al telefono.
55. Mi dispiace che il film che abbiamo visto ieri sera non ti _________________ (piacere).

8. Volgere le frasi al passato

Es.: **Spero** che tu **non sia** troppo stanco per uscire
Speravo *che tu* ***non fossi*** *troppo stanco per uscire*

1. Credo che lui a Roma ci sia già stato.

2. Temo che lui non capisca il senso delle mie parole.
3. Pensi che sia stato davvero facile convincerlo del contrario?
4. Non pretendo che tu mi dia ragione, ma che almeno mi ascolti!
5. Ritenete che sia stato opportuno fermarsi anche l'ora successiva?
6. Hai paura che io non ti paghi?
7. E' necessario che ognuno si presenti in forma ineccepibile.
8. E' usanza che per l'occasione tutti indossino il costume tradizionale del proprio paese.
9. Non c'è ostacolo che non si possa superare con un po' di buona volontà.
10. Non mi pare che ci siano ormai troppe possibilità di riuscita.
11. Credo che lui sia già stato altre volte a sciare.
12. Penso che loro abbiano capito bene gli insegnamenti del padre e che ora ne facciano tesoro.
13. Mio padre teme che io non sia all'altezza della situazione.
14. Perché hai paura che non possiamo riuscire bene come te?
15. E' opportuno che arriviate per tempo la prossima volta.
16. Ritengo che sia stato un errore da parte nostra l'aver rinunciato all'incarico.
17. Non so se abbia parlato sul serio o per prenderti in giro.
18. Mi meraviglio che tu non capisca la gravità della situazione.
19. Bisogna che nessuno dimentichi di portare con sé tutto il necessario per l'escursione.
20. E' giusto che tutti abbiano avuto la loro giusta ricompensa.
21. Non capisco proprio perché tu te la debba prendere sempre con lei!
22. Siete veramente convinti che sia stato un buon affare per voi?

9. Completare con le forme del congiuntivo

1. Penso che Paolo
   ieri sera ____________________
   stasera ____________________ (andare) a cena
   domani sera ________________
   fuori con i suoi ex compagni di scuola.

2. Temo che non tutti gli insegnanti
   ieri ____________________
   ora ____________________ (capire) bene
   domani ________________
   questo argomento.

3. Speriamo che la mensa oggi non ________________ / domani non ________________ (essere) chiusa

4. Temo che Gioia ieri non________________ / oggi non ________________ / domani non________________ (superare) l'esame.

5. Immagino che ad Assisi la scorsa estate ____________ / in questi giorni____________ / la prossima estate ____________ (esserci) molti turisti.

6. Mi auguro proprio che tu ieri, ________________ / oggi, ________________ / presto, ________________ (andare) dal medico perché il tuo aspetto non mi lascia tranquillo.

7. Temo che Sergio non ________________ / ________________ / ________________ (trovarsi) bene in quella ditta.

8. Sono certo che voi sabato scorso ______________ / questo fine settimana__________ / il prossimo fine settimana _____ (fare) il possibile per realizzare una festa indimenticabile.

9. Penso che Marco ________________ / ________________ / ________________ (essere) molto felice di ricevere all'aereoporto i suoi amici che sono arrivati una settimana fa. / arrivano questa settimana. / arriveranno la prossima settimana.

10. Sento che Silvia già________________ / ora________________ / presto________________ (prendere) una decisione sbagliata.

10. Ricostruire il seguente testo inserendovi i verbi elencati sotto

SFOGO DAL DENTISTA

DIALOGO. Due signore, buone conoscenti, dal dentista, aspettano di essere ricevute

Anna: Allora, come va?

Barbara: Mah, così così! Un mese fa è morta mia suocera, dopo parecchi mesi di malattia, e siamo ancora tutti un po' sotto sopra, a casa.

Anna: Oh, mi dispiace! Poveretta, quanti anni aveva?

Barbara: Ne aveva parecchi, quasi 89, ma era stata benissimo fino a Natale. Mah, non parliamone! Dimmi di te, piuttosto. Voi come state?

Anna: Beh, noi tutti bene! Mia suocera, poi! E chi l'ammazza quella? Ci seppellirà tutti con la sua malignità.

Barbara: Davvero è così terribile?

Anna: Uh, non te ne fai un'idea! *Qualunque cosa* si __________ in casa, lei ha sempre da criticare!

Tanto per dire, quando la sera si guarda la televisione, beh, *qualunque* programma si ______________ di seguire è quello che non le piace: e allora si mette a brontolare e non ci fa capire più niente!

Barbara: Chissà che serate rilassanti a casa vostra!

Anna: E' qualcosa che non ci si crede! Non ti dico poi quando i ragazzi invitano i loro amici; *chiunque* ______________ a casa lei non lo sopporta. Per lei sono tutti maleducati! E poi il pranzo: quello sì che è una commedia! *Qualunque* piatto io __________ non le va bene: o è troppo pesante, o è insipido, o è salato, o magari è costato troppo!

Barbara: Che ci vuoi fare? Certo è che i primi a morire sono sempre i migliori: mia suocera, buon'anima, era tutto il contrario. *Qualsiasi cosa* __________ e *qualunque* decisione ______________ noi, le stava sempre bene: era proprio una donna eccezionale!

Anna: Mah! Da noi invece è proprio un inferno! Non ti dico poi se il pomeriggio io devo uscire: *dovunque* io __________ , lei ci trova sempre da contestare. Per lei dovrei starmene sempre tappata in casa! Che io _________ ad un tè con le amiche o ad una conferenza, oppure che ________ un appuntamento dal dentista non fa alcuna differenza: brontola sempre e comunque!

abbia - decida - faccia - facessimo - prendessimo - prepari - vada (2) - venga

Analisi dei verbi

a) - A che tempo sono i verbi che si riferiscono alla situazione attuale (ovvero alla suocera ancora viva)?

b) - A che tempo sono i verbi che si riferiscono invece al passato (ovvero alla suocera già morta)?

11. Trasformare le frasi utilizzando le congiunzioni concessive: SEBBENE / BENCHÉ / NONOSTANTE (CHE) / QUANTUNQUE

Es.: Mi sento veramente male, ma non dirò niente ai miei per non preoccuparli.
Sebbene mi senta veramente male, non dirò niente ai miei per non preoccuparli.

1. Lavorano con accanimento, ma non riusciranno a consegnare il lavoro entro il termine stabilito.
2. Non ho più la febbre, ma non posso uscire.
3. Avevo capito che mi prendeva in giro. Mi sono lasciato ingannare lo stesso.
4. Gli avete fatto capire che sta sbagliando, ma lui continua a comportarsi nello stesso modo.
5. La maggior parte di voi non è d'accordo. Però andremo avanti ugualmente nel programma.
6. Hanno già avuto il permesso dal Comune. Non hanno ancora iniziato i lavori.
7. Ho fatto una dieta molto rigorosa. Ciò nonostante sono dimagrita pochissimo.
8. Hanno eseguito il lavoro a regola d'arte. Sono stati pagati male e con notevole ritardo.
9. Vi siete comportati da persone veramente ingrate. Hanno avuto tanti riguardi nei vostri confronti.
10. Non sono sempre puntuale al lavoro, tuttavia il mio padrone è comprensivo e benevolo nei miei riguardi.
11. Non riuscivo a capire bene quello che diceva; eppure ero molto attento e cercavo di non perdere una parola.
12. Non mi può soffrire! E io, quanto l'ho aiutato nel bisogno!
13. Tu non sei d'accordo, ma io lo faccio lo stesso.
14. Non farei mai una cosa del genere. Eppure ne ho una gran voglia!

12. Coniugare al congiuntivo gli infiniti tra parentesi

LE DUE IMPIEGATE LICENZIATE

1. Sebbene _____________ (fare) molto per l'azienda, il padrone ci ha licenziate.
2. Nonostante che gli _______________ (risolvere) tanti problemi, lui non è stato riconoscente con noi.
3. Benché _______________ (eliminare) tante grane al nostro datore di lavoro, sono stata compensata col licenziamento.
4. Non abbiamo avuto la giusta ricompensa, quantunque _______ _____________ (restare) spesso in ufficio fino alle 11 di sera.

5. Con tutto che una volta ________________ (fare) anche le 10 di sera per imbustare i cartoncini di auguri per i clienti, sono stata ricompensata soltanto con un semplice saluto.
6. Malgrado che ________________ (affrontare) grossi sacrifici per mantenere il posto di lavoro, non abbiamo ottenuto un bel niente, solo una bella lettera di licenziamento.
7. Nonostante che uno ______________ (farsi) in quattro per gli altri, spesso non ne ricava che pedate.
8. Per quanto ___________________ (lavorare) sodo, siamo rimaste molto deluse.

13. Coniugare al congiuntivo gli infiniti tra parentesi

1. Benché ______________ (essere) stanchissimo, dovetti uscire per andare in farmacia.
2. Sebbene ____________ (essere) già molto tardi, dovemmo terminare il lavoro.
3. Per quanto non la ______________ (conoscere) a fondo, ho la sensazione che sia una persona affidabile.
4. Malgrado che ______________________ (essere) ormai molto poveri, conservano la generosità di un tempo.
5. Nonostante che _______________ (provenire) da una famiglia nobile e ricchissima, è un tipo molto alla mano.

14. Collegare le frasi usando la congiunzione COME SE + IMPERFETTO O TRAPASSATO CONGIUNTIVO

Es.: Parla sempre a voce alta - gli altri sono sordi.
Parla sempre a voce alta come se gli altri fossero sordi.

1. Tremavo dalla paura - avevo avuto un brutto incubo.
2. Il bambino saltava dalla gioia - aveva ricevuto il più grande dei regali.
3. Nicola fece scena muta all'esame - non si era preparato affatto.
4. Sono in grado di ripetere a memoria tutta la poesia - l'ho riletta pochi minuti fa.
5. Pensano di realizzare il progetto - hanno i mezzi finanziari per farlo.
6. Ci tratta da persone immature ed incapaci - siamo dei ragazzini.
7. Tutti gridavano dallo spavento - avevano visto apparire un fantasma.
8. Era tutto preso dal suo lavoro - non esisteva nulla intorno a lui.
9. Tutti stavano ad ascoltarlo a bocca aperta - parlava l'oracolo.
10. Vi fate ripetere sempre la stessa domanda - non capite quello che intendo dire.

15. Combinare e scrivere frasi

IL VOSTRO "GUINNESS DI PRIMATI"

NOMI	–	AGGETTIVI
giallo		*stimolante*
metropoli		*vivibile*
melodia		*gustoso*
traffico		*agghiacciante*
romanzo		*squallido*
personaggio		*dissetante*
spettacolo		*caotico*
spiaggia		*struggente*
porto		*trafficato*
commedia		*avvincente*
sala d'aspetto		*esilarante*
film dell'orrore		*affollato*
lettura		*violento*
città		*noioso*
piatto		*incredibile*
bevanda		*stravagante*

a. - **Combinare ciascuno dei nomi con l'aggettivo più adatto (per qualche nome è possibile la combinazione con più di un aggettivo)**

b. - **Per ogni combinazione, trovare il proprio "primato", nel più o nel meno, e scrivere delle frasi.**
Esempi: *La città più vivibile nella quale io abbia vissuto è Todi.*
La città meno vivibile che io conosca è Roma.

c. - **Ampliare le frasi già scritte in b. con una dipendente in cui il verbo sia al congiuntivo**
Esempi: *Per me la città più vivibile è Todi, per quanto la si possa criticare.*
La città meno vivibile che io conosca è Roma, benché io non vi abbia abitato a lungo

16. Collegare le seguenti frasi usando le congiunzioni: SE / QUANDO / PERCHÉ / DOVE / IN CHE MODO / CHI / CHE COSA / QUALE

Es.: "Chi è disposto a dare il proprio contributo?" Chiede il direttore.
Il direttore chiede chi sia disposto a dare il proprio contributo.

1. "E' veramente esistito Omero?" Non si sa con sicurezza.

2. "Devo andare da sola ad accompagnare i bambini?" E' incerta.
3. "Dove sei stato per tutti questi mesi?" Gli chiesero i suoi amici.
4. "Sarò in grado di far fronte a tutte queste difficoltà?" Sta chiedendosi da parecchio tempo.
5. "Quanto potrà costare una macchina come questa?" Si stanno chiedendo in molti.
6. "C'è qualche proposta interessante da fare?" Chiedeva spesso tra sé e sé il direttore.
7. "Quali sono i mezzi più adatti per risolvere questa difficile situazione?" Mi domando.
8. "Scusi, sa dirmi chi ripara orologi in questa zona?", chiese ad un passante.
9. Fingendomi indifferente mi domandavo: "Ma chi è costei? Perché si dà tante arie?"
10. Siccome gli sembrava distratto, anzi, completamente assente, gli chiese: "Sei stanco, non hai dormito bene?"
11. Ripetevo dentro di me: "Come posso risolvere un problema tanto difficile?"
12. "Che cosa hai trovato di bello e di attraente in questa città?" Gli domandavano in molti.

17. Trasformare i complementi in proposizioni dipendenti

Es.: Parlo forte per la comprensione di tutti.
Parlo forte perché tutti possano capirmi.

1. In attesa dell'arrivo dell'autobus, faccio un salto al bar a prendere le sigarette per il viaggio.
2. Insisterò tanto per la loro venuta.
3. Nel caso di una tua decisione affermativa, lo prego di fargli una telefonata.
4. Lo pregai di avvertire prima della tua partenza!
5. Ci detestavano nonostante il nostro aiuto in varie occasioni.
6. Gli spediranno vari inviti e sollecitazioni per un'adesione al loro movimento.
7. Ho fatto ugualmente quello che mi hai chiedi, nonostante la mia opinione contraria.
8. Accetterò volentieri la sua proposta nel caso di una richiesta formale.
9. E' buona norma non parlare senza alcuna necessità.
10. Siamo molto bravi, al di sopra di ogni vostra immaginazione.

18. Coniugare al congiuntivo gli infiniti tra parentesi

IN AUTOSTOP FINO A PRAGA

DIALOGO. Discussione tra il padre e il figlio diciottenne che, insieme con il cugino, vuol fare un giro per l'Europa in autostop. Prima tappa: Praga.

Figlio: Perché, secondo te, non dovremmo andare in autostop fino a Praga? Cosa vuoi che ________ (essere) Praga, non ho mica detto la luna!

Padre : A me sembra che invece non solo ________________ (essere) troppo lontana, ma che fare l'autostop _________ (essere) anche una cosa piuttosto rischiosa.

Figlio: In che senso "rischiosa"?

Padre: Come, non ti rendi nemmeno conto di quelli che sono i pericoli cui potreste andare incontro?

Figlio: Dai, su, non fare il pessimista di professione!

Padre: Ma che vuol dire pessimista?! Apri a caso un giornale! Guarda un po' qui! Voglio proprio farti leggere qualche titolo, perché tu ti ____________ (rendere) conto che certe cose non capitano ogni morte di papa, ma sono ormai comuni, purtroppo!

Figlio: *(Il ragazzo imita la voce del padre, in tono molto ironico)* Affinché i giovani ______________ (crescere) saldi, nella rettitudine e nella moralità, devono ubbidire ai genitori!

Padre: Tu scherzi! Vedi, non è che io _______________ (volere) fare il noioso a tutti i costi, è che ho seriamente paura di questa nostra società.

Figlio: Ma tu, allora, in noi giovani non hai nessuna fiducia?

Padre: Non è questo! Io queste cose non le dico perché non ho fiducia in te, ma perché non ___________________ (andare, voi) a cacciarvi in qualche brutta situazione, senza avvedervene, in modo che non ________ (fare, voi) la fine di tanti vostri coetanei!

Figlio: No! Tu queste cose non me le dici perché io non ________ (correre) rischi, ma solo perché vuoi impormi i tuoi modelli antiquati come se noi giovani ________ (essere) ... che so! delle marionette! E poi è sempre la solita storia, e voi adulti pensate che i ragazzi _______ (essere) tutti stupidi.

Padre: Ma no, non è che ____________ (essere, voi) stupidi, è solo che siete ancora inesperti. E, nonostante che tu ______ (essere) ormai un ragazzo in gamba, affidabile...

Figlio: *(Il figlio lo interrompe)* Perché, tu credi che l'esperienza ___________ (servire) a qualcosa? Per me non conta proprio un bel niente! Quella degli altri, poi...

Padre: Quanto all'esperienza altrui, potrei quasi darti ragione. Insomma, non dico che non __________ (servire) proprio a niente, dico solo che è difficile farne tesoro.

Figlio: Già, bel tesoro!

Padre: *(Facendo finta di nulla, continua)* Vedi... la vita è come uno sport: non finisci mai di imparare; anzi più lo pratichi, più lo sai praticare.

IL CONGIUNTIVO NELLE PROPOSIZIONI INDIPENDENTI

19. Coniugare al congiuntivo gli infiniti tra parentesi ed indicarne il significato (dubbio-esortazione-desiderio-concessione)

1. Suona il campanello, ma lui non mi risponde: che non ______ (essere) in casa?
2. Non fa che girare intorno al buffet: che non ________________ (mangiare) oggi?
3. Non faceva che girare intorno al buffet ieri alla festa: che non (pranzare) ______________?
4. "C'è Sua moglie al telefono!" "Che ______________ (aspettare) un minuto, arrivo subito!"
5. Sono stanchissima, non ce la faccio più! E se mi ________________ (prendere) qualche giorno di ferie?!
6. Che Dio me la ________________ (mandare) buona!
7. " ______________ (Andare) sempre così gli affari!" Dice un commerciante che quel giorno ha venduto il doppio del solito.
8. Magari ______________ (poter) trovare una moglie in gamba come la tua!
9. Ieri ho visto Luigi e mi è parso molto depresso. Che la fidanzata lo ____________ (lasciare)?
10. Almeno ________________ (riuscire, lui) a trovare quel testo! *(non so se ci sia riuscito o no, ma spero di sì)*
11. Non lo ____________________ (dire) mai! *(ma ormai l'ho detto, e non posso più farci niente)*
12. Almeno non ___________________ (lasciare *passivo*) da una donna come quella! *(ma ormai è successo, non c'è più niente da fare)*
13. "Permesso?" " _____________ (entrare) pure!"
14. Magari ___________________ (poter) venire in montagna con te! *(ma è piuttosto difficile che io possa)*
15. Ieri sera non ho visto passare neanche un autobus: che _________ (esserci) sciopero?
16. L'altra mattina ho visto tuo figlio a spasso alle 10 di mattina: che ____________ (marinare) la scuola?
17. Uno studente dice: "Per la promozione papà mi regala la moto!" Un amico risponde: "E se non _____________ (dovere) essere promosso?"
18. "Non riesco a sopportare il mio capufficio!" "E se _______________ (cercare) di cambiare ufficio?"
19. Sono senza una lira! Almeno i miei mi ____________ (mandare) presto un po' di soldi!
20. Che il diavolo ti _____________ (portare)!
21. Che tu _____________ (essere) benedetta per quello che hai fatto per noi!
22. _____________ (Sapere) quanto è difficile andare d'accordo con Pietro!
23. "Ho voglia di uscire un po' stasera!" "E se _______________ (andare) al cinema?"

24. "Al treno mi ci accompagna Carlo domattina, ché la mia macchina è rotta." "E se all'ultimo momento non ____________ (potere) venire?"
25. Marta non si vede ancora! Che _______________ (perdere) l'autobus?
26. Roberto, a casa, non mi risponde: che _________ (essere) ancora in ufficio?
27. "La disturbo?" "No, no! _______________ (Venire) pure!"
28. Se ti ____________________ (dare) retta quella volta! *(purtroppo non l'ho fatto, e me ne pento amaramente)*
29. ____________________ (Potere) almeno alleviargli il dolore! *(visto che è stato impossibile salvargli la vita)*
30. ________________ (Fare, lui) pure quello che vuole, ormai non me ne importa più niente!
31. Chissà dove sarà finito mio marito? Almeno non _______________ (perdere) il treno! *(non so se l'abbia perso oppure no, ma spero proprio di no)*
32. Sono sei ore di fila che lavoriamo, non ne posso più! E se _______________ (fare) una bella pausa?
33. "Marco mi ha detto che devo assolutamente riportargli quel libro entro oggi." "E se ______________ (essere) solo una scusa per farti andare a casa sua?"
34. "Luisa mi ha telefonato dicendomi che domani non c'è lezione, perché tutti i professori fanno sciopero". "Però prima controlla; e se lei _________________ (capire) male?"
35. Ieri ho visto Peppe con la sua nuova ragazza e non mi ha nemmeno salutato, anzi ha fatto proprio finta di non vedermi! Che __________________ (sentirsi) in imbarazzo?

20. Coniugare gli infiniti tra parentesi

LA SIGARETTA

La direttrice non vuole che si _______________ (fumare) in classe. Il fumare è un vizio; la scuola deve essere palestra di virtù. "Guai ai vizi!" grida, quando sorprende qualche maestro che fuma.

Quando in classe accendo una sigaretta vivo la mia avventura. E' come se _________ (essere) seduto su una mina. Guardo inquieto la porta, col terrore che lei __________ (entrare). Per tutto il tempo della sigaretta è un'ansia, ma è una grande soddisfazione quando getto il mozzicone dalla finestra.

Finora mi è sempre andata bene; la direttrice veniva o quando avevo finito e l'aria era cambiata, oppure prima che__________________ (cominciare).

Una mattina, mentre i bambini svolgevano il tema "Perché devo essere serio", io me ne stavo fumando, e pensavo: "Se in questo momento ______________ (entrare) la direttrice che cosa farei? Dove potrei nascondere la sigaretta?"

Mentre ero assorto in questi pensieri, da dietro sento la voce della direttrice:

"Chi è che fuma qui dentro?"

"Il signor Maestro!" Risponde il mio più stimato scolaro.

Prima che io ________________ (accorgersi), con mossa istintiva, avevo nascosto il mozzicone nel taschino della giacca.

La bruciatura procurò un bel buco al taschino.

(adattato da: LUCIANO MASTRONARDI, *Il maestro di Vigevano*, Torino, Einaudi, 1962)

21. Riscrivere i seguenti annunci economici in altrettante frasi di pari significato e di senso compiuto

Esempio: **BABY SITTER** con esperienza cercasi, automunita, amante bambini, paziente, disponibilità serale.

Si cerca una baby-sitter che **abbia** *esperienza, che* **abbia** *l'automobile,* **che ami** *i bambini e* **sia** *disponibile anche di sera.*

1. SEGRETARIA cercasi, 20-30 anni, conoscenza inglese e francese, dattilografa, computer.

2. GIARDINIERE cercasi, pensionato, disponibilità estiva,tuttofare.

3. COPPIA di mezza età cercasi, custodi villa Km. 30 da Roma; lei: guardaroba, cucina, pulizia; lui: manutenzione casa, giardino, autista.

4. RAGIONIERE cercasi, esperienza professionale, uso computer, conoscenza lingua inglese, disposto tempo part-time, max 35 anni.

5. MEDICO con quattro figli cerca collaboratrice domestica, referenziata a tempo pieno.

6. AICAS. Associazione Italiana Cavallo Arabo Sportivo, ricerca allievi fantini, collaboratori amanti del cavallo, disponibilità a trasferirsi presso il suo centro di allevamento di Rezzanello (PC), serietà e impegno.

22. Completare liberamente le frasi con il congiuntivo

Es.: Vi dico questo affinché *non vi troviate male in seguito.*

1. Parlo a voce alta, in modo che ...
2. Verrò con te dovunque tu ...
3. Questo lavoro non va bene, non perché ... ma perché è stato fatto troppo in fretta.
4. Ho continuato a lavorare lo stesso, benché ...
5. Questo segreto te lo posso anche svelare, purché ...
6. Mi segue sempre, ovunque ...
7. Mi dà sempre torto, qualunque cosa ...
8. Metto sempre tutto in ordine cosicché...
9. Cerca di tornare prima che io ...
10. Il direttore ha deciso di aumentare gli stipendi, nonostante che ...
11. Non riuscirai mai a superare tutte le difficoltà per quanti sforzi ...
12. Te lo presterò volentieri a condizione che ...
13. Dammi un consiglio disinteressato perché io ...
14. Dimmi tutto prima che io ...
15. Non mi arrabbierò, resterò calmo, a patto che ...

Preposizioni

23. Completare

gregge

E' una domenica sera quando tutti tornano _____ mare: ______ raccordo che porta _____ casello _____'autostrada, ci sono cinque chilometri _____ coda.

Considerando i tempi _____ nostro procedere ______ singhiozzo, calcolo che ci vorrà un'ora buona. Mi rassegno.

Ma ecco i soliti stramaledetti che fanno il colpo ____ mano, risalendo la coda ______ corsia ______ emergenza.

Allora mi sposto _______ destra, occupando una parte ______ questa corsia e sbarrando la strada _____furbi. Infatti ne arriva uno, si ferma _____ mie spalle, suona chiedendo strada.

Quando la coda ha un sussulto ____ pochi metri, procedo lateralmente senza mollare un centimetro. Il cialtrone continua ____ strombazzare e io continuo ___ non mollare. ______ un tratto vedo _____ retrovisore il tizio che scende e mi raggiunge. E' paonazzo, imbestialito. Mai scendere ______ questi casi, mi ripeto saggiamente. E mentre me lo ripeto, scendo.

C'è anche un amor proprio oltre _____ saggezza. Cerco ______ stare calmo e dico _____ bassa voce: mi sfuggono le ragioni _____ cui lei si ritiene estraneo ______ sorte comune, me le spieghi. L'energumeno comincia ____ urlare che io non sono _____ polizia o _____ carabinieri e che, se lui commette un'infrazione son fatti suoi e quindi devo togliermi _____ piedi. Vorrei poter sfoderare l'occhiata di Terence Hill e invece mi metto _____ urlare anch'io: non me ne frega _____ sua infrazione, ma se cento come lei mi passano davanti, invece ____ perdere un'ora ne perdo due.

L'individuo trema come un martello pneumatico: lei sta occupando due corsie, se non si toglie la sperono. Devo essere bianco come un cadavere, ma riesco _____ sillabare: io mi sposto solo se passa un'ambulanza. Risalgo _____ mia auto bloccata, ho il cuore _____ carotide, _____ tempie, sto male, cerco _____ riprendere fiato, sono un cretino, mi ripeto, si può rischiare un ictus _____ un sorpasso? _____ finestrini limitrofi mi giungono frasi _____ solidarietà. Se due o tre spettatori fossero usciti _____'auto e fossero venuti _____ silenzio a osservare il prevaricatore, non avrei rischiato l'ictus. Ma ________ gregge perenne nessuno si è mosso.

(LUCA GOLDONI, *Il sofà*, Milano, Rizzoli, 1988)

Per la lingua IN VERSI

VORREI CHE FOSSE AMORE
(Mina)

Vorrei che fosse amore, amore quello vero,
la cosa che io sento e che mi fa pensare a te.

Vorrei poterti dire che t'amo da morire,
perché è soltanto questo che desideri da me.

Se c'è una cosa al mondo che non ho avuto mai,
è tutto questo bene che mi dai.

Vorrei che fosse amore, ma proprio amore,
amore la cosa che io sento per te!

Vorrei che fosse amore, amore quello vero,
la cosa che tu senti e che ti fa pensare a me.

Vorrei sentirti dire che m'ami da morire,
perché è soltanto questo che desidero da te.

Se c'è una cosa al mondo che non ho avuto mai,
è tutto questo bene che mi dai.

Vorrei che fosse amore, ma proprio amore,
amore la cosa che io sento per te!

24. Elencare i primi dieci desideri che vengono in mente usando la struttura "Vorrei che + congiuntivo"

COME È PROFONDO IL MARE
(Lucio Dalla)

Siamo noi, siamo in tanti, ci nascondiamo di notte
Per non farci ammazzare dagli automobilisti, dai linotipisti.
Siamo gatti neri, siamo pessimisti, siamo i cattivi pensieri.
Non abbiamo da mangiare.
Ma come è profondo il mare.
Come è profondo il mare.

Babbo che eri un gran cacciatore di quaglie e di fagiani
caccia via queste mosche
che non mi fanno dormire,
che mi fanno arrabbiare.
Ma come è profondo il mare,
Come è profondo il mare [...]

È chiaro che il pensiero fa paura e dà fastidio
anche se chi pensa è muto come un pesce
Anzi è un pesce
E come pesce è difficile da bloccare
Perché lo protegge il mare
come è profondo il mare [...]

(LUCIO DALLA, *Ed. BMG Ricordi*)

25. Trovare i sinonimi di:

Es.: ammazzare: *uccidere, accoppare, assassinare, eliminare, togliere dal mondo, sopprimere,* ecc.

automobilista -

linotipista -

pessimista -

pensiero -

cacciatore -

profondo -

fastidio -

25a. Trovare i contrari

tanto -
notte -
cattivo -
grande -
arrabbiarsi -
fastidio -
chiaro -
pessimista -
profondo -

25b. Famiglie di parole. Individuare i lemmi che appartengono a:

Es.: pensiero: *pensare, pensieroso, impensierito, pensoso,* ecc.

mangiare -

profondo -

mare -

cacciatore -

arrabbiarsi -

paura -

pesce -

proteggere -

25c. Ricomporre liberamente (con altre parole) il testo della canzone

MORFOLOGIA

CONDIZIONALE SEMPLICE e COMPOSTO

Uso delle preposizioni

Per la lingua in versi:
Cocotte *(Guido Gozzano)*

1. Coniugare gli infiniti tra parentesi

Es.: Avere il conto (potere) - *Mi scusi, potrei avere il conto?*

1. Avere una birra (potere)
2. Avere un gettone (potere)
3. Usare il telefono (potere)
4. ChiederLe un'informazione (volere)
5. Parlare con il direttore (volere)
6. Sapere dov' è la toilette (volere)
7. Un medico (avere bisogno di)
8. Un consiglio (avere bisogno di)
9. Un'aspirina (avere bisogno di)
10. Un lungo periodo di vacanze (avere bisogno di)

2. Coniugare al condizionale gli infiniti tra parentesi

1. ____________ (aspettare, io) ancora un poco, ma ho una gran fretta.
2. ______________ (cambiare, lui) la sua macchina, ma in questo momento ha qualche problema di carattere economico.
3. ___________________ (prendere, noi) ancora qualche cosa, ma abbiamo veramente mangiato troppo.
4. ______________ (fermarsi, loro) ancora, ma hanno un altro impegno importante.
5. E' una ragazza carina e simpatica. Quasi quasi la ______________ (invitare, io) a ballare, ma purtroppo sono un pessimo ballerino.
6. La mattina ______________ (alzarmi) un po' prima, ma casco sempre dal sonno.
7. _______________ (prestargli, io) volentieri la macchina, ma è troppo imprudente e temo di riaverla a pezzi.
8. Sono a dieta, ma quasi quasi __________ (fare) uno strappo; mi ______________ (mangiare) un bel piatto di tagliatelle.
9. __________ (avere) voglia di fare quattro salti; ________________ (piacermi) passare la serata in un locale caratteristico.
10. Mi __________ (passare, tu) il dolce e mi ______ (versare, tu) due dita di spumante?

3. Coniugare al condizionale gli infiniti tra parentesi

1. Quando guida ______________ (dovere, lui) fare più attenzione, se vuole evitare incidenti.
2. Se vuoi superare l'esame, ________________ (dovere, tu) studiare di più.
3. Hai un aspetto piuttosto stanco. Ti______________ (volerci) un po' di riposo.
4. Con una famiglia numerosa come questa, gli ______________ (volerci) una casa più grande.
5. Sono due ore che ti aspetto. ______________ (volere) proprio sapere che cosa ti è successo.
6. Non riesco a leggere una sola parola, ______________ (volere) proprio sapere come diavolo scrivi.
7. Alza un poco il volume, non sentiamo nulla. ______________ (volere) capire almeno qualcosa.
8. Il suo medico è piuttosto preoccupato: non ________________ (dovere) fumare così accanitamente.
9. Per il tuo stomaco non ________________ (dovere) prendere tanti caffè e bere troppi alcolici.
10. Per portare a termine agevolmente questo lavoro mi _________________ (volerci) ancora un paio di settimane.
11. Sono in difficoltà. Non hanno un' occupazione fissa e sicura, per loro ____________ (volerci) uno stipendio fisso.
12. Non posso andare a quella festa; è richiesto lo smoking. Mi _____________ (volerci) un vestito adatto.
13. La mattina dovete alzarvi presto. Non ________________ (dovere) stare fuori fino a tardi, come fate di solito.
14. Sei ancora convalescente. Non _____________ (dovere) stancarti troppo.
15. ______________ (volere, noi) proprio sapere come hai fatto a ridurti in questo stato.

4. Coniugare al condizionale gli infiniti tra parentesi

1. "Cosa vorresti fare da grande?" " ___________________ (piacermi) fare il medico."
2. Ripete sempre che la sua vera aspirazione __________ (essere) quella di diventare astronauta.
3. ________________ (piacermi) diventare un bravo ingegnere.
4. _______________ (volere, io) progettare ponti e strade e _______________ (piacermi) vedere fotografate le mie realizzazioni nelle migliori riviste specializzate.
5. Solo un architetto esperto ____________ (essere) capace di dare una sistemazione accettabile a questo ambiente.
6. Per risolvere questo problema ____________ (essere) opportuna la consulenza di un bravo tecnico.

7. Se volete mantenere attiva la vostra memoria, __________(dovere) esercitarla continuamente.
8. Non ____________ (dovere, voi) parlare così, non è cosa degna di voi.
9. ____________ (essere) opportuno che tu gli chiedessi scusa. Non ti sei comportato bene con lui.
10. Per distrarci un po', ____________ (potere) leggere qualche cosa di divertente.

5. Coniugare al condizionale gli infiniti tra parentesi

1. Se avessi il denaro, mi ____________ (comprare) un aereo.
2. Se non facesse così freddo, non ____________ (portare, io) il cappotto.
3. Se avessi tempo, ____________ (andare, io) un po' a spasso.
4. Se fossimo liberi, ______________ (venire) da voi.
5. Se avesse interesse per questa disciplina, ____________(impegnarsi) di più.
6. Se avesse il passaporto, ______________ (andare) subito all'estero.
7. Se tu non avessi bevuto tanto, ora non __________ (sentirsi) male.
8. Se foste stati più attenti nelle spese, ora non ________(essere) al verde.
9. Se avessero ben progettato e programmato tutta l'attività, ora non __________ (trovarsi) in difficoltà.
10. Se tu ascoltassi più fedelmente i consigli dei tuoi, non _________ (avere) problemi.
11. Se fosse un po' più giovane e avesse un bel gruzzolo in banca, lo __________ (sposare, io).
12. Se foste andati a letto un po' prima, non ____________ (sentirsi) così stanchi.
13. Se potessi, ci ____________ (tornare) subito e ______________ (stabilircisi) per tutta la vita.
14. Se avessimo la possibilità, ______________ (rifare) tutto quello che abbiamo fatto passo passo.
15. Se finalmente si decidesse a dire la verità e a raccontare ogni cosa, tutto _______ (essere) più facile e ______ (potere, noi) conoscere meglio la situazione.
16. Se tu ci avessi pensato per tempo, ora non ____________ (stare) qui a piangere e a rammaricarti.
17. Se non fosse stanco, ____________ (continuare) il lavoro.
18. Se non l'avessimo aiutato, ora ____________ (essere, lui) nei guai.
19. Se non avessi approfittato dell'occasione, ora ____________ (pentirsi, io).
20. Ti ____________ (tradurre) volentieri questa lettera, ma non ho con me il vocabolario.

6. Coniugare al condizionale gli infiniti tra parentesi

1. Se avessi potuto, ________________ (venire) certamente da te.
2. Se avesse avuto tempo, ______________ (fermarsi) ancora.

3. Se lo avessimo saputo, te lo ______________ (dire).
4. Se avessi trovato i biglietti e ci fossero stati posti disponibili, ______________ (andare, io) a vedere lo spettacolo.
5. Se avessero avuto una sufficiente disponibilità economica, ______________ (comprarsi, loro) un aereo da turismo.
6. Se non avessimo trovato una compagnia più piacevole, ______________ (andare, noi) con loro.
7. E' uno straordinario concertista; se voi lo aveste sentito una sola volta, ______________ (innamorarsene).
8. Se te ne fossi occupato di persona, tutto ______________ (andare) per il meglio.
9. Se avessi pagato subito la multa, ______________ (evitare, tu) ulteriori seccature.
10. Se l'avessi fatta finita una volta per tutte con le sigarette, ora non ______________ (avere) tanta tosse.

7. Coniugare al condizionale gli infiniti tra parentesi

1. Ti stai comportando come uno sciocco, ti ______________(meritare) uno schiaffo.
2. Ho una sete da morire; __________ (prendere) un gelato, me lo ____________ (offrire)?
3. Ieri ________________ (desiderare) tanto venire a trovarti, ma credimi, mi è stato veramente impossibile.
4. Quanto tempo ti ____________ (occorrere), per portare a termine un lavoro del genere?
5. Questo lavoro ci piace, ma un altro meno pesante lo ______________ (fare) più volentieri.
6. Se non prendete l'occasione al volo, ____________ (potere) pentirvi.
7. Ah, se da giovane avessi studiato un'altra lingua straniera! Ora ______________ (potere) trovare un posto presso un'agenzia di viaggi nella mia città.
8. Credo che ___________ (fare, tu) meglio a stare zitto quella volta.
9. Tutti si chiedevano se durante il dibattito ______________ (essere) conveniente prendere la parola.
10. E' così disonesto che, pur di guadagnare, ____________ (essere) capace di mettersi a fare il contrabbandiere.
11. Se avevi tanta voglia di una sigaretta, te la ______________ (offrire) io. Perché non me l'hai chiesta?
12. Era così straordinario il concerto dell'altra sera che ______________ (essere) un peccato perderlo.
13. A quest'ora non ____________ (dovere, voi) essere qui.

8. Volgere al passato

1. Ti aspetterei, ma ho una gran fretta.
2. Prenderei in affitto una casa più grande, ma costa troppo.
3. Risponderebbe prontamente, ma ha paura di sbagliare.
4. Mangeremmo volentieri un bel pezzo di torta, ma abbiamo paura di ingrassare.
5. Ti crederei, ma di solito dici bugie.
6. Lo aiuteremmo volentieri, ma non sappiamo proprio come fare.
7. Leggerei ancora qualche pagina, ma casco dal sonno.
8. Aprirei la porta, ma c'è corrente.
9. Canterebbe una canzone del suo Paese, ma teme di non avere la voce intonata.
10. Vorrei andarmene e piantare tutto, ma poi mi pentirei.
11. Ti presteremmo il denaro, ma non abbiamo una somma così grande.
12. Verremmo al cinema con voi, ma abbiamo già visto quel film.
13. Vorrebbe smettere di fumare, ma non ci riesce.
14. Sarebbe pronto a perdonare, ma non vorrebbe essere lui a fare il primo passo.
15. Sarei veramente felice di venire con voi, ma non posso.
16. Avrei bisogno di dimenticarla, ma il suo volto mi torna sempre in mente.
17. Berrei un altro bicchiere di vino, ma ho paura che mi faccia male.
18. Non avrei proprio voglia di uscire con questo tempo, ma il dovere me lo impone.
19. Vorresti andare in pensione, ma poi moriresti di noia.
20. Avrei desiderio di starmene un po' in solitudine, ma qualcuno trova sempre il modo di disturbarmi.

9. Volgere al passato

1. Avrei bisogno di fermarmi qualche giorno in più ma non so se potrò.
2. Avrei necessità di parlarti. Ti disturbo se vengo a trovarti?
3. Hai un aspetto che non mi piace per niente. Avresti bisogno di un controllo medico.
4. Avrei voglia di una spremuta di limone ma temo per il mio stomaco.
5. Avrei voglia di ascoltare della musica rilassante.
6. Non vorrei andarmene, ma devo.
7. Mi piacerebbe smettere di fumare, ma non ci riesco.
8. Non avremmo voglia di cambiare lavoro, ma siamo costretti.
9. Dovresti telefonare a tua madre, se non vuoi farla stare in pena.
10. Sarebbe opportuno scrivere a casa per tranquillizzare la famiglia.
11. Ne prenderei ancora un goccio, ma già mi gira la testa.
12. Mi ci vorrebbero quelle notizie che aspetto da tempo.
13. Ci vorrebbe una grossa somma per completare quella casa.
14. Mi ci vorrebbe la sua fortuna per riuscire come lui.
15. Ti ci vorrebbe un miliardo per portare a termine un progetto così ambizioso.
16. Ti darei volentieri un passaggio fino ad Assisi, ma non vado in quella direzione.

17. Dovrei creare un nuovo sistema di insegnamento tutto per lui.
18. Mi piacerebbe vivere in riva al mare, ma la vita non può essere una continua vacanza.
19. Gli piacerebbe conoscere tutto il mondo, ma dovrebbe passare la vita in viaggio.
20. Ti restituirei subito il libro che mi hai prestato, ma non riesco a ritrovarlo.

10. Volgere al passato *(futuro nel passato)*

1. Sono sicuro che tutti arriveranno puntuali all'appuntamento.
2. Credi che tutti potranno imparare una lingua con la stessa facilità?
3. Molti si chiedono se il traffico nelle nostre città sarà sempre così caotico.
4. Mi stanno dicendo che molto presto la gente potrà usufruire di un nuovo condono fiscale.
5. Una norma dello statuto della nostra Università stabilisce che saranno conferite numerose borse di studio a studenti stranieri.
6. Leggo in un giornale che fra qualche giorno uscirà un nuovo romanzo che parteciperà al concorso per giovani scrittori.
7. Gli studenti vorrebbero sapere se i turni mensili d'esame saranno comunicati entro breve tempo.
8. Temiamo fortemente che voi non terrete fede alla parola data e che non vi impegnerete come avevate promesso.
9. Marco si chiede se potrà, un giorno, ottenere l'impiego al quale aspira; il pensiero che non potrà fare carriera lo turba non poco.
10. Sono sicuro che l'esame si risolverà nel migliore dei modi e che potrò ottenere il diploma con un voto più che sufficiente.

11. Coniugare gli infiniti tra parentesi: indicativo, congiuntivo o condizionale?

1. Credevo che la famiglia di Guido ______________ (abitare) ancora da queste parti.
2. Mi avevi promesso che ci __________________ (scrivere) due righe per farci sapere come erano andate le cose.
3. Gianni, mi ______________ (andare) a comprare un pacchetto di sigarette, per favore?
4. Secondo le ultime notizie il governo _________________ (dimettersi).
5. Andremo anche noi dove _________________ (andare) voi.
6. Vi consiglio di riflettere bene prima di parlare, perché _______________ (dire) un sacco di sciocchezze.
7. Camilla mi ha detto che si laureerà alla prossima sessione di esami; io invece credevo che già ______________________(laurearsi) in quella precedente.
8. Tutti erano d'accordo che tu _______________ (fare) bene a non fare commenti in quella circostanza.

9. Mi aveva assicurato che _______________ (venire) a prendermi alla stazione, ma ho aspettato inutilmente.
10. Papà, ti _____________ (dispiacere) passarmi il giornale, se l'hai già letto?
11. Sapessi quanto mi _______________ (piacere) partecipare a questa iniziativa!
12. Se ti offrissero un posto da cameriere, lo ___________ (accettare)?

12. Coniugare gli infiniti tra parentesi: futuro o condizionale?

1. Chi _____________ (pensare, tu) di invitare per domenica alla tua festa?
2. I ragazzi si sono comportati meglio di quanto noi _____________ (pensare).
3. Gli zii ci hanno telefonato dicendo che hanno posto per ospitarci al mare, e che ____________ (essere) ben felici di trascorrere le vacanze con noi.
4. Ti sei mai chiesto che cosa _______________ (fare) tu al loro posto? Credi che ______________ (essere) facile prendere una decisione così, su due piedi?
5. Anche se loro non sono d'accordo, ho deciso che ___________ (andarci) lo stesso.
6. "Preferisci una birra o una Coca Cola?" "Veramente mi _______________ (andare) un gelato, grazie!"
7. Dopo che _______________ (finire) di fare i compiti, potrete uscire e andare dove vi pare.
8. "Mi _______________ (piacere) intraprendere la carriera universitaria. Tu che facoltà _______________ (volere) frequentare?" "Io ho deciso, ________________ (fare) medicina; ___________ (scegliere) volentieri anche ingegneria, ma i miei non hanno voluto."
9. Sei così impertinente che ti _________ (dare) uno scapaccione!
10. Con questo bel tempo ___________ (fare) una scappata al mare, ma ho tanto lavoro che non ________________ (riuscire) a finire prima di domenica.
11. Per tutta la mattina ho cercato le chiavi di casa. Dove _______________ (metterle)? ______________ (lasciarle) in macchina?
12. Secondo le ultime voci, il governo ____________ (decidere) di ritirare il decreto e di presentare un disegno di legge sull'utenza televisiva.

13. Completare con il condizionale le seguenti frasi d'autore

1. Non andava in nessun negozio dimostrando anche nell'andare a spasso una compostezza e una serietà che ________ (scoraggiare) qualunque corteggiatore.
2. Si pensava che i soldati _______________ (arrivare) di notte, ma venne giorno e non c'erano ancora.
3. Aspettavo di partire per Varese, donde _____________ (proseguire) per Milano.
4. Dopo un quarto d'ora, al colmo del divertimento, mi domandò quanto tempo ______________ (occorrere) per traversare il lago.

(PIERO CHIARA, *Le corna del diavolo*, Milano, Mondadori, 1977)

5. Vedendo la mia immagine, mi sono sentita vecchia anch'io e ho capito che corso stava prendendo la mia vita: di lì a poco lui ________________ (morire), mia madre ________________ (seguirlo), io ________________ (rimanere) sola in una casa piena di libri, per passare il tempo ________________ (mettermi) a ricamare oppure a fare acquerelli e gli anni ________________ (volare) via uno dopo l'altro. Finché una mattina qualcuno, preoccupato dal non vedermi da alcuni giorni, ________________ (chiamare) i pompieri, i pompieri ________________ (sfondare) la porta e ________________ (trovare) il mio corpo disteso sul pavimento.

(SUSANNA TAMARO, *Va' dove ti porta il cuore*, Varese, Baldini e Castoldi, 1994)

6. Si scopre che qui scorrevano acque rigogliose e boschi dai grandi alberi fronzuti, sotto le cui ombre riposanti passeggiavano laboriosi individui, i quali parlavano una lingua che oggi ________________ (risultare) incomprensibile.
7. Lui disse ai suoi amici di andare avanti e lui ________________ (raggiungerli) il giorno dopo.

(DACIA MARAINI, *Bagheria,* Milano, Rizzoli, 1993)

14. Far precedere le frasi da VORREI, poi inserirle nel contesto con il significato o di SPERANZA o di RIMPIANTO

SPERANZA	RIMPIANTO
Vorrei trovare un lavoro tranquillo	*Vorrei aver dato ascolto ai consigli del mio professore*

1. Aver dato ascolto ai consigli del mio professore.
2. Aver fatto l'università.
3. Trovare un lavoro tranquillo.
4. Essermi sposato più giovane.
5. Essere andato in America a specializzarmi.
6. Avere dei figli.
7. Non aver mai iniziato a fumare.
8. Non aver mai conosciuto quella donna.
9. Comprarmi una fattoria.
10. Dedicarmi di più alla lettura.
11. Trovare più tempo per me stesso.
12. Studiare l'italiano.

15. Abbinare ipotesi e conseguenze

1) - Per ognuna delle 12 frasi (conseguenze) scegliere l'abbinamento con a, b, c (ipotesi).
2) - Scrivere poi le frasi per esteso

Es.: vedere più spesso i nostri amici.
Se dalla campagna ci trasferissimo in città, vedremmo più spesso i nostri amici.

IPOTESI	CONSEGUENZA
a - Se dalla campagna ci trasferissimo in città, b - Se cambiassi lavoro e diventassi dirigente d'azienda, c - Se mi comprassi un cane San Bernardo,	1. guadagnare molto di più 2. respirare molto più piombo. 3. portarlo a spasso tutte le mattine. 4. farlo felice portandolo sulla neve. 5. avere molto meno tempo da passare con i miei figli. 6. andare a scuola in tram. 7. avere molte più responsabilità. 8. andare al cinema più spesso. 9. essere molto più stressato. 10. spendere molto per comprargli la carne 11. avere una casa più piccola ma più comoda. 12. farmi tanta compagnia.

16. Per ulteriori esercitazioni sul CONDIZIONALE vedi l'Unità n. 8 "Periodo ipotetico" esercizi n.: 5, 7, 8, 10, 11, 12, 13, 14, 15, 16, 17, 18, 19, 20, 21, 22, 23, 24

Preposizioni

17. Completare

" notturna "

Il guidatore indisciplinato _____ genere ci provoca reazioni isteriche perché ci sorpassa a destra, ci scavalca _____ coda _____ pagare il pedaggio, corre nella corsia ____'emergenza mentre noi siamo imbottigliati, ci saetta davanti ______ città e cambia direzione senza segnalarlo.

______ queste e altre ragioni, lascio ______ garage la macchina tutte le volte che posso e mi servo _______ mezzi pubblici _____raggiungere il centro.

Però ______ certi casi l'auto è indispensabile.

Sto percorrendo un senso unico, strada stretta, si procede ____ sobbalzi finché la colonna si blocca ______ tutto.

Fermi _____ un quarto ____'ora.

Scendo, monto _________ paraurti, scruto l'orizzonte e intravedo un camion _______ nettezza urbana che raccoglie i cassonetti _____'immondizia.

Sono le undici. E mi domando quale capolavoro organizzativo o illuminata conquista sindacale faccia sì che le città italiane siano pulite _____ pieno giorno e non _____ notte, come succede ____ Parigi, _____ Monaco, ____Ginevra, ecc.

E' certo che il lavoro notturno è più disagevole _____ quello _____ luce _____ sole. E c'è infatti un'indennità che compensa questo maggior disagio: si chiama "notturna".

Ho continuato ______ percepirla _____ tutti gli anni che lavoravo _____ tipografia: finivo ______ impaginare ______ due ______ notte e, se succedeva qualcosa, non rincasavo prima ______ quattro.

_______ una discreta parte ______ mia esistenza, ho ribaltato i miei ritmi biologici, dormivo ______ giorno, lavoravo ______ notte e non mi sognavo _____ piantare grane sindacali.

Dopotutto, questo mestiere nessuno mi aveva obbligato _____ farlo.

(LUCA GOLDONI, *Il sofà*, Milano, Rizzoli, 1988)

Per la lingua IN VERSI

COCOTTE
(Guido Gozzano)

Ho rivisto il giardino, il giardinetto
contiguo, le palme del viale,
la cancellata rozza dalla quale
mi protese la mano ed il confetto...
«Piccolino, che fai solo soletto?»
«Sto giocando al Diluvio Universale».

Accennai gli stromenti, le bizzarre
cose che modellavo nella sabbia,
ed ella si chinò come chi abbia
fretta d'un bacio e fretta di ritrarre
la bocca, e mi baciò di tra le sbarre
come si bacia un uccellino in gabbia.

Sempre ch'io viva rivedrò l'incanto
di quel suo volto tra le sbarre quadre!
La nuca mi serrò con mani ladre;
ed io stupivo di vedermi accanto
al viso, quella bocca tanto, tanto
diversa dalla bocca di mia Madre!

«Piccolino, ti piaccio che mi guardi?
Sei qui pei bagni? Ed affittate là?»
«Sì... vedi la mia Mamma e il mio Papà?»
Subito mi lasciò, con negli sguardi
un vano sogno (ricordai più tardi)
un vano sogno di maternità...

«Una cocotte!...»
«Che vuol dire, mammina?»
«Vuol dire una cattiva signorina:
non bisogna parlare alla vicina!»
Co-co-tte... La strana voce parigina
dava alla mia fantasia bambina
un senso buffo d'uovo e di gallina ...

Un giorno - giorni dopo - mi chiamò
tra le sbarre fiorite di verbene:
«O piccolino, non mi vuoi più bene!...»
«E' vero che tu sei una cocotte?»
Perdutamente rise ... E mi baciò
con le pupille di tristezza piene.

Tra le gioie defunte e i disinganni,
dopo vent'anni, oggi si ravviva
il tuo sorriso ... Dove sei cattiva
Signorina? Sei viva? Come inganni
(meglio per te non essere più viva!)
la discesa terribile degli anni?

18. Indicare gli opposti o contrari

contiguo -
rozzo -
universale -
fretta -
protendere -
sempre -
diverso -
vano -
strano -
tristezza -
disinganno -
discesa -

18a. Individuare il maggior numero possibile di nomi riferibili a questi aggettivi

Es.: Contiguo: ***stanza, territorio, appartamento***, ecc.

rozzo -
universale -
bizzarro -
vano -
buffo -
fiorito -
vivo -
terribile -

18b. Spiegare il senso delle espressioni seguenti e costruirci, poi, nuove frasi

Sto giocando a ....
Rivedrò l'incontro di ....
Io mi stupivo di ....
Non bisogna parlare a ....
La strana voce dava alla mia fantasia ....
Meglio per te non ....
La discesa terribile degli anni ....

18c. Raccontare, a voce o per iscritto, un episodio in cui avete detto cose che non avreste voluto o dovuto dire

MORFOLOGIA

PERIODO IPOTETICO
Concordanza di modi e di tempi

Uso delle preposizioni

Per la lingua in versi:
Se telefonando *(Mina)*
Se io fossi foco (*Cecco Angiolieri)*

1. Completare le frasi con la conseguenza (periodo ipotetico di 1° tipo)

1. Se quest'anno vado in vacanza, ...
2. Se oggi finiamo la lezione un po' prima, ...
3. Se l'insegnante ci darà un esercizio troppo difficile, ...
4. Se perdi il portafoglio con i documenti, ...
5. Se stasera mi telefonano i tuoi, ...
6. Se domenica avrò tempo, ...
7. Se solo riuscirò a trovare i soldi, ...
8. Se finisco in fretta questo lavoro, ...
9. Se mi presti la macchina, ...
10. Se il prossimo fine settimana avrò tempo, ...
11. Se non la smettete di far chiasso, ...
12. Se questa volta non faccio tredici al totocalcio, ...
13. Se hai le sigarette, ...
14. Se stasera decidi di andare in discoteca, ...
15. Se domani non pioverà, ...

2. Completare le frasi con l'ipotesi (periodo ipotetico di 1° tipo)

1. Saranno tutti felicissimi, se ...
2. Fatti un piatto di pasta, se ...
3. Mi dispiacerà un sacco, se ...
4. Quel negozio dovrà chiudere, se ...
5. Telefonami, se ...
6. Mi aiuti, se ...
7. Mi comprerò una Jaguar, se ...
8. Questa sera possiamo uscire insieme, se ...
9. Fate tutti gli esercizi, se ...
10. Te lo presterò, se ...
11. State bene insieme, se ...
12. E' facile capire, se ...
13. Non posso andare alla partita, se ...
14. E' impossibile leggere, se ...
15. Vacci, se...

3. Riscrivere le frasi che seguono in forma di periodo ipotetico di 1° tipo

SUPERSTIZIONI E CREDENZE POPOLARI ITALIANE

Ecco qui di seguito alcune delle più diffuse superstizioni e credenze popolari italiane.

Anche nel vostro Paese si crede a queste cose? Quali? Da Voi il 13 e il 17 portano fortuna o sfortuna?

Es.: Un gatto nero che attraversa la strada porta male.
Se un gatto nero ti attraversa / attraverserà la strada, avrai una giornata sfortunata.

1. Ti si rompe una bottiglia d'olio: che sfortuna!
2. Ti si rompe uno specchio! Sette anni di guai.
3. Per chi prende in testa il tappo dello spumante, matrimonio entro l'anno.
4. Toccare ferro per allontanare la sfortuna.
5. Sposa bagnata (1), sposa fortunata.
6. Soldi a palate? Mangiate uva e lenticchie a Capodanno!
7. Tanta fortuna per la sposa che indossa una giarrettiera.
8. Tanta sfortuna a passare sotto una scala.
9. La prossima a sposarsi sarà la ragazza che afferra al volo il "bouquet" della sposa.
10. Hai versato sale sulla tavola? Buttalo dietro la spalla sinistra, per evitare la sfortuna!

4. Completare le frasi con la conseguenza (periodo ipotetico di 2° tipo)

1. Se fossi miliardario/a, ...
2. Se davvero fossi innamorato/a di lei/lui, ...
3. Se mai venissi a vivere in Italia, ...
4. Se fossi un grande scienziato, ...
5. Se una sera mi venisse a trovare il mio attore preferito, ...
6. Se all'improvviso venisse a mancare la corrente in un grattacielo, ...

(1) Bagnata dalla pioggia durante il matrimonio.

7. Se vivessi al Polo Nord, ...
8. Se avessi una bacchetta magica, ...
9. Se potessi andare all'estero, ...
10. Se finissero tutte le guerre, ...
11. Se potessi campare cent'anni, ...
12. Se tutti si dessero una mano, ...
13. Se tu fossi un po' più carina/o con me, ...
14. Se la smettessi di disturbare, ...
15. Se mio figlio si decidesse una buona volta a mettere giudizio, ...

5. Completare le frasi con l'ipotesi (periodo ipotetico di 2° tipo)

1. Non riuscirei a darmi pace, se ...
2. La nostra insegnante sarebbe felicissima, se...
3. Forse mi presteresti un milione, se ...
4. Mio padre andrebbe su tutte le furie, se ...
5. Sì, signora, dovrebbe prendere cinque di queste gocce, se ...
6. Ti sentiresti forse più a tuo agio, se ...
7. Sarei la persona più felice del mondo, se ...
8. Mi farebbe molto piacere, se ...
9. Saremmo ben lieti di passare una giornata insieme, se ...
10. Deciditi, potresti pentirti, se ...
11. Sono nei guai, ne uscirei volentieri, se tu ...
12. Non commetteresti tanti errori, se ...
13. Gradirei volentieri una pizza, se ...
14. Potresti portare anche la tua ragazza, se ...
15. Cambierei la mia Fiat con una Mercedes, se ...

6. Attività orale (periodo ipotetico di 1° e di 2° tipo)

CATENA

Lo studente A formula un'ipotesi. Poi passa la parola allo studente B, poi il B al C, e così via di seguito, ognuno riallacciandosi con la propria ipotesi alla conseguenza del precedente.

Es.: Studente A: - Se vado in centro, *mi compro una giacca.*
Studente B: - *Se mi compro una giacca, finisco i soldi.*
Studente C: - *Se finisco i soldi, non posso andare al cinema.*
Studente D: - *Se non posso andare al cinema, non incontro Noemi.*
Studente E: - *Se non incontro Noemi, ecc. ...*

1. Studente A: - Se supero questo difficile esame, ...

2. Studente A: - Se ritrovo il suo indirizzo, ...

3. Studente A: - Se voi smetteste di bisticciare, ...

4. Studente A: - Se si venisse a sapere una cosa del genere, ecc. ...

7. Combinare animale (COLONNA 1) e verbo (COLONNA 2) e formare poi frasi che contengano periodi ipotetici di 2° tipo

Es: *Se fossi un gatto, camminerei sui tetti*

COLONNA 1	COLONNA 2
1. gatto	a. tessere grandi tele
2. pesce	b. dormire nel mio nido
3. leone	c. non abboccare all'amo
4. cane	d. temere i ragni
5. uccello	e. strisciare nel deserto
6. serpente	f. essere il re della foresta
7. mosca	g. camminare sui tetti
8. ragno	h. amare il mio padrone

8. Attività orale

Immaginate delle situazioni (per esempio: "Se fossi un'aquila") e su queste costruite domande e risposte

Es.: Se fossi un'aquila.
- *Che mangeresti, se tu fossi un'aquila?*
- *Dove dormiresti, se tu fossi un'aquila?*
- *Quanto vivresti, se tu fossi un'aquila?*
- *Come passeresti le tue giornate, se tu fossi un'aquila?*

1. Se tu fossi un astronuata.
2. Se tu fossi un cavaliere medievale.
3. Se tu fossi un pirata.
4. Se tu fossi un elefante.
5. Se tu fossi una balena.
6. Se tu fossi un marziano.

9. Completare il dialogo con le battute elencate sotto

DIALOGO. Una famiglia composta da genitori, da due bambini piccoli e ... un cane. Hanno l'intenzione di andare a sciare in Austria. Marito e moglie discutono per trovare il mezzo più comodo e rapido per giungere a destinazione.

Marito: ____________________
Moglie: Ma tu scherzi! Se andassimo in autobus, non potremmo portare Bobi.
Marito: ____________________
Moglie: Andare in treno, sinceramente, mi pare una follia!
Marito: ____________________?
Moglie: Perché in treno ci vogliono più di 14 ore. Come faremmo con i bambini, durante tutto quel tempo?
Marito: ____________________
Moglie: Probabilmente anche in 10 ore; e poi, se guidassimo a turno, potremmo viaggiare di notte; così i bambini dormirebbero e starebbero tranquilli.
Marito: ____________________

- *Mi hai convinto! Andiamo in macchina.*
- *E allora in treno? Se andassimo in treno, il cane potremmo portarlo!*
- *E perché mai?*
- *Se andassimo in autobus?*
- *Forse hai ragione. Sarebbe troppo stancante per tutti. Se invece andassimo in automobile, potremmo farcela in 12 ore?*

10. Completare le frasi con la conseguenza al passato (periodo ipotetico di 3° tipo)

Es.: Se avessi finito l'università, ...
Se avessi finito l'università, *avrei forse trovato un lavoro migliore.*

1. Se avessi sposato Giulia, ...

2. Se avessi vinto al totocalcio, ...
3. Se fossi stato/a ricchissimo/a, ...
4. Se fossi stato/a più bello/a,...
5. Se fossi stato/a esperto/a di computer,...
6. Se fossi stato/a meno timido/a, ...
7. Se fossi stato/a più coraggioso/a, ...
8. Se non avessi avuto quel brutto incidente, ...
9. Se avessi avuto una bella voce, ...
10. Se avessi avuto un padre danaroso, ...

11. Completare con le forme del periodo ipotetico (3° tipo)

Il RISTORANTE FALLITO

Due amici di vecchia data. Uno ha aperto un ristorante ed è fallito. L'altro gli aveva dato - a suo tempo - consigli precisi, che però non erano stati seguiti.

1. Il locale era troppo grande; se ______________________ (essere) meno grande, non avrei avuto così tante spese.
2. Hai assunto troppi camerieri fissi. Se non _________________________ (dover) pagare troppi stipendi, il bilancio di fine-mese non sarebbe stato così negativo.
3. Hai fatto troppi debiti con le banche. Se non ______________________ (rischiare) tanto, ne saresti uscito più facilmente.
4. Il tipo di cucina non era affatto originale; se ________________ (scegliere, io) dei menu più nuovi e originali forse avrei avuto più clienti.
5. E poi il locale era troppo lontano dal centro; se non ____________ ____________ (essere) in periferia, la gente ci sarebbe venuta più volentieri.
6. Eri troppo caro! Se ___________________________ (mantenere) più bassi i prezzi, la gente sarebbe venuta più spesso.
7. E poi, non hai fatto abbastanza pubblicità; se ____________________ (mettere) qualche inserzione sui giornali, avresti certamente ricavato buoni frutti.
8. Insomma non sei proprio un buon imprenditore! Se ____________ ____________ (esserlo), il tuo ristorante non sarebbe fallito!

12. Coniugare gli infiniti tra parentesi (periodo ipotetico di 1°, di 2° o di 3° tipo)

1. Se ___________ (fare) in tempo, ________ (venire) stasera, così ti porto quel libro.
2. Se __________ (uscire, tu) un po' prima, non ____________ (perdere) l'autobus.

3. Da bambina, se non ____________ (fare) i compiti, la maestra lo ____________ (dire) a papà.
4. Se domenica prossima la nostra squadra _______ (vincere), ____________ (passare) in serie A.
5. Se lui ________________ (lavorare) un po' di più, ora non ____________ (essere) senza una lira!
6. Se non (essere, lui) _______________ così disonesto, ora ___________ (avere) più clienti.
7. Se ____________ (essere) in te, ____________ (cambiare) lavoro! Ma come fai a resistere in quell'ambiente?
8. Se ______________ (essere) in te, ____________________ (cambiare) già lavoro! Ma come hai fatto a resistere in quel posto tutto questo tempo?
9. "Se non ___________ (essere) chiara, __________ (dirlo a me)!" disse la professoressa ai suoi studenti.
10. Se gli ________ (dire, voi) come realmente stavano le cose, non ____________ (offendersi) mica!
11. Se ___________ (avere, Lei) un attimo di pazienza, __________ (aspettare) in linea: vado a chiudere il gas e torno subito!
12. Vado a lavorare un po' in giardino, ma se tu __________ (avere) bisogno di qualcosa, _______________ (chiamare)!
13. Se non _____________ (essere) per te, ________________ (partire, lui) per l'Australia già da un pezzo!
14. Se non ___________ (essere) per te, ________________ (partire, io) per l'Australia, ma mi manca il coraggio!
15. Se _____________ (potere), mi _______________ (comprare) un attico a Roma. Intanto mi diverto a sognare!
16. Se ________________ (potere), mi ____________________ (comprare) un attico a Roma, quella volta: ma mi mancavano i soldi!
17. Se a Pasqua ____________ (avere) qualche giorno di ferie in più, ____________ (andare) a riposarmi un po' in montagna: ma purtroppo abbiamo solo tre giorni!
18. Se a Natale _____________ (avere) qualche giorno di ferie in più, ____________ (andare) a riposarci un po' in montagna: chissà se sarà possibile?
19. Se ______________ (portare, io) questo tavolo dal restauratore un po' prima, ________________ (spendere) di meno: era ridotto in uno stato veramente pietoso!
20. Se non ________________ (sbrigarsi, tu), ______________ (andare, io), perché ho tanta fretta!
21. Se io non ______________ (avere) una famiglia da mantenere, ______________ (andare) in pensione già da un pezzo.
22. Se io non ___________ (avere) una famiglia da mantenere, __________ (andare) presto in pensione!
23. Per fortuna non sono venuta a quell'incontro! Se ___________ (trovarsi) in una situazione del genere, non __________ (sapere) proprio che dire!
24 Se adesso non _____________ (potere, tu) ci _____________ (vedere) domani!
25. Se sabato non _____________ (piovere), ______________ (giocare, noi) a tennis.

13. Riscrivere il contenuto delle frasi seguenti in forma di periodo ipotetico di 1° tipo

Es.: Le ore di straordinario che hai fatto, fattele pagare!
Se hai fatto ore di straordinario, fattele pagare.

1. Guardati allo specchio, ti convincerai che hai un ottimo aspetto.
2. Prova a studiare di più, almeno questo esame lo superi!
3. Non è così tardi; probabilmente, uscendo subito, fai ancora in tempo!
4. Il figlio al padre: "Ti conviene prestarmi la macchina, così ti faccio il pieno di benzina io!"
5. Gli faccio un favore che gli dimostrerà tutta la mia gratitudine.
6. Mi basta avere delle istruzioni precise, e io le seguirò alla lettera.
7. Come negargli il mio aiuto, nel caso di una sua richiesta?
8. Iniziando subito, riusciremo a finire per tempo.
9. Gradirei essere avvertita nel caso della vostra impossibilità a partecipare.
10. Conviene tacerla, una vincita alla lotteria.

14. Riscrivere il contenuto delle frasi seguenti in forma di periodo ipotetico di 2° tipo

Es.: Puoi anche confidargli questo tuo segreto: credo che possa capirti.
Se tu gli confidassi questo tuo segreto, credo che potrebbe capirti.

1. Mettici un po' di buona volontà: credo che riusciresti a smettere di fumare.
2. Prova a chiederglielo con la forma dovuta: non ti dirà di no.
3. Andate a trovarlo, se potete: per lui sarebbe un piacere immenso, perché è sempre così solo!
4. Spero proprio che sia promosso! Altrimenti prova ad immaginare la sua reazione!
5. Pensa un po': la segretaria che si licenzia! Bel guaio!
6. In caso di febbre, 20 di queste gocce.
7. In caso di mancata risposta, telefonare di nuovo.
8. Ti serve un prestito in denaro? Non fare complimenti!
9. Potresti aver freddo stanotte: ecco, le coperte sono qui.
10. Forse che non ce la fai da solo? Chiamami in qualsiasi momento!

15. Riscrivere le frasi in forma di periodo ipotetico di 2° tipo

Es.: Fuma troppo; forse è per questo che ha sempre la tosse.
Se fumasse di meno (se non fumasse così tanto), non avrebbe sempre la tosse.

1. Ho mal di capo; è per questo che prendo delle pillole.
2. E' molto timido; ecco perché non ama andare alle feste.
3. Non faccio mai ginnastica; è per questa ragione che sono così grassa.
4. Non faccio mai ore di straordinario, così non guadagno tanto quanto te.
5. Non mi aiuta, probabilmente perché non mi rivolgo a lui.
6. Abito vicino all'ufficio, così non spreco molto tempo per gli spostamenti.
7. Il traffico qui è caotico, ecco perché ci sono tanti tamponamenti.
8. Non ci sono parcheggi vicino alla mia scuola; è per questo che non vengo in macchina.
9. Lavori troppo in fretta, ecco perché fai tanti errori.
10. Non paga i suoi dipendenti in modo adeguato; forse è per questo che loro lavorano malvolentieri.

16. Riscrivere le frasi in forma di periodo ipotetico di 3° tipo

Es.: Non ho visto il cartello, così non mi sono fermato.
Se avessi visto il cartello, mi sarei fermato.

1. Non credevo che ci fossi anche tu, così non ci sono venuto.
2. Non sapevo il tuo numero, così non ho potuto chiamarti.
3. Non sapevo che tu fossi in ospedale, così non ti sono venuto a trovare.
4. Lei non gli ha rivolto nemmeno la parola, perché è tanto riservata.
5. Non abbiamo visitato il museo, perché non ne abbiamo avuto il tempo.
6. Sono venuto su per le scale, perché l'ascensore era rotto.
7. Lo hai lavato in acqua troppo calda, è per questo che si è scolorito.
8. Pioveva. E' per questo che non siamo andati alla spiaggia.
9. Ci abbiamo messo tantissimo a trovare la tua casa, perché non ci avevi dato indicazioni chiare.
10. Non sapevo che fosse una persona così polemica, altrimenti non lo avrei certo invitato.

17. Riscrivere le frasi in forma di periodo ipotetico di 3° tipo

Es.: Non ho mai avuto la pazienza di imparare a nuotare, e adesso, ogni volta che vado in barca, ho paura.
Se avessi avuto la pazienza di imparare a nuotare, adesso, ogni volta che vado in barca, non avrei paura.

1. Non ho mai avuto il coraggio di dichiararle il mio amore e adesso si è sposata con un altro!
2. Stavo per comprare un'auto usata, meno male che non l'ho fatto: che sbaglio poteva essere!
3. Peccato non aver avuto tempo: mi interessava venire a questa conferenza.

4. Io nei panni del direttore? Che cambiamenti in azienda!
5. Senza questo taxi, addio treno!
6. Poter smettere di lavorare? A me un biglietto aereo di sola andata per le Hawai!
7. Peccato che non glielo hai chiesto, il suo aiuto ti era garantito.
8. Coi soldi in tasca, a me una Ferrari!
9. Perché non mi hai detto che la tua macchina era rotta? C'era la mia!
10. Per fortuna ho fatto quel corso di computer! E' grazie ad esso che ho trovato questo posto!

18. Riscrivere le frasi in forma di periodo ipotetico di 1°, di 2° o di 3° tipo

Es.: Non mi sembra così educato, per lo meno a giudicare dal modo in cui si è comportato quella volta.
Se fosse educato, non si sarebbe comportato così quella volta!

1. Che piacere, una tua visita!
2. Che sciocco che sei stato a non dirmelo! Accompagnarti era per me un vero piacere!
3. Vai tranquilla, chiediglielo pure: sul suo aiuto puoi contare di certo!
4. Tu dici che è tanto ricco? E allora perché si sarà comprato un'auto così malandata?
5. Non avete sentito? Allora ripeto!
6. Ho speso un sacco di soldi, e ora mi trovo piuttosto male.
7. Solo restando uniti potremo farcela!
8. Il professore invita gli studenti a dirgli quello che eventualmente non hanno capito.
9. Hai fatto il tuo dovere? Allora sarai ricompensato!

19. Completare le frasi con la forma del periodo ipotetico di 3° tipo (ipotesi al presente, conseguenza al passato)

Es.: Se tu fossi davvero corretto, come dici di essere, ...
Se tu fossi davvero corretto, come dici di essere, *non l'avresti trattata in quel modo davanti a tutti.*

1. Se fosse ricco sul serio, ...
2. Se non fosse un imbroglione, ...
3. Se amasse davvero sua moglie, ...
4. Se gli piacessero le macchine, ...
5. Se avesse buon gusto, ...

20. Completare le frasi con la forma del periodo ipotetico di 3° tipo (conseguenza al passato, ipotesi al presente)

Es.: L'avrei già venduta da un bel pezzo la casa di mia nonna, *se non fossi così legato ai ricordi della mia infanzia.*

1. Susanna avrebbe già divorziato da un bel pezzo, se ...
2. Lui non si sarebbe mai comprato una casa come quella, se ...
3. Non si sarebbe comportato certo in modo così subdolo, se ...
4. Non avrei mai prestato tutti i libri d'arte a mio cugino, se ...
5. Non si sarebbe mai lasciato ingannare così dal suo socio, se ...

21. Completare le frasi con la forma del periodo ipotetico di 3° tipo (conseguenza al presente, ipotesi al passato)

Es.: Ora starei meglio, *se avessi preso il tuo sciroppo.*

1. Andrei volentieri a lavorare in Canada, se ...
2. Il mio matrimonio non sarebbe così felice, se ...
3. Mangerei volentieri una fetta di questa bella torta, se ...
4. Andrei anche a quella festa, se ...
5. Partirei subito, se ...

22. Completare le frasi con la forma del periodo ipotetico di 3° tipo (ipotesi al passato, conseguenza al presente)

Es.: Se lo avessi sposato, ora *sarei in prigione per omicidio!*

1. Se mi fossi iscritto all'Università, ora ...
2. Se non fossi andata a studiare in Italia, ora ...
3. Se non avessi bevuto tutti quei cocktail ieri sera, ora ...
4. Se mi fossi trasferito in Australia, ora ...
5. Se avessi comprato quell'appartamento in centro tre anni fa, ora ...

23. Completare le frasi scrivendo le conseguenze attuali delle vostre scelte passate (periodo ipotetico di 3° tipo)

UNO SGUARDO RETROSPETTIVO

Pensate alla vostra vita come sarebbe potuta essere oggi, se certe cose fossero andate diversamente.

Es.: Ho fumato troppo da giovane.
Se da giovane non avessi fumato troppo, ora non avrei la bronchite cronica.

1. Non ho fatto l'università. - *Se avessi fatto l'università, ...*
2. Mi sono sposato giovanissimo. - *Se non mi ...*
3. Sono andato all'estero per fare nuove esperienze. - *Se non ...*
4. Sono venuto in Italia per studiare l'italiano. - *Se non ...*
5. Non dichiarai mai a Luciana il mio amore. - *Se le ...*
6. Non ho mai fatto sport. - *Se lo ...*
7. Non ho mai imparato a nuotare. - *Se ...*
8. Ho sempre letto molto. - *Se ...*

24. Coniugare gli infiniti tra parentesi

1. Se potrò, _____________ (venire) certamente da te.
2. Se potessi, _____________ (venire) certamente da te.
3. Se avessi potuto, _________________ (venire) certamente da te.
4. Se ___________ (avere) tempo, mi fermerei ancora.
5. Se ___________ (avere) tempo, mi fermavo ancora.
6. Se ___________ (avere) tempo, mi fermo ancora.
7. Se _________________ (avere) tempo, mi sarei fermato ancora.
8. Non te lo dico perché non lo so; se lo _________ (sapere), te lo direi.
9. Non te l'ho detto perché non lo sapevo; se lo _________________ (sapere), te lo avrei detto.
10. Se andrai subito dal medico, ti _____________ (sentire) meglio.
11. Se tu andassi subito dal medico, _______________ (stare) meglio.

12. Se ______________ (andare) subito dal medico, ti saresti sentito meglio.
13. Se la fai finita con i superalcolici, lo stomaco ________ (smettere) di farti male.
14. Se la facessi finita con i superalcolici, lo stomaco ____________ (smettere) subito di farti male.
15. Se l'_______________ (fare) finita con i superalcolici, lo stomaco avrebbe smesso di farti male.
16. Se lui guidasse con maggiore prudenza, non ___________ (avere) tutti questi incidenti.
17. Se lui ________________ (guidare) con maggiore prudenza, non avrebbe avuto tanti incidenti.
18. Se me lo chiederà, _________ (fare) il possibile per lui.
19. Se me lo chiedesse, ____________ (fare) il possibile per lui.
20. _________________ (fare) il possibile, se me lo avesse chiesto.
21. Se noi li ____________ (invitare), verranno di sicuro.
22. Ci verrebbero di sicuro, se tu li _____________ (invitare).
23. Ci ________________ (venire) di sicuro, se noi li avessimo invitati.
24. Se mi assicuri che è un bel film, ___________ (andare, noi) senz'altro a vederlo.
25. Se mi ________________ (assicurare) che era un bel film, noi saremmo andati senz'altro a vederlo.
26. Se tu ____________ (trovare) una brava ragazza e la _________ (sposare), ci faresti tutti felici.
27. Se tu trovassi una brava ragazza e la sposassi, ci ______________ (fare) tutti felici.
28. Se tu avessi trovato una brava ragazza e l'avessi sposata, ci ______________ (fare) tutti felici.
29. Se tu _________ (lasciare) correre e non _____________ (pensarci) più, sicuramente ritroveresti il tuo equilibrio e la tua serenità.
30. Se tu lasciassi tutto, te ne andassi e non ci pensassi più, sicuramente ________________ (ritrovare) il tuo equilibrio e la tua serenità.
31. Se tu ________________ (lasciare) tutto, __________________ (andarsene) e non _________________ (pensarci) più, sicuramente avresti ritrovato la tua serenità.
32. Se ___________ (pagare) subito la multa, evitate ulteriori fastidi e seccature.
33. Se ____________ (pagare) subito la multa, evitereste ulteriori fastidi e seccature.
34. Se aveste pagato subito la multa, ______________ (evitare) ulteriori fastidi e seccature.
35. E' perfettamente inutile pentirsi a questo punto; se tu, prima di dire certe cose, ci __________ (pensare), non avresti poi di che lagnarti.
36. E' perfettamente inutile pentirti a questo punto: se tu ci pensassi prima di dire certe cose, non ___________ (avere) di che lamentarti poi.
37. E' perfettamente inutile pentirti a questo punto: se tu ci ______________ (pensare) prima di dire queste cose, tutto sarebbe andato per il meglio.
38. Se te ne _______________ (occupare) di persona e ti ____________ (prendere) cura della cosa, tutto andrà per il meglio.

39. Se te ne fossi occupato di persona e ti fossi preso cura della cosa, tutto _______________ (andare) per il meglio.
40. _______________ (rimanere) ancora qui, solo se trovo un lavoro e una paga soddisfacenti.
41. Rimarrei ancora qui, solo se _______________ (trovare) un lavoro e uno stipendio interessante.
42. Io _______________ (rimanere) ancora qui, solo se avessi trovato un lavoro interessante.
43. E' uno straordinario concertista; se verrai a sentirlo, _______________ (innamorarsene).
44. E' uno straordinario concertista: se tu venissi a sentirlo, _______________ (innamorarsene).
45. E' uno straordinario concertista; se tu _______________ (venire) a sentirlo, te ne saresti innamorato.
46. Se _______________ (avere) un breve periodo di pausa, vengo certamente a trovarti.
47. Se _______________ (trovare) un breve periodo di pausa, verrei certamente a trovarti.
48. Io_______________ (andare) con loro, solo se non troverò una compagnia migliore.
49. Io _______________ (andare) con loro, solo se non trovassi una compagnia migliore.
50. Sarei andato con loro, solo se non _______________(trovare) una compagnia migliore.
51. Se avrò una certa disponibilità economica, mi _______________ (comprare) una barca.
52. Se avessi una certa disponibilità economica, mi _______________ (comprare) una bella barca.
53. Se _______________ (avere) una certa disponibilità, mi sarei comprato una bella barca.
54. Se _______________ (trovare) i biglietti e _______________ (esserci) posti disponibili, andrò a vedere lo spettacolo.
55. Se _______________ (trovare) i biglietti e _______________ (esserci) posti disponibili, andrei a vedere lo spettacolo.
56. Se avessi trovato i biglietti e ci fossero stati posti disponibili, _______________ (andare) a vedere lo spettacolo.
57. Se te ne _______________ (occupare) di persona e ti _______________ (prendere) cura della cosa, tutto andrebbe per il meglio.
58. Se non _______________ (suonare) la sveglia, sarei ancora a letto, a quest'ora.
59. "Chi ha gettato i giornali?" "Scusa! Se io avessi saputo che non li avevi ancora letti, non li _______________ (buttare) via di certo!"
60. Se _______________ (avere) con sé una pianta della città, non si sarebbe perso.

Preposizioni

25. Completare

il grande equivoco

Non sono trascorsi molti anni _____ quando "la vigilessa o la signora pretore" meritavano un titolo _____ più colonne.

Oggi abbiamo fatto l'occhio _______ donne che guidano l'autobus, operano in borsa, rivoluzionano i telegiornali, ma suscita ancora moderata curiosità l'idea che aspirino _____ fare il militare o _____ comandare un 747.

Anche i verbi si sono rapidamente adeguati _____ parità: il marito "se ne andava ______ casa" e la moglie "fuggiva ______ casa". Adesso se ne vanno entrambi e così sia. Resta il fatto che, ______ andarsene _____ una casa e _____ una famiglia, bisogna prima arrivarci, ed è qui che, registrata la parità, si sta diffondendo la nuova differenza. Questa è la situazione tipo. Lui è sui venticinque anni, lei qualcuno _____ meno. Si conoscono _____ tempo, sono ____ sintonia, si amano, vanno ______ vacanza _______ isole _____ Ulisse.

Lui è stanco ______ pranzare _______ i genitori o _______ intristire _______ una camera ammobiliata. Si sente maturo _____ una moglie, una sala _______ aspetto ______ un reparto maternità.

Conosco invece parecchi giovani che fanno vita ______ scapoli. Ma _______ uno che se l'è scelto e vive confortevolmente installato ______ suo monolocale, ce ne sono almeno due che vivono ______ celibato coatto.

______ tempi ______ Augusto, c'erano sanzioni _____ chi non si sposava.

___ quelli ____ Mussolini c'erano premi _____ ogni figlio.

Adesso, ______ comizietti televisivi, donne manager, donne magistrato, donne ____ successo _____ genere, si sforzano _____ dimostrare che è possibile conciliare gloria e famiglia. Basta sapersi organizzare.

Scomparse le ragazze ____ marito, gli esperti faranno bene ____ occuparsi _____ ragazzo _____ moglie.

E' un problema sociale, perché una femmina, ______ definitiva, sa organizzarsi un'eccellente vita _______ "single", mentre un maschio è un disadattato e basta. Dicevo prima che i verbi si sono adeguati _____ parità.

Bisognerà adattare la grammatica _____ nuova differenza.

(LUCA GOLDONI, *Il sofà*, Milano, Rizzoli, 1988)

Per la lingua IN VERSI

SE TELEFONANDO
(Mina)

1 Lo stupore della notte spalancata sul mar
ci sorprese che eravamo sconosciuti io e te.
Poi nel buio d'improvviso le tue mani sulle mie
è cresciuto troppo in fretta questo nostro amor.

2 Se telefonando io potessi dirti addio, ti chiamerei.
Se io rivedendoti fossi certa che non soffri, ti rivedrei.
Se guardandoti negli occhi sapessi dirti basta, ti guarderei.
Ma non so spiegarti che il nostro amore appena nato è già finito.

(M. COSTANZO, G. DE CHIARA, E. MORRICONE, *Ed. BMG Ricordi*)

26. Volgere al passato i periodi ipotetici presenti nel testo

26a. Polisemia. Indicare il significato di queste parole nel testo

stupore:	- sorpresa	- brivido	- paura
spalancare:	- cominciare	- aprire	- mostrare
buio:	- oscurità	- penombra	- di nascosto
fretta:	- foga	- velocità	- impazienza
spiegare:	- distendere	- esporre	- rendere chiaro

26b. Individuare i sinonimi

stupore
sorprendere
sconosciuto
buio
fretta
dire
basta
spiegare

26c. Riprodurre, a voce o per iscritto, la situazione e il contesto psicologico

SE IO FOSSI FOCO

(Cecco Angiolieri) [1]

1 S'io fossi foco, ardere' lo mondo;
s'io fossi vento, lo tempesterei;
s'io fossi acqua, i' l'annegherei;
s'io fossi Dio, lo manderei nel profondo.

2 S'io fossi papa, sarei allor giocondo,
ché tutti cristiani embrigherei;
s'io fossi imperator, sai che farei?
A tutti mozzarei lo capo a tondo.

3 S'io fossi morte, andarei da mio padre;
s'io fossi vita, fuggirei da lui:
similemente farìa con mia madre.

4 S'io fossi Cecco, com'io sono e fui,
torrei le donne giovani e leggiadre:
le vecchie e laide lascerei altrui.

Note

1) ardere'	=	arderei, brucerei
2) giocondo	=	allegro, felice, contento
3) embrigherei	=	metterei nei guai
4) mozzarei lo capo a tondo	=	taglierei la testa
5) andarei	=	andrei
6) similemente	=	similmente, ugualmente
7) farìa	=	farei
8) fui	=	sono sempre stato
9) torrei	=	prenderei
10) laide	=	brutte

a) - Riscrivere tutti i periodi ipotetici in forma italiana moderna

Es.: *Se io fossi fuoco, brucerei il mondo*

[1] *Cecco Angiolieri*, poeta toscano del trecento (contemporaneo di Dante), che scriveva in lingua "volgare".

Nona Unità *Esercizi*

MORFOLOGIA

NOME	**Uso delle preposizioni**
Genere del nome	
Formazione del femminile	**Per la lingua in versi:**
Plurale del nome alterato	**Piemontesina**
e del composto	**Reginella campagnola**

1. Completare la tabella

NOME	LUOGO	PERSONA
calzature	calzaturificio	calzolaio
vetro	____________	____________
pane	____________	____________
latte	____________	____________
libro	____________	____________
merci	____________	____________
carni macellate	____________	____________
pizza	____________	____________
ristoro	____________	____________
salame	____________	____________

2. Raggruppare le parole che appartengono allo stesso "insieme"

argento cantina medico platino tranviere

corridoio autista soffitta studio oro

notaio ragioniere ripostiglio piombo ottone

3. Indicare il luogo dove si coltivano o crescono spontaneamente:

gli olivi	oliveto	le querce	____________
le rose	____________	le canne	____________
i pini	____________	i castagni	____________
la frutta	____________	i rovi	____________
le viti	____________	i pioppi	____________
i peschi	____________	gli aranci	____________

4. Indicare l'oggetto contenente:

lo zucchero	la zuccheriera	il tè	____________
il sale	____________	il caffè	____________
la frutta	____________	l'olio	____________
l'insalata	____________	la zuppa	____________

5. Indicare il mestiere di chi:

fa impianti elettrici	l'elettricista	costruisce mobili	____________
porta la posta	____________	cura i denti	____________
sorveglia la porta	____________	fa pasticcini	____________
fa il pane	____________	vende giornali	____________
imbianca i muri	____________	fa servizio in marina	____________
vende fiori	____________	costruisce case	____________

6. Combinare nome e definizione (nomi alterati)

1. Un poetastro è un poeta che
   a) scrive brutte poesie
   b) è piccolo di statura
   c) è simpatico

2. Un libercolo è un libro che
   a) è rilegato male
   b) vale poco
   c) contiene poche pagine

3. Un venticello è un vento che
   a) ci fa volare via l'ombrello
   b) è leggero e ci fa piacere
   c) è molto forte ma gradevole

4. Un vinello è un vino
   a) così alcolico che ci fa sentire male
   b) molto forte ma buono
   c) leggero

5. Una casupola è una casa
   a) enorme
   b) piccola e brutta
   c) a più piani

6. Un signorone è un signore
   a) altissimo
   b) molto grasso
   c) ricco

7. Un fiumiciattolo è un fiume
   a) molto lungo
   b) con pochi affluenti
   c) di portata ridotta

8. Un ragazzetto è un ragazzo
   a) piccolo
   b) simpatico
   c) noioso

7. Formare il femminile

uomo	donna	scolaro	____________
padre	____________	musicista	____________
papà	____________	fidanzato	____________
fratello	____________	barista	____________

professore ______	lattaio ______
scrittore ______	commercialista ______
pittore ______	scultore ______
direttore ______	dio ______
collega ______	massaggiatore ______
avvocato ______	bidello ______
dottore ______	portiere ______
architetto ______	leone ______
cane ______	eroe ______

8. Formare il plurale

alunno alunni	madre ______
zio ______	giornalista ______
città ______	lavoratore ______
pianta ______	camicia ______
capello ______	ginecologo ______
socio ______	pediatra ______
poeta ______	dramma ______
fico ______	provincia ______
monaca ______	bottega ______
chirurgo ______	valigia ______
caffè ______	principio ______
matita ______	albergo ______
psicologo ______	viaggio ______
problema ______	bacio ______
frangia ______	omicidio ______
monaco ______	uovo ______

crisi	________	serie	________
virtù	________	cinema	________
roccia	________	moto	________
lago	________	migliaio	________
sindaco	________	analisi	________
sport	________	moglie	________
asparago	________	foto	________
figlio	________	paio	________
direttore	________	radio	________
azione	________	superficie	________
studio	________	cantone	________
parroco	________	ipotesi	________
legge	________	giudice	________
centinaio	________	novità	________
alibi	________	papà	________
auto	________	raggio	________
specie	________	medico	________
farmacia	________	monarca	________

9. Formare l'ACCRESCITIVO

donna - uomo - macchina - braccio - piedi - mani - finestra

10. Formare il DIMINUTIVO

pesce - vento - giovane - testa - pantaloni - giacca - foglia

11. Formare il PEGGIORATIVO

poeta - fatto - roba - scarpe - donna - uomo - ragazzo

12. Completare con i nomi composti

1. L' apparecchio per la pulizia che serve ad aspirare la polvere e lo sporco è un ________________________.

2. Il "capo" di una squadra è un ______________________.

3. Il bollo da apporre sulle buste o sulle cartoline è un __________________.

4. Un panno che serve ad asciugarsi le mani o la faccia è un ______________.

5. Un farmaco che favorisce il sonno è un _________________.

6. La "scienza" che immagina, nei romanzi, ciò che avverrà nel futuro è la ________________________.

7. La strada "ferrata" che percorrono i treni è la _________________.

8. La bevanda calda composta di caffè (3/4) e latte (1/4) è il __________________.

13. Formare il SINGOLARE

I portalettere Il portalettere	i capistazione ______________
i pianoforti ______________	i capolavori ______________
i bassorilievi ______________	i pescispada ______________
i portaombrelli ______________	i senzatetto ______________
i parafanghi ______________	i pomodori ______________
i francobolli ______________	gli stuzzicadenti ______________
le cassaforti ______________	i sottoscala ______________
i capoluoghi ______________	gli agricoltori ______________
i capisquadra ______________	i cacciaviti ______________
i passaporti ______________	i ciclomotori ______________
i pellirosse ______________	gli altipiani ______________
gli altoparlanti ______________	i guardaroba ______________
i battibecchi ______________	i capomastri ______________

14. Combinare nome e definizione

NOME	DEFINIZIONE
1. dormiveglia	a. chi litiga facilmente
2. guastafeste	b. chi fa le cose con eccessiva lentezza
3. posapiano	c. stato tra il sonno e la veglia
4. attaccabrighe	d. persona svogliata, bighellone
5. perdigiorno	e. rimedio rapido e risolutivo
6. portaborse	f. gran confusione
7. parapiglia	g. cambiamento opportunistico di opinione
8. fuggi fuggi	h. discussione accesa su cose anche irrilevanti
9. toccasana	i. persona che porta disarmonia
10. voltafaccia	l. fuga disordinata di persone
11. battibecco	m. confusione, traffico di persone o di mezzi
12. va e vieni via vai andirivieni	n. chi, alle dipendenze di un personaggio importante, lo aiuta servilmente

15. Combinare nome e definizione. (Il significato cambia a seconda che le parole siano maschili o femminili). Spiegare il significato dell'altra parola

pezzo pezza	parte di qualcosa	foglio foglia	di carta
legno legna	da ardere	panno panna	crema di latte
tavolo tavola	dove si mangia	baleno balena	grande cetaceo

buco buca	foro		porto porta	di casa
modo moda	maniera		bracci braccia	di una macchina
dato data	giorno stabilito		cigli ciglia	della strada
pianto pianta	lacrime		labbri labbra	di una ferita

16. Combinare nome e definizione: il significato di questi plurali cambia a seconda che siano maschili o femminili

muro	mura	di casa	fondamento	fondamenti	di edificio
	muri	della città		fondamenta	della fede
ala	ali	di un palazzo	membro	membri	del corpo
	ale	degli uccelli		membra	di una comunità
osso	ossi	di animali	urlo	urli	di persone
	ossa	del corpo umano		urla	di animali

17. Volgere al femminile

Es.: Mio fratello è un bravo tennista.
Mia sorella è una brava tennista

1. Il nonno predilige Giulio, il nipote minore.

2. Quel ragazzo sogna di diventare un bravo pianista.
3. Questo padre ha, nel figlio, un erede delle sue virtù.
4. Il babbo mi aiuta a fare i compiti ed è un insegnante molto paziente.
5. Il direttore mi ha chiamato nel suo studio insieme al mio collega.
6. Ogni professore dovrà scrivere una dettagliata relazione sui suoi ragazzi.
7. Mio nipote è stato promosso a pieni voti: ora è un eccellente musicista.
8. Suo zio è un pediatra di fama: ama particolarmente i bambini e li cura con tanta dolcezza.

18. Completare la tabella con i nomi astratti derivanti dall'aggettivo

forte	forza	eroe	________
vecchio	________	impaziente	________
infante	________	fedele	________
adolescente	________	abile	________
amico	________	discorde	________
giusto	________	buono	________
debole	________	ricco	________

19. Leggere il testo

UN MIRACOLO PER SIRO

A cinque minuti dalla fine della partita, Siro ha il 12 in schedina. E ha azzeccato una sfilza di risultati imprevisti che fanno pensare a una bella vincita. Un bel colpo, se raggiungesse il 13.

Il risultato ancora in ballo, che può dargli quella soddisfazione, è Juventus-Torino, il derby ancora fermo sullo 0 a 0, mentre lui ha segnato 1 fisso.

Spegne radio e televisione per non seguire gli ultimi cruciali minuti. Chiude tutte le finestre con gli scuri perché dall'esterno non giunga alcun segnale di quanto accadrà.

Ancora non si sente soddisfatto. Ha bisogno di isolamento assoluto, mistico, dal quale pregare perché il miracolo si compia pienamente.

Decide per il rifugio antiatomico, l'ultima stramberia dei "signori", appena acquistato dall'avvocato a Ginevra e installato nel sotterraneo prima della partenza per il Kenia.

Il cameriere Siro scende ed entra. Si chiude la porta alle spalle e siede sul pavimento. Non ci sono ancora i viveri e gli strumenti necessari per la sopravvivenza, ma a lui bastano pochi minuti.

Se sarà 13, pensa, le cose cambieranno. Con tutti quei 2 non potranno che arrivare centinaia di milioni, forse un miliardo, anche di più. E allora, addio signori, addio villa sulla collina torinese. Magari continuerà a vivere in quella zona, ma in casa sua.

Guarda l'orologio; è già passata mezz'ora. Le partite sono finite da un pezzo, è il momento della verifica.

Siro va alla porta del rifugio. Tenta di aprirla, ma non riesce. Riprova, frenetico, per alcuni minuti. Poi si arrende. Si accascia. Ha l'impressione che l'aria cominci a scarseggiare.

Fuori, sulle strade della collina, le auto dei tifosi juventini strombazzano irridendo la tristezza dei torinesi.

(GABRIELE ROMAGNOLI, *Navi in bottiglia*, Milano, Mondadori, 1993)

1. **"stramberia" deriva da ________________**
2. **"antiatomico" e "sopravvivenza" sono nomi ____________**
3. **"schedina" è un nome ______________________________**
4. **"viveri" è un nome che deriva da: aggettivo, verbo o avverbio?**
5. **Sottolineare gli appellativi appropriati a Siro.**

un sognatore	un arrivista	un arricchito	un riccone
un poveraccio	un cameriere	un autista	un servitore
un signorone	un giardiniere	un potente	un giocatore

20. Leggere il seguente testo e completare le 4 parti, inserendovi le parole elencate sotto

UN VIAGGIO IN NAVE

Bagheria l'ho vista per la prima volta nel '47. Venivo da Palermo dove ero arrivata con la _______________ da Napoli e prima ancora da Tokio con un'altra nave, un __________________ .

Due anni di campo di concentramento e di guerra. Una _______________ sull'oceano minato.

Sopra il ponte ogni _______________ si facevano le esercitazioni per buttarsi ordinatamente in mare, con il _______________ intorno alla _______________, nel caso che la nave incontrasse una mina.

Di quella nave conservo una piccola _______________ in cui si vede un pezzo di ponte battuto dal vento e una bambina con un vestito a _______________ che le sventola sulle gambe magre.

Quella bambina ero io, avevo i capelli corti, quasi bianchi tanto erano biondi, le scarpe da _____________ rosse ed ero tenuta per mano da un _______________ americano.

fiori - fotografia - giorno - nave - salvagente - tennis - transatlantico - traversata - ufficiale - vita

* * *

Ero molto amata dai marines americani, ricordavo loro le ___________ bambine lasciate a casa.

Mi colmavano di _____________ : ______________ di cioccolata, scatoloni di polvere di piselli, _______________ di zucchero a strisce bianche e rosse.

La _______________ sognavo di essere inseguita da un ____________ che mitragliava i passanti, cacciandoli come farebbe un falco.

Scendeva in picchiata e aggrediva alle _____________ , lasciando dietro di sé un poco di polvere sollevata dal ______________ delle ali.

aereo - barrette - bastoncini - figlie - frullio - notte - regali - spalle

* * *

La morte e io eravamo diventati parenti. La conoscevo benissimo.

A Palermo ci aspettava la ____________ di mia madre. Un ____________ morente, una nonna dai grandi occhi neri che viveva nel culto della sua bellezza passata, una ______________ del Settecento in _______________, dei parenti nobili, chiusi e sospettosi.

Al _______________ abbiamo preso una carrozza che ci avrebbe portati a Bagheria. L'abbiamo caricata di tutti i nostri _____________, che erano pochissimi, essendo tornati dal Giappone nudi e crudi, con addosso soltanto i _______________ regalati dai _______________ americani.

averi - famiglia - militari - nonno - porto - rovina - vestiti - villa

* * *

A ricordare quel viaggio mi si stringe la gola. Stavo seduta fra mio padre, un uomo nel pieno della sua _______________ e seduzione, e mia madre, fresca e bella anche lei, molto giovane, quasi una ragazza, con i suoi lunghi capelli biondi, gli occhi grandi, chiari.

Davanti a me le mie due ______________: una, dalla testa piccola e tornita, che sarebbe diventata _______________, l'altra, dalle braccia rotondette, la pelle tempestata di _________________, che sarebbe diventata scrittrice.

Il _______________ magro, un cavallo del _______________ che mangia ____________ di poco prezzo, faticava a portarci tutti, sebbene fossimo quasi privi di ________________.

Ma lo stesso mi sembrava di correre a ________________ su quelle grandi _______________ nere e rosse verso l'avvenire. Cosa ci avrebbe riservato la sorte?

bagagli - bellezza - cavallo - dopoguerra - fieno - lentiggini - musicista - perdifiato - ruote - sorelle

(da: DACIA MARAINI, *Bagheria,* Milano, Rizzoli, 1993)

21. Completare con le parole: GIORNO/GIORNATA, MATTINA/MATTINATA, SERA/SERATA, NOTTE/NOTTATA

1. E' tardi, è quasi mezzanotte, dobbiamo andare. Grazie, infinite! Abbiamo passato una bellissima _____________!
2. Oggi pomeriggio resto in casa. Sono stanca morta: ho avuto una ____________ di fuoco!
3. Che bella ________________! Sembra estate con questo caldo.
4. Dovrò andare a letto presto, stasera: domani ho una _________ piena di impegni, e il primo è alle otto!
5. "Domani vado a Parigi!" "Quanti ___________ ti trattieni?"
6. "Ieri ____________ si è sposata Elisa" "Come è stato il tempo"? "Buono, per fortuna: abbiamo avuto una _______________ di sole stupendo. Nel pomeriggio, poi, si è messo a piovere!"
7. "Che fai di solito la __________, dopo il lavoro?" "Mah, normalmente sto in casa a leggere. Non è che mi piaccia molto uscire dopo cena! Poi, le __________ passate senza far niente mi annoiano.
8. Se di ___________ dormo, di ____________ mi sento molto meglio!
9. "Dormono i tuoi figli la ________?" "Purtroppo, no!" "E i tuoi?" "Un disastro.

Anche ieri ho passato la ________ in bianco!" "E dopo una _____________ del genere come ti senti il ___________ dopo?"

Preposizioni

22. Completare

distrazione: la malattia dei geni

Sono un po' distratto, devo confessarlo. Ammetto che mi sia capitato ______ sbagliare stanza ____'albergo, ______ entrare, coricarmi, accorgermi ______ sbaglio, rivestirmi, uscire _____ cercare la mia camera. Ma non ho mai sbagliato albergo, mai ... tranne qualche volta.

Infinite volte ho messo la sigaretta _____ bocca ____ parte accesa, ma non ho mai fumato il fiammifero ... tranne, mi pare, una volta, _____ cui ero sopra pensiero. Si capisce che anche _____ me, come _____ tutti, credo, sono accaduti quei soliti noiosi incidenti di viaggio ... come quando mi trovai ____'inverno, _____ duemila metri d'altezza, _____ cavar fuori _____ valigia le magliette _____ canottaggio e i costumi ______ bagno.

O come quando, ____ aver preso erroneamente la borsa ______ un funzionario ____ banca, mi vidi fermare ____ polizia, ____ modo, mi sembra, forse non ____ tutto educato.

O come quel giorno _____ cui andai ____ lavoro _____ macchina e tornai _____ casa ____ autobus.

O come quando ti accorgi che il tuo treno sta velocissimamente correndo _____ direzione opposta _____ quella ____ cui dovevi andare e tu pensi _____ una stretta ____ cuore ______ bagaglio che hai già caricato ______ treno giusto.

Dico, queste son cose che capitano _____ tutti, ma ____ me succedono quasi ogni volta che viaggio. Quello che non capisco è perché la gente, _____ questi casi, sorrida: non riesco _____ afferrare il lato ridicolo _____ situazione.

Ma si sa, la distrazione è la malattia ____ geni, ed è loro destino quello _____ essere incompresi un po' ______ tutti.

(adattato da: GIORGIO MARCHETTI, *Ogni due... uno gratis*, Roma, Città Nuova, 1976)

Per la lingua IN VERSI

PIEMONTESINA

1 Addio bei tempi passati
mia piccola amica
ti devo lasciar,
gli studi son già terminati
abbiamo finito così di sognar.
Lontano andrò, dove non so.
Parto col pianto nel cuor,
dammi l'ultimo bacio d'amor.

2 Non ti potrò scordare
piemontesina bella
sarai la sola stella
che brillerà per me.
Ricordi quelle sere
passate al Valentino
col biondo studentino
che ti stringeva sul cuor?

3 Totina, il tuo allegro studente
di un giorno lontano
è adesso dottor.
Io curo la povera gente
ma pure non riesco
a guarire il mio cuor.
La gioventù non torna più.
Quanti ricordi d'amor
a Torino ho lasciato il mio cuor. (Ricordi quelle sere ....)

23. Cercare nel testo i sostantivi astratti

23a. Completare (con almeno 3 soluzioni)

- Es.: Si va al bar per ... *a) prendere un caffè b) incontrare gli amici c) ordinare una torta gelato*

- Si va alla posta per ...
- Si va alla stazione per ...
- Si va dal giornalaio per ...
- Si va dal medico per ...
- Si va a caccia per ...
- Si va al mare per ...
- Si va dalla polizia per ...
- Si va dal capoufficio per ...

23b. Riprodurre, prima a voce e poi per iscritto, le situazioni e le riflessioni dell'autore di questa canzone

REGINELLA CAMPAGNOLA

1 All'alba quando spunta il sole
là nell'Abruzzo tutto d'or
le prosperose campagnole
discendono le valli in fior.

2 O campagnola bella
tu sei la reginella
negli occhi tuoi c'è il sole
c'è il colore delle viole
delle valli tutte in fior.

3 Se canti, la tua voce
è armonia di pace
e si diffonde e dice:
«Se vuoi vivere felice
devi vivere quassù».

4 Quand'è la festa del paesello
con la sua cesta se ne va
trotterellando l'asinello
la porta verso la città. (O campagnola ...)

5 Ma poi la sera al tramontare
con le sue amiche se ne va
e tutte intente a raccontare
quel che ha veduto là, in città. (O compagnola ....)

24. Cercare nel testo i sostantivi concreti

24a. Combinare il sostantivo con la definizione appropriata

Alba	- che vive in campagna, contadina
Sole	- fiore
Abruzzo	- solennità civili o religiose
Oro	- pianura tra montagne
Campagnola	- prima luce del giorno
Valle	- astro centrale del nostro sistema planetario
Viola	- regione italiana
Voce	- metallo prezioso
Pace	- suono prodotto dalle corde vocali
Cesta	- concordia e quiete
Feste	- calata del sole
Asinello	- canestro, paniere
Tramonto	- asino, piccolo animale da trasporto

24b. Famiglie di parole. Individuare i lemmi che appartengono a:

Es.: Alba: *albore, albeggiare*, ecc.
sole, festa, campagna, discendere, valle, fiore, occhio, voce, città

MORFOLOGIA

AGGETTIVO
Formazione del genere e del numero dell'aggettivo
Accordo, posizione, gradi

Uso delle preposizioni

Per la lingua in versi:
Anna e Marco *(Lucio Dalla)*

1. Formare aggettivi dai seguenti nomi, mediante i suffissi: -ALE, -ICO, -ISTICO, -OSO, -ATO/UTO, -IVO, -ARE, -EVOLE

fortuna	fortunato
posta	________
noia	________
velluto	________
forma	________
dramma	________
muscolo	________
dispetto	________
abuso	________
ala	________
crimine	________
musica	________
popolo	________
sport	________
rischio	________
industria	________
barba	________
commercio	________
colpa	________
igiene	________
panorama	________
lode	________
stile	________
turismo	________
ciclismo	________
odio	________
amore	________
amicizia	________
sospetto	________
difetto	________

2. Formare aggettivi dai seguenti verbi, mediante i suffissi: -ABILE, -IBILE, -EVOLE

amare	amorevole
considerare	________
piacere	________
ragionare	________
prevedere	________
mangiare	________
scorrere	________
percorrere	________
incantare	________
dire	________
avvolgere	________
giustificare	________
precisare	________
colmare	________
utilizzare	________
leggere	________
lodare	________
fare	________

3. Formare aggettivi dai seguenti nomi geografici, mediante i suffissi -ESE, -INO, -ANO, -ITANO / ETANO

Italia	italiano	Venezia	____________
Palermo	____________	Tunisia	____________
Milano	____________	Argentina	____________
Roma	____________	Cina	____________
Genova	____________	Norvegia	____________
Bari	____________	Cagliari	____________
Perugia	____________	Napoli	____________
America	____________	Brindisi	____________
Bologna	____________	Pisa	____________
Francia	____________	Messico	____________

4. Formare nomi dai seguenti aggettivi mediante i suffissi -ERIA, -EZZA, -IZIA, -IA, -ISMO, -ESIMO, -ITÀ / ETÀ / TÀ, -ITUDINE

alto	altezza	galante	____________
fedele	____________	solo	____________
geloso	____________	libero	____________
lungo	____________	felice	____________
pratico	____________	triste	____________
allegro	____________	pigro	____________
vivace	____________	stanco	____________
bello	____________	forte	____________
grato	____________	sporco	____________
socievole	____________	pulito	____________

5. Formare aggettivi derivanti dal nome

finanza	finanziario	eleganza	____________
anno	____________	bravura	____________
famiglia	____________	Firenze	____________
caso	____________	pazienza	____________
bontà	____________	economia	____________

settimana	______	validità	______
mese	______	piacere	______
arte	______	giorno	______
popolo	______	notte	______
presidente	______	mattino	______
morte	______	sera	______
elettricità	______	pomeriggio	______
collegio	______	telefono	______

6. A quale nome corrispondono i seguenti aggettivi?

solare	sole	architettonico	______
acquatico	______	scolastico	______
intellettuale	______	linguistico	______
ferroviario	______	simpatico	______
materno	______	vivace	______
fraterno	______	famoso	______
democratico	______	celebre	______
librario	______	lunatico	______

7. Sostituire con un aggettivo l'espressione sottolineata

marca di prestigio	prestigiosa
abbigliamento per donna	______
abbigliamento per uomo	______
giornata di nebbia	______
orario di lavoro	______
vacanze dell'estate	______
pezzo di musica	______
stereo che si porta	______
mensa per studenti	______
zona di periferia	______
asilo per l'infanzia	______
tessera dell'università	______
acqua che si può bere	______
un film che mette paura	______
una cosa che è facile fare	______
una mano piena di peli	______

8. Da quale aggettivo derivano i seguenti verbi?

allargare	largo
approfondire	________________
intensificare	________________
dimagrire	________________
impallidire	________________
rallegrare	________________
calmare	________________
chiarire	________________
dolcificare	________________
gonfiare	________________

9. Riscrivere le seguenti frasi con un aggettivo sostantivato

Es.: La qualità buona di Luigi è che non è affatto permaloso.
Il buono di Luigi è che non è affatto permaloso

1. E' estremamente silenzioso: questa è la cosa bella di questo albergo.
2. La qualità positiva di questa casa è che è immersa nel verde, ma nello stesso tempo si trova vicino alla città.
3. Nessuno di noi aveva sentito entrare in casa il ladro: questo era il fatto strano.
4. La cosa assurda è che lei aveva fatto di tutto per ottenere quel posto e che dopo neanche due settimane aveva dato le dimissioni.
5. Ha preso parte alla festa senza che nessuno lo avesse invitato: questo era il fatto sorprendente.
6. Il fatto incredibile è che mi abbracciava e io non sapevo chi fosse.
7. La cosa straordinaria è che nonostante i miei sforzi non sia riuscito a prendere la patente di guida.
8. La cosa importante è che tutti si accordino sul da farsi.
9. Il fine essenziale è che tutti ne possano uscire con dignità e a testa alta.
10. La cosa interessante è che nessuno ci rimetta dei soldi.

10. Leggere il seguente testo

TELEGIORNALE

Da Palazzo Pitti, in Firenze, il corrispondente della RAI (RadioTelevisione Italiana) commenta in diretta alcune riprese della sfilata di alcune collezioni Autunno-Inverno dei più grandi stilisti italiani.

"Quest'inverno è di rigore il lungo: nelle gonne, nei tailleur, nei cappotti. E rigorosamente lunghi sono gli abiti da sera.

Per l'abito da sera si impongono, come lo scorso anno, il nero e l'oro; molti degli stilisti si sono ispirati a questi due colori base, in fantasiose creazioni che giocano sugli effetti luce delle preziosissime stoffe e sui modelli, quest'anno più che mai insoliti.

Così come per la sera prevale l'estroso, al contrario, per il giorno è di prammatica il classico, il tradizionale.

Predominano le tinte autunnali: il marrone bruciato, il verde bottiglia, il giallo senape, il blu petrolio.

Versace ci presenta una meravigliosa collezione di tailleur, blu mare o marrone, mentre molti dei cappotti di Valentino sono tra il giallo senape e il verde smeraldo.

Spiccano le linee diritte e sobrie, valorizzate dai tessuti ricercati, di altissima qualità, che mirano alla cura estrema dei particolari più raffinati.

Squisita anche la scelta degli accessori presentati dalle varie ditte e stilisti, tutti italiani. S'intende!"

a) **- sottolineare gli aggettivi sostantivati**
b) **- cerchiare gli aggettivi derivanti da nomi (indicare quale nome)**
c) **- riquadrare i superlativi assoluti**

11. Leggere il seguente testo e completare con le concordanze degli aggettivi

UNA SIGNORA ELEGANTE

DIALOGO. *Un grande negozio di abbigliamento. Entra una signora sulla quarantina. Molto elegant___, carica di pacchetti. Si rivolge ad una commessa piuttosto giovan___, con la quale sembra avere una certa confidenza.*

Commessa: Oh, Buongiorno, signora! Che piacere vederla!
Signora: Salve, Cristina. Come va?
Commessa: Bene, grazie! La trovo ancora più in forma del solito, per di più elegantissim___.
Signora: Grazie, car___.
Commessa: Sì, davvero; questo tailleur le sta d'incanto, e queste tinte vivac___, la ravvivano! Voglio farle vedere una di queste camicette. Sono arrivate proprio stamattina.
Questa ros___ corallo è esattamente della stessa tonalità del suo tailleur...!
Signora: Ci sta bene, sì. E' pur___ seta?
Commessa: Sì, al cento per cento.
Signora: Lasciala qui sul bancone. Dopo aver misurato le altre cose, provo anche questa.
Commessa: Sì, signora. Mi dica, di che cosa ha ancora bisogno?

Signora: Mi servirebbero delle cose pratic____, da portare in viaggio.
Commessa: Parte presto?
Signora: Sì, tra due giorni! Mi faccio un bel giro in Irlanda. E lì, in questo periodo, il tempo può essere ancora abbastanza fredd___. Può essere molto piovos___.
Commessa: Ah, ho capito! Perciò serve roba di mezz___ stagione!
Signora: Pantaloni, per esempio, un impermeabile, comod___ non troppo pesant___ e qualche camicia sportiv___.
Commessa: Per l'impermeabile ha qualche preferenza riguardo al colore?
Signora: Direi quello tradizional___, quello color avana, che va su tutto.
Commessa: Provi un po' questo 44! E' un modello molto classic___, le durerà degli anni!
Signora: Bene! E come pantaloni che mi proponi?
Commessa: Questi qua hanno un'ottim___ riuscita.
Signora: Sì, vorrei, però, che fossero facil___ da lavare. Che traffico, dover andare sempre in lavanderia!
Commessa: Sì, sì, questi vanno benissimo in lavatrice, con il programma delicat___.
Signora: Ottimo. Mi piacciono molto questi verd___ e anche questi marron___; mi provo anche questi color nocciola e questi ross___ bordeaux.
Commessa: E un paio blu, non le occorre?
Signora: Ma sì! E anche quelli là grig___! Ora vado a provarli.
Commessa: L'accompagno in cabina, signora!

Dopo qualche minuto, la signora esce dalla cabina, dicendo:

Signora: Non riesco proprio a decidermi, li prendo tutti!
Commessa: Fa proprio bene, le stanno in maniera splendid___; con il suo bellissim___ personale!
Signora: E adesso passiamo alle camicie. Quella di seta va bene.
Quelle sportiv___ le vorrei di cotone un po' pesant___, magari a righe o a quadri.
Commessa: Guardi un po' queste: sono di una ditta frances___. Poi queste altre felpat___, hanno dei bei colori cald___. Accostiamole un po' ai pantaloni!
Signora: Questa la prendo di sicuro, è la più bell___ di tutt___, è bellissim___! Molto grazios___ sono anche queste due, che stanno bene col beige. Anche questa è un capo simpatic___.
Commessa: Serve altro, signora?
Signora: No, car___, grazie! Per oggi va bene così!
Commessa: Allora, Le auguro buon viaggio e buon divertimento!
Signora: Grazie, Cristina.
Commessa: L'accompagno io alla cassa, signora, dia pure a me. Vuole che le faccia recapitare tutto a casa?

a) - indicare i nomi di colore
b) - sostantivare gli aggettivi
c) - se gli aggettivi precedono il nome, il significato cambia?

d) - Tra gli aggettivi seguenti, sceglierne 5 che si possano riferire alla signora in partenza per l'Irlanda

lussuriosa	elegante	disinvolta	dissoluta
trasandata	preziosa	sfarzosa	spigliata
lussuosa	disadorna	cara	povera
facoltosa	benestante	onorevole	addobbata

e) - Tra gli aggettivi seguenti, sceglierne 5 che si possano riferire al guardaroba della signora

dozzinale	ordinario	lussuoso	squisito
ridondante	esagerato	curato	esiguo
sofisticato	raffinato	richiesto	banale

12. Completare con le concordanze degli aggettivi

1. Una borsa e un paio di scarpe ner___.
2. Un cappello e una sciarpa nuov___.
3. Un ragazzo e due ragazze tunisin___.
4. Un libro e un quaderno giall___.
5. Un tavolo e delle sedie ner___.
6. Un bicchiere e un bricco pulit___.
7. Una tastiera e una stampante rott___.
8. Delle pellicce e delle giacche costos___.
9. Due cavalli e tre asini vecch___.
10. Dodici rose e alcune margherite giall___.
11. Tre gerbere e un'orchidea molto fresch___.
12. Una penna e una matita rovinat___.
13. Una camicia e un golf pulit___.
14. Un paio di scarpe e dei guanti nuov___.
15. Un quadro e un tappeto molto bell___.

13. Combinare frase e spiegazione

1. I bravi studenti furono promossi	a. solo i bravi
2. Gli studenti bravi furono promossi	b. erano tutti bravi, dunque tutti promossi
3. Puliva le bianche piastrelle	a. puliva solo quelle bianche
4. Puliva le piastrelle bianche	b. erano tutte bianche

5. Si mise il cappotto vecchio — a. il suo cappotto che era vecchio
6. Si mise il vecchio cappotto — b. quello vecchio, non quello nuovo

7. Prese la valigia pesante — a. quella che era pesante
8. Prese la pesante valigia — b. una valigia che era pesante

9. I vecchi abiti furono dati ai poveri — a. solo quelli vecchi
10. Gli abiti vecchi furono dati ai poveri — b. erano tutti vecchi

14. Combinare le coppie aggettivo-nome e nome-aggettivo con il significato

1. Numerose famiglie ⟶ a. molte famiglie
2. Famiglie numerose ⟶ b. composte da molti membri

3. Una nuova collana — a. un'altra
4. Una collana nuova — b. un recente acquisto

5. Diverse penne — a. differenti
6. Penne diverse — b. parecchie

7. E' un semplice furto — a. facile da farsi
8. E' un furto semplice — b. soltanto un furto

9. Notizie certe — a. alcune notizie
10. Certe notizie — b. notizie sicure

11. Un bravo ragazzo — a. in gamba, capace
12. Un ragazzo bravo — b. perbene, buono

13. Un buon uomo — a. semplice, ingenuo
14. Un uomo buono — b. il suo comportamento è ispirato a sani principi

15. Un medico vecchio — a. anziano
16. Un vecchio medico — b. esercita da tempo

17. Un unico film — a. eccezionale, un film unico al mondo
18. Un film unico — b. solo un film

19. Un vecchio amico	a. amico da tempo
20. Un amico vecchio	b. anziano
21. Un grand'uomo	a. alto, robusto, corpulento
22. Un uomo grande	b. di grande personalità
23. Un pover'uomo	a. di poco conto, indifeso, disgraziato
24. Un uomo povero	b. che ha pochi soldi
25. Un vero slogan	a. uno slogan veritiero
26. Uno slogan vero	b. proprio uno slogan
27. Un buon insegnante	a. bravo nel suo lavoro
28. Un insegnante buono	b. buono d'animo

15. Combinare persona ed aggettivo. Paragonare poi le due persone in base alle qualità espresse dagli aggettivi

Es.: a) Pietro legge molto, non esce mai di casa → estroverso
b) Sandro ama parlare con la gente → introverso
- *Pietro è più introverso di Sandro*
- *Sandro è meno introverso di Pietro*
- *Pietro è meno estroverso di Sandro*
- *Sandro è più estroverso di Pietro*

1. a) Mauro non va d'accordo con nessuno — cordiale
   b) Giuliano è l'amico di tutti — scontroso

2. a) Sergio chiederebbe un prestito anche al Presidente della Repubblica — riservato
   b) Antonella chiede favori solo se non può farne a meno — sfacciato

3. a) Marina ha sempre il muso lungo — musona
   b) Giovanna ama stare allo scherzo — gioviale

4. a) Paolo, di solito, esita prima di chiedere o raccontare qualcosa — sfrontato
   b) Susanna chiede a tutti qualsiasi cosa, senza ritegno — riservato

5. a) Carlo non mette in mostra le sue capacità — superbo
   b) Emanuele si dà un sacco di arie e deve sempre mostrare di essere il migliore — modesto

6. a) Emilio non si trova molto a suo agio in mezzo alla gente — disinvolto
   b) Franco non è mai in imbarazzo — timido

7. a) Piera ha un bel carattere, è serena e di compagnia — antipatica
   b) Claudia ha un carattere difficile e intrattabile — simpatica

8. a) Caterina crede di avere sempre ragione e non accetta le idee altrui — tollerante
   b) Roberta è una persona molto aperta e sopporta tutto — intollerante

16. Completare con DI / CHE davanti al secondo termine di paragone

1. Paolo è più informato _____ colto.
2. Questo tavolo è appena più lungo _____ quello.
3. Luisa è più appariscente _____ bella.
4. Io sono meno permalosa _____ lei.
5. Direi che più _____ grassa, Piera è rotondetta.
6. Oggi è meno caldo _____ una settimana fa.
7. Questa carne è dura più _____ un sasso e meno saporita ____ quanto sperassi.
8. Lui mi sembra meno giovane _____ suo fratello.
9. E' un lavoro più facile _____ quel che credessi.
10. Questi jeans costano più _____ un cappotto!

17. Stabilire un paragone di maggioranza (più ... che) tra le due qualità attribuite al nome

Es.: Auto - elegante / pratica
Questa auto è più elegante che pratica

1. Maglione - bello / caldo
2. Bevanda - dissetante / buona
3. Documentario - divertente / istruttivo
4. Cibo - saporito / nutriente
5. Scarpe - belle / comode
6. Casa - moderna / razionale
7. Film giallo - pauroso / avvincente
8. Amico - simpatico / affidabile

18. Completare le frasi con gli aggettivi elencati sotto

1. Ha fatto sforzi ________________ per superare questo esame.
2. E' ____________________: a volte questo lo rende antipatico a chi non lo conosce bene.
3. E' ____________________ trovare questo testo in libreria: è fuori catalogo già da tre mesi.
4. Era un bambino ________________: suonava benissimo il piano già a tre anni.
5. Devi stare ____________________, caro mio, se vuoi che ti ascolti.
6. Il dottor Rossi è __________________: ha una clinica di medicina estetica che gli rende i miliardi!
7. "Sono ____________________ del vostro comportamento!" Tuonò la voce adirata del professore.
8. E' una persona __________________: ha studiato poco e non legge mai più di un libro ogni due anni.
9. Lui è veramente _____________________: dorme non più di cinque ore per notte e segue una decina di attività imprenditoriali diverse.
10. Sono ____________________ a venire alla conferenza: è un tema, questo, che seguo da anni.

arcistufo - buono buono - enormemente difficile - iperattivo - estremamente interessato - sovrumano - straricco - scarsamente istruito - superdotato - troppo sicuro di sé.

19. Sostituire il superlativo assoluto con uno degli aggettivi elencati sotto

1. Ha conseguito buonissimi risultati.
2. In questa faccenda la loro responsabilità è stata grandissima.
3. Hai un bellissimo aspetto.
4. Questo dolce è buonissimo.
5. Questo detersivo rende il bucato bianchissimo.
6. Abbiamo a disposizione uno spazio grandissimo.
7. Hai fatto un errore grandissimo.
8. Questi minuti di attesa mi sono sembrati lunghissimi.
9. I vini, in quel ristorante, erano veramente buonissimi.
10. Luisa ha una casa bellissima.

candido - immenso - eterno - enorme - eccellente - madornale - magnifico - ottimo - splendido - squisito

20. Combinare, in modo sensato, l'aggettivo con il nome

agile →	come	la neve
bello	"	un peperone
bianco	"	una lumaca
buono	"	una volpe
furbo	"	una zanzara
leggero	"	il sole
lento	"	una gazzella
noioso	"	il pane
pieno	"	un otre
rosso	"	una piuma

21. Attività orale. Scegliere tra gli aggettivi elencati quelli ritenuti adatti a descrivere la vostra città o il vostro paese

industriale	–	agricolo
ricco	–	povero
ospitale	–	inospitale
triste	–	ameno
piccolo	–	grande
immenso	–	minuscolo
marino	–	collinare/montano
silenzioso	–	rumoroso
movimentato	–	noioso
isolato	–	centrale
tranquillo	–	frenetico
inquinato	–	incontaminato

22. Ricomporre il dialogo. Di che grado sono gli aggettivi sottolineati?

CERCANDO UN DIVANO...

DIALOGO. In un grande negozio di arredamento. Due sposi novelli cercano un divano per la loro nuova casa. Si rivolgono ad un giovane commesso, che è un loro lontano parente.

Commesso: Salve, come va? Già tornati dal viaggio di nozze?
Lui: Sì, la settimana scorsa.
Commesso: Siete già nella casa nuova, vero?

Lei: Sì, ci siamo trasferiti l'altro ieri. Pensa! Quando siamo tornati in casa c'erano ancora i pittori che dovevano finire il lavoro. E poi, pulisci tutto, tra una cosa e l'altra sono passati altri dieci giorni.
Lui: E adesso ci serve ancora un bel divano comodo.
Comesso: Come vi serve, a due o tre posti?

Lui: Ah, non è male! Peccato però che il blu non stia bene con l'arredamento del nostro soggiorno. Ci vorrebbe una tinta calda, un giallo, un arancio, che so... forse un verde marcio...
Commesso: Allora... quello là! Non costa molto. E' un bel giallo oro che dovrebbe andar bene.
Lei: (*Lo prova*) E' piuttosto comodo, siediti anche tu!
Lui: Hai ragione, non ci si sta male. E quell'altro là rosso mattone?
Commesso: Quello costa molto di più.
Lui : Vediamo!
Commesso: Sì, è molto bello e ha una bella linea. E' tutta un'altra cosa rispetto a quello giallo.
Lui: Sembra essere anche più comodo di quello giallo. Però è troppo caro per le nostre tasche. E questo color panna, quanto viene?

Lei: Un due posti ci basta, per ora!
Commesso: Quanto siete orientati a spendere?
Lei: Beh, non molto. Non troppo, per lo meno. Vorremmo qualcosa di qualità media, che ci durasse almeno per un po', ma senza andare nell'eccesso, a spendere milioni!
Commesso: Vediamo un po' ... Il meno caro è quello là, quel due posti blu.

Commesso: Non costa moltissimo! E' in offerta speciale, sconto 30%, perché la stoffa ha un piccolo difetto. Vedete?
Lei: Ah, sì.
Commesso: Però non è che una piccola cosa, non si nota nemmeno.
Lui: Sì, hai ragione. Quell'altro rosso-mattone forse era migliore, ma questo qui mi convince di più. A parte che è molto meno caro, ma mi sembra anche più adatto per il nostro salotto!
Lei: Ma di queste offerte non ne ha altre da proporci?
Commesso: Vediamo un po'! Quello là, amaranto. Costa un po' più di quello blu.
Lei: Non male. Tu che ne dici?
Lui: Non mi convince per niente. Questo color panna, per me, è molto più adatto.
Lei: Che ne dici, allora, decidiamo per questo?
Lui: Bene!

Preposizioni

23. Completare

l'albero di natale

Anche quest'anno ho fatto l'albero _____ Natale.

Michelina, mia moglie, non voleva. "Lasciamo andare questa volta, mi ha detto, abbiamo già speso tanti soldi per l'influenza: basta il presepio".

Infatti è vero: cinque persone _____ famiglia, cinque influenze; anzi sei _______ donna _____ servizio, la quale si è messa _____ letto la sera che è stata assunta. Dopo dieci giorni, compresi cinque _____ riposo, si è licenziata, perché _____ casa nostra, _____ tre bambini, c'è troppo _____ lavorare.

Anche questo è vero. Sono tanto vivaci i miei piccini! Filippo il più grande, ____ dieci anni, ieri sera mi ha tirato _____ testa una palla _____ gomma ____ tutta la sua forza. Dopo i tradizionali impacchi _____ acqua fredda e aceto, ho cercato _____ rimproverarlo. L'albero _____ Natale è un'antichissima tradizione _____ origine germanica: non mi pareva giusto che l'influenza dovesse interromperla. Infatti, Carlo, il secondo _____ miei bimbi, ____ sette anni, subodorando qualcosa, si è dichiarato disposto _____ una trattativa: l'albero non si fa, e va bene, però _____ i soldi risparmiati si compra un' Alfa Romeo ____ fare le corse _____ autostrada _____ figlio ____ salumaio. Così anche quest'anno si è fatto l'albero ____ Natale.

_____ acquisto _____ pianta sono stato fortunato.

Checcone, l'usciere _____ mio ufficio, è cugino ____ signora, la cui figlia ha sposato il nipote _____ un fratello _____ commendator Santoni. E Santoni, lo sapete, è un famoso coltivatore _____ alberi ____ Natale. Il commendatore mi ha fatto uno sconto formidabile e non è vero affatto quello che sostengono mia moglie e il mio terzo figlio ____ cinque anni, che ____ fioraio sotto casa costava tremila lire _____ meno.

(GIULIO MARCHESI, *Ogni due... uno gratis,* Roma, Città Nuova, 1976)

Per la lingua IN VERSI

ANNA E MARCO
(Lucio Dalla)

1 Anna come sono tante
Anna permalosa
Anna bellosguardo
sguardo che ogni giorno perde qualcosa.
Se chiude gli occhi lei lo sa
stella di periferia
Anna con le amiche
Anna che vorrebbe andar via.

2 Marco grosse scarpe e poca carne
Marco cuore in allarme
con sua madre e una sorella
poca vita sempre quella.
Se chiude gli occhi lui lo sa
lupo di periferia
Marco col branco
Marco che vorrebbe andar via.

3 E la luna è una palla
ed il cielo è un biliardo
quante stelle nei flippers
sono più di un miliardo.
Marco dentro a un bar
non sa cosa farà
poi c'è qualcuno che trova una moto
si può andare in città

4 Anna bellosguardo
non perde un ballo
Marco che a ballare
sembra un cavallo
in un locale
che è uno schifo
poca gente che li guarda
c'è una checca che fa il tifo.

5 Ma dimmi tu dove sarà
dov'è la strada per le stelle
mentre parlano si guardano
e si scambiano la pelle.
E cominciano a volare
con tre salti sono fuori dal locale
con un'aria da commedia americana
sta finendo anche questa settimana.

6 Ma l'America è lontana,
dall'altra parte della luna
che li guarda e anche se ride
a vederla mette quasi paura.
E la luna in silenzio ora si avvicina
con un mucchio di stelle cade per
strada
luna che cammina
luna di città

7 Poi passa un cane che sente qualcosa
li guarda, abbaia e se ne va.
Anna avrebbe voluto morire
Marco voleva andarsene lontano
qualcuno li ha visti tornare
tenendosi per mano.

(LUCIO DALLA, *Ed. BMG Ricordi*)

24. Indicare gli aggettivi appropriati per definire Anna

malinconica
allegra
suscettibile
sognatrice
insoddisfatta
carina
estroversa
pragmatica

24a. Indicare gli aggettivi appropriati per definire Marco

solare
inquieto
istintivo
sofisticato
taciturno
introverso
magro
nevrotico

24b. Trovare qualche espressione legata a queste parole

Es.: Sguardo: *rivolgere uno s.; uno s. dolce, benevolo; al primo s.; alzare lo s.;* ecc.

amico -
scarpa -
luna -
stella -
cavallo -
mano -

24c. Trovare qualificazioni adatte a questi nomi

Es.: Sguardo: *amabile, dolce, soave, severo, ostile, puro, freddo, triste,* ecc.

stella
carne
luna
città
cavallo
strada

24d. Raccontare brevemente la vita di Anna e quella di Marco

24e. Tentare di spiegare che cosa succede ai due ragazzi nelle battute finali della canzone

MORFOLOGIA

IMPERATIVO	**Uso delle preposizioni**
Imperativo negativo	
Imperativo con pronomi	**Per la lingua in versi:**
	Margherita *(Riccardo Cocciante)*

1. Leggere il testo seguente

UN BEL GIOCO

Questa è la "Prefazione" al libro ***I poveri sono matti*** di Cesare Zavattini *(1942), in cui la calda simpatia per il mondo dei poveri e dei semplici è espressa in scene e linguaggio surreali, con estro sconcertante, ma con profonda amarezza.*

Voglio insegnare ai poveri un gioco molto bello.

Salite le scale con il passo del forestiero (quella volta rincaserete più tardi del solito) e davanti al vostro uscio suonate il campanello.

Vostra moglie correrà ad aprirvi, seguita dai figli; è un po' seria per il ritardo, tutti hanno fame.

- Come mai? - domanda.

- Buona sera, signora,- levatevi il cappello e assumete un'aria dignitosa. - C'è il signor Zavattini?

- Su, su, il lesso è già freddo ...

- Scusi, avrei bisogno di parlare con il signor Zavattini.

- Cesare, andiamo, vuoi sempre giocare ...

Non muovetevi e dite: - Evidentemente si tratta di un equivoco. Scusi, signora...

Vostra moglie si volterà di scatto, vi guarderà con gli occhi spalancati. - Perché fai così?

Serio, state serio, e ripetete avviandovi giù per le scale: - Io cercavo il signor Zavattini.

Si farà un gran silenzio, udrete solo il rumore dei vostri passi.

Anche i bambini sono restati fermi. Vostra moglie vi raggiunge, vi abbraccia: "Cesare, Cesare..." . Ha le lagrime agli occhi, i bambini forse cominceranno a piangere.

Scioglietevi con delicatezza dall' abbraccio, allontanatevi mormorando: "E' un equivoco, cercavo il signor Zavattini".

Rientrate in casa dopo una ventina di minuti fischiettando.

- Ho tardato tanto perché il capo ufficio ... - e raccontate una bugia come se nulla fosse avvenuto.

Vi piace? Un mio amico a metà giuoco si mise a piangere.

(CESARE ZAVATTINI, *I poveri sono matti*, Milano Bompiani, 1937)

a) - Cerchiare tutte le forme di futuro indicativo.
b) - A chi si riferiscono le forme di futuro?
c) - Quale funzione svolge in questo testo il futuro?

a) - Sottolineare tutte le forme di imperativo.
b) - A chi si riferiscono le forme di imperativo?
c) - Quale funzione svolge l'imperativo?

2. Trasformare dal TU (2ª persona singolare) al LEI (3ª persona singolare di cortesia)

Es.: "Ad ogni modo possiamo iniziare la lezione, **stammi** bene a sentire".
*"Ad ogni modo possiamo iniziare la lezione, **mi stia** bene a sentire".*

IL CONCORSO

Lui scosse la testa con finta commiserazione, ma si vedeva che in fondo era compiaciuto.

"Ad ogni modo possiamo iniziare la lezione, **stammi** bene a sentire".

Alzò il pollice e disse:

"Punto primo: **devi** studiare i minori, sono i minori che fanno la carriera, i maggiori li hanno già studiati tutti".

Alzò un altro dito.

"Punto secondo: **cita** tutta la biografia critica possibile avendo cura di discordare dagli studiosi defunti".

Alzò ancora un dito.

"Punto terzo: niente metodologie stravaganti; **vai** sul solido e sul tradizionale! **Pensa** a quel professore francese che è venuto a parlarci di Racine e di tutti i complessi della Fedra", disse, "ti sembra normale?".

Lui scelse finalmente il suo dessert, fece cenno al cameriere e, rivolto alla ragazza:

"Allora, deciso, **fai** subito il concorso, d'accordo?"

"Ma avremo contro il tuo collega filologo!" osservò lei.
"Oh, quello!" esclamò lui. "**Vedrai** come starà buono buono!"
"Ma non mi può soffrire, non mi saluta nemmeno!"
"Imparerà a salutarti, caruccia". Tagliò corto lui, "so tante cosucce sul suo conto!"
"**Dille** anche a me".
"Oh, cosette", borbottò lui,"certi trascorsi, certe amicizie con persone di questo paese quando questo paese non era esattamente un esempio di democrazia. Se fossi un romanziere ci potrei scrivere un racconto".
"Ma **vai**", disse lei, "non ci credo, è sempre in prima fila nelle sottoscrizioni e negli appelli, è di sinistra".
L'uomo parve riflettere sull'aggettivo. "Sarà mancino", concluse.
La ragazza rise ed aggiunse:"Ad ogni modo ci vorrebbe l'appoggio di qualcuno di un'altra università, non possiamo fare tutto in famiglia".
"Ho pensato anche a questo", fece lui.
"Ma pensi proprio a tutto. **Dimmi** il nome: chi?"
"Niente nomi". Sorrise bonariamente, prese la mano della ragazza e con aria paterna:
"**Stammi** bene a sentire, sulle persone bisogna ragionarci e io ci ragiono; tu, **non fare** la stupida. **Pensala** come ti pare e basta!"
"**Dai**, **vieni** a guardare il mare, **non ci arrabbiamo**, non ne vale la pena! La vita bisogna saperla prendere!".

(adattato da: ANTONIO TABUCCHI, *I volatili del Beato Angelico,* Palermo, Sellerio, 1987)

3. Completare con le forme dell'imperativo

1. Carlo, ______________ (sbrigarsi), ________________(prendere) questa lettera, ___________________ (consegnarla) a tuo padre, __________________ (fare gli la) leggere e _______________ (fare ti) dare una risposta.
2. Non ______________ (fare ci) illusioni: se abbiamo bisogno di qualcosa, _______________ (comprare ci lo) da soli.
3. Se tu hai qualcosa in contrario ______________ (dire mi lo), non ______________ (tenere ti lo) per te, ______________ (parlare mi ne) con il cuore aperto.
4. Signorina, __________________ (accomodarsi), non _________ (fare) complimenti, ______________ (sedersi) e ___________ (aspettare mi) un momento.
5. Se per caso avete occasione di trovarli a buon prezzo, ______________ (comprarne) anche per noi.
6. Non ____________ (parlare ne) più, _________________(dimenticarsi, noi) di quello che ci siamo detti una volta per tutte!
7. Sei proprio indisciplinato! Perciò, quando ti parlo, non __________ (distrarsi) in continuazione e _____________ (finirla) di disturbare gli altri.

8. Signori, se non hanno capito, ______________ (dirlo), cercherò di essere più chiaro.
9. Se ti ho offeso in qualcosa, ora ne sono pentito, ti prego, non ______________ (volere mi ne).
10. "Signora, come si trova in questa città? Le piace?"
"Oh, per carità, non ________________ (dire mi lo), è una vera delusione!"
11. Sia gentile, signorina; lui il libro non ce l'ha: per favore, ______________ (prestare gli lo) un momento.
12. Se il Direttore non ti dà il permesso, _____________(fare lo) parlare con me, cercherò di convincerlo.
13. Queste cose devono rimanere tra noi; non ____________(confidare le) a nessuno, ________________ (tenere ti le) per te.
14. Siccome ci sei voluto andare per forza, ora ____________ (stare ci); non ______________ (fare mi ne) un rimprovero, ___________ (essere) più coerente un'altra volta.
15. Durante la villeggiatura vi lascio in consegna i miei fiori, ______________ (avere ne) cura; _______________ (innaffiare li) spesso e _________________ (dedicare gli) tutte le cure necessarie.

4. Usare l'imperativo presente della 2ª persona singolare oppure il *futuro, l'infinito* o il *"si" impersonale/passivante*

1. Tornare presto a casa — *Torna presto a casa!*
2. Tenere in ordine i libri ______________________
3. Non fumare ______________________
4. Fare colazione prima di uscire ______________________
5. Andare piano in motorino ______________________
6. Frequentare amici bravi ______________________
7. Rispettare gli insegnanti ______________________
8. Non bere alcolici ______________________
9. Non fare a pugni col fratello ______________________
10. Non dare rispostacce alla mamma ______________________

5. Usare l'imperativo o altre forme alternative

La madre, prima di partire per le vacanze, lascia una serie di consigli al figlio

A - **COSE DA NON FARE MAI**

1. Aprire a sconosciuti - *Non aprire a sconosciuti!*
2. Lasciare il gas acceso - ______________________________
3. Lasciare la porta di casa aperta - ______________________________
4. Dormire tutto il giorno - ______________________________
5. Dimenticare il televisore acceso - ______________________________
6. Tornare troppo tardi la sera - ______________________________

B - **COSE DA RICORDARE**

1. Preparare l'acqua da bere per il cane - *Prepara l'acqua da bere per il cane!*
2. Chiudere sempre a chiave la porta - ______________________________
3. Spegnere tutte le luci prima di andare a dormire - ______________________________
4. Cercare di studiare - ______________________________
5. Telefonare ogni tanto ai nonni - ______________________________
6. Leggere il promemoria della madre. - ______________________________

6. Usare l'imperativo della 2ª persona plurale

Sta per iniziare una sfilata di moda. Uno stilista fa alcune raccomandazioni alle modelle.

1. Non fare passi troppo lunghi - *Non fate passi troppo lunghi!*
2. Camminare disinvolte - ______________________________
3. Sorridere - ______________________________
4. Non uscire dalla passerella troppo in fretta - ______________________________
5. Evitare di salutare eventuali amici presenti tra il pubblico - ______________________________
6. Non ancheggiare troppo - ______________________________

7. Completare il decalogo di un medico

Un medico si rivolge prima ad un paziente a cui dà del "tu", poi ad un altro a cui dà del "lei"

Es.: (Al paziente a cui dà del "tu"): *Evita qualsiasi forma di stress*
(Al paziente a cui dà del "lei"): *Eviti qualsiasi forma di stress*

1. Evitare qualsiasi forma di stress ____________________
2. Camminare quanto più si può ____________________
3. Fare sport, ma in modo proporzionato alle possibilità del proprio fisico________
4. Mangiare lentamente masticando con cura ____________________
5. Attenersi ai principi della dieta mediterranea ____________________
6. Mangiare carboidrati preferibilmente a base di pasta e pane integrali ________
7. Fuori pasto mangiare solo frutta____________________
8. Limitare l'uso di grassi animali____________________
9. Abolire il fumo e i superalcolici____________________
10. Bere non più di mezzo bicchiere di vino a pasto____________________

8. Trovare il verbo giusto, poi formulare gli ordini che una maestra può dare agli scolari (2ª persona plurale)

Es.: Dita nel naso — *Non mettete le dita nel naso*

1. In ordine il vostro banco ____________________
2. I pennarelli senza tappo ____________________
3. La carta per terra ____________________
4. La porta dell'armadietto ____________________
5. Tutto questo chiasso ____________________
6. A posto i grembiuli ____________________
7. Le costruzioni dal pavimento ____________________
8. Tutti in fila ____________________
9. Tutti quei quaderni per terra ____________________
10. A voce troppo alta ____________________

RICETTE DI CUCINA

9. Collocare gli infiniti con valore di imperativo

CROSTATA DI FRUTTA (a base di pasta frolla)

Ingredienti per 6 persone: farina gr. 300 , zucchero gr. 150, burro gr. 150, tuorli d'uovo 3, sale un pizzico, marmellata di albicocche o prugne o altra frutta a piacere

_______________ sul tavolo da cucina la farina a fontana e nel mezzo _______________ lo zucchero, il burro a pezzetti, i tuorli d'uovo e un pizzico di sale. _______________ i vari elementi senza lavorarli molto; ___________ alla pasta la forma di palla e _________________riposare coperta al fresco per circa mezz'ora.

dare - disporre - impastare - lasciarla - mettere

_______________ la pasta in due; con una delle due parti ______ un disco e rivestitene il fondo di una teglia di 30 centimetri, leggeremente imburrata. _____________ la marmellata sul disco di pasta, spandendola con la lama di un coltello. _______________ l'altra metà della pasta sulla tavola infarinata e _____________delle strisce con cui farete una griglia sulla marmellata e un bordo tutt'intorno.

_______________ la crostata in forno a calore moderato per 30/40 minuti.

dividere - fare - mettere - ricavarne - stendere - versare.

(ADA BONI, *Il talismano della felicità*, Roma, C. Colombo, 1951)

10. Trasformare le forme di imperativo presente in imperativo impersonale

PIZZA ALLA NAPOLETANA

Ingredienti per 6 persone: farina gr. 350, lievito di birra gr. 15, sale, olio d'oliva, mozzarella gr. 100, pomodori gr. 300, pepe, origano

Disponete la farina a fontana e nel vuoto mettete il lievito di birra (sciolto in poca acqua tiepida), un pizzico di sale e un pizzico di pepe; impastate il tutto servendovi di altra acqua tiepida.

Lavorate la pasta energicamente, in modo che risulti morbida ed elastica. Fatene poi una palla e mettetela in una terrina spolverizzata di farina, copritela, portatela in luogo tiepido e lasciate che lieviti per un paio d'ore.

Quando la pasta sarà ben gonfia, rovesciatela sulla tavola spolverizzata di farina, impastatela un altro pochino, spianatela con le mani e stendetela su una teglia leggermente unta.

Spianate ancora la pasta con le dita: dovrà risultare dello spessore di mezzo centimetro.

Ungete leggermente la pizza di olio; disponete poi sulla pizza i pomodori pelati a pezzetti e la mozzarella tagliata a dadini; salate e pepate e aggiungete, a piacere, origano e altro olio.

Ponete la teglia in forno caldissimo per circa 20 minuti.

(adattato da: ADA BONI, *Il talismano della felicità*, Roma, C. Colombo, 1951)

11. Trasformare le forme di imperativo presente in imperativo futuro (2ª persona plurale)

SALTIMBOCCA ALLA ROMANA

Ingredienti per 6 persone: fettine di vitello gr. 600, salvia fresca, prosciutto gr. 50, burro gr. 50, sale, pepe.

Disponete sul tavolo da cucina le fettine e su ognuna ponete una foglia di salvia e una fettina di prosciutto e, per impedir loro di muoversi, appuntateli alla carne con uno stecchino.

Ponete sul fuoco un tegame con il burro e, quando questo è liquefatto, mettete a cuocere i saltimbocca; aggiungete un po' di sale e un po' di pepe.

Fate cuocere a fuoco vivace e, appena i saltimbocca hanno preso colore da una parte, voltateli dall'altra: in tutto non devono stare sul fuoco che pochissimi minuti.

Disponeteli su un piatto di portata preferibilmente preriscaldato, in modo che la fettina di prosciutto rimanga di sopra.

Servite la carne semplicemente o accompagnata da un contorno di fagiolini, piselli, carciofi, asparagi, patate o altro a piacere.

(adattato da: ADA BONI, *Il talismano della felicità*, Roma, C. Colombo, 1951)

Preposizioni

12. Completare

il funerale rimandato per colpa della partita

Ieri, finalmente, non essendoci partite fino _____ una e trenta, siamo riusciti ___ fare il funerale ____ zio Anteo.

L'avevamo già rimandato tre volte.

La prima volta non poteva lui. Non era ancora disposto ______ morire.

La seconda volta eravamo _____ attesa ____ Italia-Messico e non ci sembrava elegante seguire la bara ______ radioline, anche se avevamo tutti _______ vecchie Sony nere ____ modulazione _____ frequenza che potevano anche passare inosservate.

Avevamo anche proposto ____ zia che andasse avanti lei _____ la cassa ____ spalla, messa ____ schiena come zainetto, ma la zia non se l'è sentita ______ via ____ sciatica.

Avevamo anche chiesto _____ becchino se potevamo arrivare ____ tardi, verso le venti e trenta, _____ partita finita.

"Io qui chiudo ______ diciannove e trenta, e tenete presente che la settimana prossima il cimitero è chiuso, perché mi prendo qualche giorno ____ vacanza. O me lo portate ______ tempo o ve lo tenete ______ casa fino _____ mio ritorno", ci ha risposto.

Allora ______ la zia abbiamo deciso _______ aspettare una giornata che fosse senza partite; intanto avevamo lasciato la cassa _______ grande frigo ____ gelati _____ bar sotto casa.

_______ dire il vero, c'era stata una riunione anche l'altro ieri _______ mia zia e i miei cugini, ma i cari cuginetti non hanno voluto sentire ragioni: dovevano prima _____ tutto vedere Marocco-Olanda e Arabia Saudita-Belgio.

(GENE GNOCCHI nel "Corriere della Sera")

Per la lingua IN VERSI

MARGHERITA

(Riccardo Cocciante)

1 Io non posso stare fermo
con le mani nelle mani
tante cose devo fare prima
che venga domani
e se lei già sta dormendo
io non posso riposare
farò in modo che al risveglio
non mi possa più scordare.

2 Perché questa lunga notte
non sia nera più del nero
fatti grande dolce luna e
riempi il cielo intero
e perché quel suo sorriso
possa ritornare ancora
splendi sole domattina
come non hai fatto ancora.

3 E per poi farle cantare
le canzoni che ha imparato
io le costruirò un silenzio
che nessuno ha mai sentito
sveglierò tutti gli amanti,
parlerò per ore ed ore
abbracciamoci più forte
perché lei vuole l'amore.

4 Poi corriamo per le strade
e mettiamoci a cantare
perché lei vuole la gioia,
perché lei odia il rancore
poi coi secchi di vernice
coloriamo tutti i muri
case, vicoli e palazzi
perché lei ama i colori.

5 Raccogliamo tutti i fiori che
può darci primavera
costruiamole una culla per
amarci quando è sera
poi saliamo su nel cielo
e prendiamole una stella
perché Margherita è buona
perché Margherita è bella.

6 Perché Margherita è dolce,
perché Margherita è vera
perché Margherita ama e
lo fa una notte intera
perché Margherita è un sogno,
perché Margherita è il sale
perché Margherita è il vento
e non sa che può far male.

7 Perché Margherita è tutto,
ed è lei la mia pazzia
Margherita Margherita,
Margherita adesso è mia.
Margherita è mia.

(RICCARDO COCCIANTE, M- LUBERTI, *Ed. BMG - DELTA ITALIANA*)

13. Riscrivere il testo della canzone sostituendo, dove è possibile, ogni parola con un sinonimo o espressioni sinonimiche

Es: Io non posso stare fermo con le mani in mano ...
Io non riesco a restare immobile senza far niente ...

13a. Indicare se le coppie di parole sono sinonimi o contrari

riposare	dormire	*Sinonimi*
risveglio	sonno	
scordare	rammentare	
cielo	firmamento	
silenzio	chiasso	
costruire	distruggere	
rancore	odio	
pazzia	follia	
gioia	sofferenza	
vicolo	viuzza	

13b. Trovare le parole che esprimono un significato opposto

costruiamo - *distruggiamo* - *demoliamo* - *roviniamo* - ecc.
fatti grande -
splendi -
abbracciamoci -
corriamo -
mettiamoci a ballare -
saliamo su -
prendiamo -

13c. Riprodurre, a voce e per iscritto, le situazioni e gli stati d'animo raccontati nel testo

MORFOLOGIA

VERBI RIFLESSIVI e pronominali	**"Si" impersonale**
Pronomi riflessivi	**Uso delle preposizioni**
Forma passiva del verbo	
"Si" passivante	**Per la lingua in versi:**
Forma impersonale del verbo	**Firenze sogna**

VERBI RIFLESSIVI E PRONOMINALI

1. Leggere il seguente testo

UN RISVEGLIO CONCITATO

Quella mattina Mario, che era ancora immerso in un sonno molto profondo, al suono del telefono si spaventò terribilmente. Non si era proprio reso conto dell'ora: pensava che fosse ancora notte fonda.

Si alzò dal letto brancolando, si infilò le pantofole e si diresse verso l'apparecchio inciampando.

Una voce, che sul momento gli sembrò sconosciuta, disse di chiamarsi Elena, e gli ricordò l'appuntamento che si erano dati la sera prima a teatro.

Mario guardò l'orologio e si accorse che si era fermato. Guardò allora la pendola, di fronte a lui.

"Le 9 e mezzo! Era una vita che non dormivo fino a quest'ora!", si disse.

"Povera Elena, che figuraccia che ho fatto!"

Si vergognò proprio di essersi dimenticato dell'appuntamento con lei. Per scusarsi, le domandò dove avrebbero potuto incontrarsi più tardi, nel corso della giornata. Si misero d'accordo per pranzare insieme, in un ristorantino fuori porta. I due si salutarono di fretta.

Poi Mario si precipitò in bagno (c'era anche da andare in ufficio a questo punto).

Si lavò in maniera approssimativa, si infilò i vestiti in un lampo, si bevve un caffè avanzato del giorno prima, così freddo com'era, e se ne andò di corsa giù per le scale.

Appena in macchina, rimosse il pensiero dell'ufficio e della fretta, si accese una sigaretta e se la fumò con gusto, sognando e pregustando il pranzo con quella deliziosa creatura di Elena.

a) **- Sottolineare tutte le forme di riflessivo**
b) **- Quali di questi verbi hanno solo la forma riflessiva?**
- Elencarli
c) **- Quali di questi verbi hanno anche la forma non riflessiva?**
- Elencarli

2. Indicare se le forme verbali sottolineate sono riflessive (R) o non riflessive (N)

1. Mi dispiace di aver annoiato i miei studenti con questa spiegazione così lunga.
2. Mi sono proprio annoiata alla festa di compleanno di Piero.
3. Che noia i pranzi di matrimonio! L'ultima volta che sono stato a un banchetto di nozze ci siamo alzati da tavola alle 6 del pomeriggio.
4. Alzate le braccia e contemporaneamente flettetevi sulle ginocchia. Ripetete il movimento 3 volte.
5. Scusate se mi ripeto, ma ciò che sto per dire è essenziale.
6. Come ti chiami?
7. E' pronto il pranzo! Chiama i ragazzi, di' che tornino su dal giardino!
8. Quel ragazzo si comportava in modo così indisciplinato che alla fine il professore fu costretto ad allontanarlo dalla classe.
9. La madre al figlio: "Vai pure a farti una nuotata, ma non allontanarti troppo."
10. "Avvicina questo divano alla parete, così ci resta più spazio per ballare".
11. Si avvicinò a lei in punta di piedi, per non farsi sentire.
12. Oh! Scusami se ti ho svegliato!
13. Ieri mi sono svegliato all'alba.
14. Mi sono tanto rattristata nel vedere mio nonno ridotto in quello stato!
15. Mi dispiace tanto di aver rattristato mia madre, nel darle questa brutta notizia.
16. Per addormentare mio figlio, devo sempre stargli accanto a lungo e cantargli la ninna-nanna.
17. Ieri notte mi sono addormentata tardissimo: non riuscivo a prendere sonno dall'agitazione.
18. Appena mi ha chiamato, mi sono precipitato da lui.
19. "Come sta tua nonna?" "Non bene, purtroppo. La situazione è precipitata in poco tempo."
20. Te l'ho ripetuto tante volte! Perché non mi dai ascolto? E mi dispiace tanto di essere noiosa e di ripetermi!
21. E' stato aperto un ufficio preposto ad orientare i giovani nella scelta professionale.
22. Nelle città a struttura troppo geometrica finisco col disorientarmi.

3. Completare le seguenti frasi con la forma riflessiva (reciproca)

1. Maria guarda Giorgio con interesse, e anche lui la guarda.
   Maria e Giorgio ______________________________
2. Piero stringe la mano a Paolo e viceversa.
   Piero e Paolo ______________________________
3. Lui abbraccia lei, lei abbraccia lui.
   Lui e lei ______________________________
4. Laura odia quel cane, il cane odia lei.
   Laura e quel cane ______________________________
5. Pierluigi dà un bacio a Gioia, e lei glielo ridà.
   Pierluigi e Gioia______________________________
6. Vittorio ha incontrato Danilo per la strada
   Vittorio e Danilo ______________________________

4. Coniugare il verbo al passato prossimo con e senza particelle pronominali

LEGGERE

Es. Che bello questo romanzo!
Me lo sono letto tutto d'un fiato!
Lo hai letto il mio messaggio?
Sì, l'ho già letto, grazie!

1. MANGIARE
Aveva così tanta fame che ______________________ cinque panini.
A che ora (voi) ________________ a pranzo?

2. STUDIARE
Quando finalmente ho trovato quel libro, ______________ da capo a fondo, in tre giorni.
________________ tutto il programma di storia?

3. FUMARE
Quante sigarette ______ __________ oggi? Non ti pare di esagerare, dopo quello che ti ha detto il medico?
Che sofferenza stare al cinema per più di due ore! L'altra sera, appena sono uscito dalla sala, ____________________ subito una sigaretta.

4. LEGGERE
_________________ la circolare ministeriale?
No, non ancora. C'è tempo fino a domani per definire la pratica.
L'hai letto il libro che ti ho imprestato?
Quello sui giardini inglesi? Sì, _________________proprio con piacere!

5. COMPRARE
Che sono tutte queste borse?
Uh! _____________ tanta roba; c'erano tante offerte speciali, questa settimana, al supermercato!
Quando ______________________ questa camicia? Non te l'avevo mai vista indosso. E' bellissima!

6. GUARDARE
Ieri sera non avevo voglia di fare altro e _____________ la TV fino a mezzanotte, anche se non c'era niente di interessante.
Ieri sera sono tornato a casa, mi sono rilassato sulla mia poltrona preferita e _______________ un bellissimo film.

7. FARE
Che ____________ ieri?
Avevo voglia di starmene un po' per i fatti miei, e così _________________ una bella passeggiata in campagna.

8. BERE
Che buono questo vino! _____________________cinque bicchieri!
Vuoi ancora un po' di vino?
No, grazie! __________________ già abbastanza.

5. Usare il riflessivo

Es.: *DA* (una frase non riflessiva): Luigi pettina i suoi capelli
A (una frase riflessiva): *Luigi si pettina (i capelli)*

1. DA: Metto la mia giacca
   A:

2. DA: Giovanni taglia le sue unghie
   A:

3. DA: Paola sfila il suo cappotto
   A:

4. DA: Giulia lava le sue mani
   A:

5. DA: Piera rammenda le sue calze
   A:

6. DA: Giorgio pulisce la sua camera
   A:

7. DA: Ho rotto il mio piede
   A:

8. DA: Beviamo il nostro caffè
   A:

9. DA: Mettete le vostre scarpe
   A:

10. DA: Matteo ha pulito la sua macchina
    A:

11. DA: Michela cucirà la sua gonna
    A:

12: DA: Gli studenti preparano la loro lezione
    A:

6. Completare con i pronomi

LUI E IO

Lui ha sempre caldo; io sempre freddo. D'estate, quando è veramente caldo, non fa che lamentar____ del gran caldo che ha. _____ sdegna se vede che ___'infilo, la sera, un golf.

Lui sa parlare bene alcune lingue; io non ______ parlo bene nessuna.

Lui riesce a parlare a ___ modo, anche le lingue che non sa.

Lui ha un grande senso dell'orientamento; io nessuno.

Io _____ sperdo nella ____ propria città e lui, nelle città straniere, dopo un giorno _____ muove leggero come una farfalla. Lui ama le biblioteche e io ______ odio.

Lui ama il teatro e la pittura e la musica; io non capisco nulla di musica, ____'importa molto poco della pittura e _____'annoio a teatro.

_____ seguo, tuttavia, in molti viaggi. _____ seguo nei musei, nelle chiese, all'opera. ______ seguo anche ai concerti e ______ addormento.

Siccome conosce dei direttori d'orchestra, dei cantanti, _____ piace andare, dopo lo spettacolo, a salutar____ e congratular____ con _____. ____ seguo per i lunghi corridoi, ____ ascolto parlare con persone vestite da cardinali e da re.

Qualche volta ___'ho visto timido. Coi poliziotti, quando ___avvicinano alla nostra macchina.

Io, l'autorità costituita, ____ temo, e lui, no. Lui ____ ha rispetto. E' diverso. Io, se vedo un poliziotto avvicinar____ per dar___ una multa, penso subito che vorrà portar____in prigione.

Lui alla prigione non pensa, ma diventa, per rispetto, timido e gentile.

A lui piacciono le tagliatelle, l'abbacchio, le ciliegie, il vino rosso; a _____ piace il minestrone, la frittata, gli erbaggi. Al ristorante ____'informa a lungo sui vini; ___ fa portare due o tre bottiglie, ____ osserva e riflette, carezzando____ la barba pian piano.

FORMA PASSIVA

7. Leggere il seguente testo

ISCHIA

In mezzo ad un mare lucente, "l'isola verde", coperta di ulivi, vigneti, piante esotiche, pinete, è una delle maggiori attrazioni del Golfo di Napoli.

Una luminosità trasparente e gaia avvolge paesaggi variatissimi, una costa frastagliata tutta insenature e calette, piccoli villaggi vinicoli sparsi sui declivi.

L'isola è ricca di acque termali aventi proprietà diverse. Il monte Epomeo, vulcano spento, raggiunge i 788 metri.

La vita a Ischia.

Le località dell'isola conservano in genere il loro aspetto antico e sono, per la massima parte, piuttosto piccole. Le casette bianche, con la scala esterna, sono talvolta coperte da una cupola, e i muri sono spesso tappezzati di rampicanti.

Il turista viene trasportato in motorette a tre ruote coperte da ombrelloni o in carrozzelle tirate da "distinti" cavalli con tanto di cappello di paglia.

I vigneti coltivati sulle pendici del monte Epomeo producono un delizioso vino bianco dal sapore leggermente acre.

Curiosità.

Il capoluogo si scinde in due agglomerati, Ischia Porto e Ischia Ponte, che sono uniti tra loro dal corso Vittoria Colonna fiancheggiato da caffè, ristoranti e bei negozi.

Ischia è abbellita da una pineta odorosa e da una spiaggia di sabbia fine.

Il porto di Ischia Porto occupa un antico lago vulcanico unito al mare da un canale costruito nel 1854; un minuscolo isolotto sorge in mezzo al bacino.

(Da *Guida Turistica Michelin,* Italia)

a) - Cerchiare tutte le forme del verbo *essere* presenti nel testo. Che valore hanno?
b) - Individuare altre forme di passivo.

8. Attività orale

QUIZ DI CULTURA ITALIANA.
Rispondere alle domande

1. Da chi è stata scritta la Divina Commedia?
2. Da chi è stato scritto il romanzo "I Promessi Sposi"?
3. Da chi è stata composta l'opera lirica "Il Nabucco"?
4. Da quale eroe nato a Nizza è stata promossa l'Unità d'Italia?
5. Da chi è stato capeggiato il fascismo storico in Italia?
6. Da chi è stato scolpito il "Davide"?
7. Da chi è stata affrescata la Cappella Sistina?
8. Da chi è stata dipinta la "Gioconda"?
9. Da chi è stato scritto il "Decameron"?
10. Da chi è stata composta e cantata la canzone "Volare"?

9. Completare le frasi con il verbo appropriato in forma passiva

Es.: Il violinista *è stato accompagnato* da un giovane pianista rumeno.

1. Questo delicatissimo intervento al cuore ________________ da un noto chirurgo di Roma.
2. Questa villa ____________________ da un architetto molto all'avanguardia.
3. Questo divano ____________________ da un bravo designer.
4. Quest'abito ____________________ dalla sarta di mia zia.
5. Il nostro matrimonio ____________________ da un prete del quale eravamo amici da tanti anni.

6. Questa volta i capelli ti ____________________ con molta cura.
7. Questo arrosto ____________________ in modo davvero eccellente!
8. Sei elegantissima! Abito e cappotto ____________________ in maniera veramente raffinata.

10. Completare le frasi con l'agente

Es.: L'intervento è stato eseguito *da un noto chirurgo*.

1. La scuola è diretta ____________________.
2. La cronaca dell'avvenimento sarà trasmessa stasera ____________________.
3. L'ordine, in piazza, è stato ristabilito ____________________.
4. Questa medicazione è stata fatta ____________________.
5. Il ricevimento è stato organizzato e offerto ____________________.
6. Questo affresco è stato restaurato ____________________.
7. Il concerto dell'altra sera è stato seguito ____________________.
8. Tutti i professori sono stati convocati ____________________.

11. Trasformare le frasi da attive in passive con ESSERE e/o VENIRE

Es.: Un cameriere mi ha aperto la porta e mi ha introdotto nel salotto.
La porta mi è stata aperta da un cameriere e sono stato introdotto nel salotto.

1. Gli studenti consultano molto raramente i libri di questa biblioteca.
2. Generalmente gli animali avvertono l'avvicinarsi delle perturbazioni atmosferiche.
3. Gli studenti ascoltarono con vivo interesse la conferenza del professore.
4. I nostri giocatori affronteranno oggi la squadra rivale più combattiva.
5. Sessanta casi di gastroenterite hanno costretto la nave a rimanere in quarantena nel porto.
6. In Italia la legge nega alle donne l'accesso alla carriera militare.
7. I carabinieri li hanno sorpresi, catturati e portati via.
8. Dopo i lavori, i diplomatici hanno dedicato il pomeriggio, con le loro signore, alla visita della città.
9. Le nazioni con grossi deficit economici discuteranno domani i problemi relativi alla bilancia dei pagamenti.
10. Sindacati e governo hanno felicemente concluso le loro trattative: i dipendenti delle ferrovie dello stato otterranno gli aumenti richiesti.

12. Leggere i seguenti testi

COME VANNO CUCINATE LE MELANZANE?

DIALOGO. Parlano la padrona di casa e la sua collaboratrice familiare (donna di servizio o "colf"). In cucina. La signora sta uscendo di casa.

Colf : Signora, che ci faccio con queste melanzane, le friggo io?
Signora: Sì, sì, d'accordo, faccia pure Lei: prima, però, vanno salate.
Colf: Ah, sì?
Signora: E già! Se no diventano amare. Ascolti, ora ho fretta, guardi nel quaderno delle ricette, ci troverà "melanzane al funghetto" in una delle prime pagine.
Colf: Va bene, signora, ci penso io!
Signora: Mi raccomando, eh!
Colf: Stia pur tranquilla, signora! Verranno buonissime!

Melanzane al funghetto

Prima di cuocerle, le melanzane vanno tagliate a fettine e poi salate; vanno lasciate così per quasi un'ora, in modo che perdano un po' del loro amaro.
Così si formerà dell'acqua, che andrà scolata via prima di cucinarle.
Le melanzane così preparate vanno fritte in poco olio d'oliva (è importante che sia ben caldo, altrimenti si imbevono troppo) e poi condite con prezzemolo e aglio tritati.

Analisi dei verbi

a) - Cerchiare, sia nel dialogo che nella ricetta, tutte le forme di ANDARE usate per il passivo.
b) - Riscrivere le frasi che contengono l'ausiliare ANDARE, usando forme verbali alternative.

13. Leggere il seguente testo

NORME PER L'USO DELLA BIBLIOTECA

All'ingresso della biblioteca di un liceo si trova una bacheca. Ad essa è appeso questo foglio, che elenca le norme alle quali devono attenersi gli studenti che la frequentano.

LICEO SCIENTIFICO "G. PASCOLI" - SPOLETO (PG)
NORME PER L'USO DELLA BIBLIOTECA D'ISTITUTO

a) *La biblioteca è aperta tutti i giorni, dalle 8,30 alle 10,30.*
b) *I libri possono essere presi in prestito e portati a casa, mentre le riviste e i vocabolari vanno consultati esclusivamente a scuola.*
c) *I libri presi in prestito vanno restituiti entro 15 giorni.*
d) *Nel caso di mancata restituzione entro i 15 giorni suddetti, il prestito andrà rinnovato.*
e) *Le pagine di libri, riviste, vocabolari, ecc. non vanno né sottolineate, né scarabocchiate.*
f) *Qualora un libro andasse smarrito o danneggiato dallo studente, le spese saranno a suo carico.*

a) - Cerchiare tutte le forme di ANDARE usate per il passivo.
b) - Riscrivere le frasi, che contengono l'ausiliare ANDARE, usando forme verbali alternative

14. Riscrivere le seguenti frasi usando il verbo ausiliare ANDARE

Es.: In questa lettera ci sono troppi errori di battitura!
Bisogna che Lei la riscriva! *Va (da Lei) riscritta!*

1. Non c'è sale nell'insalata! Bisogna metterlo!
2. Occorre evitare di picchiare i bambini.
3. Questo lavoro è il caso di farlo più accuratamente!
4. Questa gonna è tutta sgualcita! Dovrai stirarla!
5. E' opportuno rispettare i propri superiori.
6. Bisogna assolutamente pulirla questa casa!
7. Quando fa molto freddo si è costretti a mettere l'automobile in garage.
8. Quei pantaloni sono troppo lunghi, quindi bisogna accorciarli.
9. E' doveroso seguire i consigli degli anziani.
10. I libri non si devono sporcare.

11. Questa macchina fotografica non funziona mica un gran che! Si deve farla riparare!
12. Gli alcolici si devono bere con moderazione.
13. Questa giacca mi stringe: devo proprio allargarla!
14. Non è buona l'insalata senza niente, e così occorre condirla con olio e aceto!
15. Durante la guerra non bisogna mai perdere la speranza.
16. In quell'incendio si dovette sacrificare una serie di opere d'arte d'immenso valore.
17. Dopo poche settimane il libro bisognò ristamparlo.
18. A quella festa avevano preparato troppe portate, e così si dovette sprecare molto cibo.
19. Quei documenti sono scomparsi, perciò occorre trovare altre prove.
20. Che fine ha fatto quel libro? Se non si trova, bisognerà ricomprarlo.

15. Trasformare le frasi iniziando con *In Italia* e adoperando il "si" passivante

ECCO ALCUNI LUOGHI COMUNI SUGLI ITALIANI

Es.: Gli italiani mangiano molta pasta
In Italia si mangia molta pasta

1. Gli italiani leggono pochi giornali

____

2. Gli italiani bevono poca birra

____

3. Gli italiani conoscono poco le lingue straniere

____

4. Gli italiani bevono molto vino

____

5. Gli italiani praticano poco sport

____

6. Gli italiani spendono tanti soldi per i vestiti

____

7. Gli italiani fanno molti viaggi

____

8. Gli italiani amano molto le automobili

____

9. Gli italiani preferiscono il calcio agli altri sport

    ____

10. Gli italiani viziano troppo i bambini

    ____

16. Attività orale

a) - Riflettere sulle differenze di abitudini, gusti, orari, modi di vestire, ecc. tra l'Italia e il vostro Paese.
b) - Fare domande e risposte usando il "SI" impersonale.

Es.: - *A che ora **si** cena, la sera, in Italia?*
- *Più tardi che da noi, tra le 8 e le 9.*

Orari: pranzare, andare a letto, fare un riposino.
Abitudini: come passare il fine-settimana, uscire la sera.
Denaro: come e quanto se ne spende.
Alimentazione: che cosa, quanto si mangia.
Letture: quanto, che cosa si legge.

17. Trovare il verbo giusto per ogni frase. Completare le frasi con il verbo, prima al presente, poi al passato prossimo, preceduto dal "SI" passivante

Es.: Nella nostra famiglia si mangia poca carne
Ieri si è mangiata poca carne

1. Nella nostra famiglia ______________ molti giornali
   Ieri ______________ molti giornali per seguire la vicenda.
2. A casa mia ____________________ molte barzellette
   Ieri alla festa ______________molte barzellette
3. Nella nostra famiglia ______________ ricette vegetariane
   Ieri per pranzo ______________ una ricetta vegetariana
4. A casa nostra ______________ poco vino
   Ieri alla cena ______________ poco vino
5. Nella nostra famiglia ______________pochi vestiti
   Ieri al mercatino______________alcuni vestiti
6. Nella mia famiglia ______________ molte cose
   Ieri ______________ molte cose
7. A casa nostra ____________________________ spesso ospiti
   Ieri ____________________________ospiti a cena
8. Da noi ____________________________ gli spaghetti
   Ieri ____________________________ gli spaghetti con le vongole

18. Completare con le desinenze del participio passato e degli aggettivi (SI passivante/impersonale)

1. Si è mangiat___ molto bene ieri sera.
2. Quando si è vecch___ si vive attraverso i giovani.
3. Quando si è debol___ si è spesso sol___ .
4. Si è partit___ molto presto ieri.
5. Si sono dett___ cose molto interessanti ieri, alla tavola rotonda.
6. Con questo rumore si diventa matt___ .
7. Quando si è anzian___ non si ha più voglia di novità; quando, invece, si è ancora giovan___ , i cambiamenti portano entusiasmo.
8. Si sono fatt___ tanti sciocchi commenti su di lei.
9. Ci si sente sperdut___ nelle metropoli moderne, se non si è più che fort___ .
10. Non ci si deve mai sentire troppo sicur___ di se stessi.
11. A causa dello sciopero delle ferrovie, si è viaggiat____con quasi due ore di ritardo.
12. Nonostante si sia partit___ per tempo, siamo arrivati tardi lo stesso.
13. Si è fatt___ tardi, sbrighiamoci!
14. Quando si è troppo superb___ spesso ci si comporta in maniera scorretta con le persone.
15. Stamattina ci si è alzat___ così presto, che ora siamo tutti sfiniti.
16. Si è già scritt___ molto su questo argomento.
17. Quando ci si è scottat___ con l'acqua calda, si ha paura anche di quella fredda (proverbio).
18. Quando non si è sposat___ non si capiscono i problemi della convivenza.
19. Se si è molto fortunat___, raramente si è umil___.
20. Fortunat___ si nasce, ricc___ si diventa (proverbio).

19. Coniugare gli infiniti tra parentesi nella forma passiva: ESSERE / VENIRE / "SI" PASSIVANTE

1. Il ladro________________________ (condurre, pass. remoto) in carcere.
2. Questo castello ____________________ (costruire, pass.remoto) nel XVI secolo.
3. "Il giardino dei Finzi-Contini" _________________ (pubblicare, pass. remoto) nel '58.
4. Tutte le sere alle 7 le porte delle aule ____________________ (chiudere, presente) a chiave dagli uscieri.
5. L'elenco dei vincitori delle borse di studio ____________________ (rendere noto, futuro semplice) domani mattina.
6. La "colomba" è un tipico dolce pasquale che però ____________________ (vendere, presente) tutto l'anno.

7. "Il Nome della Rosa" ________________ (pubblicare, pass.prossimo) da Bompiani.
8. In quel ristorante si mangia bene, ma ________________ (servire, pres. indic.) dei vini scadenti.
9. La relazione sul bilancio di previsione ________________ (leggere, futuro semplice) domani all'assemblea dei soci.
10. D'estate ________________ (mangiare, presente) molta frutta fresca.
11. ________________ (Vedere, pass.prossimo) signore molto eleganti al ballo della Croce Rossa.
12. Di questo manoscritto non ________________ (scoprire, pass.prossimo) ancora l'autore.
13. Su questo argomento ________________ (versare, pass.prossimo) fiumi d'inchiostro.
14. ________________ (Fare, pass.prossimo) fin troppo spiacevoli commenti sul suo conto.
15. Questo lavoro ________________ (eseguire, pass.prossimo) da un artigiano molto esperto.

20. Formare delle frasi passive ("SI" passivante, ausiliare ESSERE e/o VENIRE), partendo dagli elementi dati e aggiungendo i connettivi necessari

Es.: Umbria - ferro battuto - lavorare - diversi centri.
In Umbria il ferro battuto è lavorato / viene lavorato / si lavora in diversi centri.

1. apportare - molte migliorie - nel corso dei lavori - alla nostra casa.

____

2. bellissimi argenti - rubare - casa di mio zio - ladri esperti - tre notti fa.

____

3. Germania - XIX secolo - comporre - vari artisti - musica molto bella.

____

4. girare un film - regista giapponese - Italia Meridionale - ambientare.

____

5. molto famoso - scrivere - articolo - giornalista.

____

6. parecchi anni fa - automobile - acquistare, ma - mantenere in buono stato - motore e carrozzeria - costante manutenzione.

____

7. gita - vedere - interessanti monumenti - illustrare - guida molto preparata.

____

8. biglietti della lotteria - tutti - vendere.

____

9. dipingere - chi - questo affresco?

____

10. sul conto - direttore - notizie molto imbarazzanti - spargere - però - non confermare.

____

11. al mercato - sempre - frutta - trovare - molto fresca.

____

12. eleggere - un membro del suo partito - presidente - questa commissione parlamentare.

____

21. Produzione scritta

In un ristorante tipico, in Calabria, una giovane signora milanese assaggia i pomodori sott'olio e ne resta entusiasta. Così ne chiede la ricetta al cuoco del ristorante, che gliela scrive alla svelta su un foglietto. Inventate una storia.

TRASCRIVERE la ricetta sul quaderno, usando l'ausiliare ANDARE o il "SI" passivante

FOGLIETTO	QUADERNO
Tagliare i pomodori nel senso	______________
della lunghezza	______________
Coprirli con sale grosso e	______________
lasciarli asciugare al sole	______________
(per 2 o 3 giorni)	______________
Lavarli in aceto e vino	______________
Metterli in barattoli, sott'olio, e	______________
condirli a piacere (capperi, aglio,	______________
origano, acciughe.)	

22. Inserire opportunamente nel tempo indicato gli ausiliari ESSERE / VENIRE / ANDARE

1. "Il portone d'ingresso (presente) ______________ aperto ogni mattina alle 8." "E' vero! Infatti stamattina alle 8 e 10 era già aperto!"
2. Ogni volta queste cose (presente) ______________ dette ai nuovi arrivati.
3. In Umbria il maiale (presente) ________________ cucinato sempre arrosto.
4. Tutti i beni della marchesa (futuro) _________ ereditati dal suo maggiordomo.
5. Al Festival di Spoleto un gran numero di posti (presente) ____________ prenotati con mesi di anticipo: moltissimi quest'anno (passato prossimo) ___________ prenotati da agenzie estere.
6. Ormai non era più autosufficiente: (imperfetto) _____________ lavata e vestita da un'infermiera; tuttavia era sempre molto in ordine, ben lavata e ben vestita.
7. Questa festa paesana (presente) _____________ organizzata con la collaborazione di tutti.
8. La carne di tacchino non (presente) ____________ molto apprezzata in Italia.
9. Da piccola (imperfetto) _____________ mandata dai nonni per le vacanze.
10. Il vino bianco (presente) _______________ servito fresco: solo così conserva tutto il suo aroma.
11. I congressi di quella Associazione (imperfetto) _____________ sempre organizzati da un'efficientissima agenzia di Milano.
12. "Ricordati bene, caro, i soldi non (presente) _____________ buttati via come fai tu, in cose futili e sciocche!"
13. Quella lettera (futuro) _______________ pubblicata nel giornale di domani.
14. Da bambino (imperfetto) _______________ sempre sgridato perché ero pigro e disordinato.
15. La grandezza di Italo Svevo (passato remoto) ______________ riconosciuta solo dopo la sua morte.
16. Quando non ci sono io, mia figlia (presente) _____________ lavata e vestita dalla nonna; stasera, quando sono tornata a casa, era già pronta per andare a letto.
17. Durante i lauti pranzi rinascimentali i commensali (imperfetto) ____________ allietati da musiche e danze.
18. Quando faceva buio, (imperfetto) __________________ chiuse tutte le serrande di casa.

19. Il "Christmas pudding" è un dolce natalizio, che però (presente) ______________, preparato già in agosto.
20. Questo slogan (imperfetto) ____________ scritto spesso su tutti i muri della città.
21. A tutti gli ospiti del campeggio (passato remoto) ________________ fatta la raccomandazione di non sprecare l'acqua.
22. Molte città (passato remoto) __________________ distrutte durante i bombardamenti dell'ultima guerra.
23. Il panettone è un dolce tradizionale milanese che ormai (presente) __________ ______________ mangiato in tutt'Italia.
24. Queste frasi (condizionale presente) ______________ ripetute più volte per non dimenticarle.
25. Questa spilla mi (passato remoto) ________________ regalata per il mio matrimonio da una vecchia zia di mia madre.
26. I bambini (presente) __________________ spesso messi davanti alla televisione dalle loro baby-sitter, quando queste vogliono starsene senza far niente.
27. Le lezioni di storia (imperfetto) ________________ seguite con poca attenzione da alcuni studenti.
28. Da grande, certi comportamenti non ti (futuro) ______________ più consentiti!
29. I centri storici delle nostre città (presente) ______________ presi ogni anno d'assalto da frotte di turisti.
30. Non (condizionale presente) ________________ dimenticate certe raccomandazioni che ci vengono fatte ogni giorno con tanta sollecitudine.

Preposizioni

23. Completare

operazione "sedie"

Non ho fatto caso e non ho quindi segnato ______ 'agenda il giorno ______ cui mia moglie decise _____ comperare le sedie nuove _______ la cucina.

Le sedie _____ nostra cucina erano ______ vecchie, oneste sedie ____ legno ____ faggio.

Vecchie perché le avevamo____ diciassette anni, oneste perché, nonostante siano servite ________ cavallo a dondolo ____ tre figli, reggevano ancora anche se traballanti.

Come diceva non so quale personaggio storico: "I desideri ___ mia moglie sono ordini _____ me". Così fui d'accordo subito _____ la richiesta, e _____ entusiasmo preparai immediatamente un piano organizzativo ____ la ricerca, la scelta e l'acquisto _____ sedie nuove.

Mandai Gil, il mio figliolo grande _____ studio _____ prendere l'elenco telefonico.

Mandai Mimma, la più piccolina ____ prendere gli occhiali ___ taschino esterno _____ giacca _____ camera _____ letto.

Rimandai Gil _____ studio _____ prendere carta e penna ____segnarmi gli indirizzi.

Scegliemmo gli indirizzi più vicini _____ casa, servendoci _____ un altro prezioso elemento: un elenco telefonico stradale.

Mia moglie precisò che le sedie le voleva _____ metallo cromato; era però _______ dubbio_______ colore e il tipo __________ schienale.

______ allora _______ giorni, ______ alcune settimane, escluse le domeniche, mia moglie andò ____ giro ____guardare le sedie.

______ giorno ______ ordinazione ______ quello ______ consegna erano passate più ____ sei settimane. ______ fine mia moglie ha deciso che non sostituirà le sedie fino ____ quando non saranno finite le grandi pulizie _____ primavera.

(ALDO GADOTTI, *Ogni due ... uno gratis* Roma, Città Nuova, 1976)

Per la lingua IN VERSI

FIRENZE SOGNA

Firenze stanotte sei bella
in un manto di stelle
che in cielo risplendono
tremule come fiammelle.
Nell'ombra nascondi gli amanti,
le bocche tremanti
si parlan d'amor.
Intorno c'è tanta poesia
per te vita mia
sospira il mio cuor.

Sull'Arno d'argento
si specchia il firmamento,
mentre un sospiro e un canto
si perde lontan.
Dorme Firenze
sotto il raggio della luna
ma dietro ad un balcone
veglia una Madonna bruna.

Balconi adornati di pampini
e glicini in fiore,
stanotte schiudetevi ancora
ché passa l'amore.
Germogliano le serenate:
Madonne ascoltate son mille canzon,
un vostro sorriso è la vita
la gioia infinita l'eterna passion.

Sopra i Lungarni
senti un'armonia d'amore,
sospirano gli amanti
stretti stretti cuore a cuore.

24. Trovare altre forme analoghe alla struttura

Non avevo niente da ... - *fare, dire, offrire, chiedere,* ecc.
Volevo qualcosa da ... -
Volevo qualcuno da ... -
Avrei mille cose da ... -

24a. Esporre le possibili varianti con le espressioni che seguono

Mi sono innamorato di ... -
Non so pensare a nient'altro che ... -
Adesso non so più neppur io cosa ... -
Ogni giorno mi pento di ... -

24b. Spesso troviamo accoppiati i verbi "innamorarsi e pentirsi". Provare ad usarli insieme, costruendo un breve racconto

24c. Un viaggio immaginario tra alcune città italiane. Prova a descrivere quanto sai per conoscenza diretta o per effetto di letture o film

MORFOLOGIA

AGGETTIVI e PRONOMI possessivi	**Uso delle preposizioni**
Dimostrativi	
Indefiniti	**Per la lingua in versi.**
Pronomi relativi e interrogatvi	**Le piccole cose** ***(Stefano Benni)***

1. Completare con le forme del possessivo (aggettivo e pronome)

LE MIE CHIAVI

Le _______ chiavi. Chi ha preso le _____ chiavi?

Da un'indagine demoscopica risulta che un uomo passa in media un diciottesimo della ______ vita a ricercare le chiavi. Non è vero, me lo sono inventato, però ritengo che la perdita e la ricerca delle __________ chiavi non sia un dramma da sottovalutare.

Ho detto "proprie chiavi", perché io cerco il _______ mazzo, e non quello di _______ figlio o di ________ moglie o della donna di servizio.

C'è qualcosa di più personale di un mazzo di chiavi?

Qualcuno le ricopre con cappuccetti di plastica colorata: il blu per la cantina, il rosso per il cancello e così via. Qualcuno fa la ________ composizione in ordine cronologico: prima quella del garage, e successivamente del cancello, del portone, della cassetta postale, della serratura di casa in alto, della serratura di sicurezza in basso.

Qualcuno le riconosce al tatto. Io per esempio integro l'ordine cronologico al tatto, palpo le _____ chiavi in tasca, riconosco il ________ spessore, è come se suonassi una ______ piccola personale tastiera al buio. Raramente sbaglio nota.

Dove sono le _______ chiavi? Le avrà prese _______ figlio; come tutta la _______ generazione, non rispetta certi valori, per lui un portachiavi vale l'altro. Che sia mio, o ______ o di _____ madre, che importa? Quando esce passa davanti alla mensola del telefono e piglia al volo il primo mazzo che trova.

Mi lascia le _______, di chiavi, ma io non mi ci trovo. Odio quel ________ moschettone che tutti i giovani attaccano ai jeans.

Allora vado a frugare nella borsa-sacco di ______ moglie, frugo fra decine di oggetti e pesco il _______ mazzo. _____ moglie è della ______ generazione, è più facile intendersi anche nella composizione di un mazzo di chiavi.

Ma oltre al problema dei __________ mazzi personali, abbiamo anche un cassetto pieno di chiavi orfane, che non servono a nulla.

Guai a buttarle, potrebbero servire. Chissà!

E così il ________ precario equilibrio familiare è in balìa di un mazzo di chiavi.

Si sente per esempio la voce di _____ figlio che grida: "io esco, e siccome qualcuno si è preso le ________ chiavi, prendo quelle della mamma". "Io non ho preso nulla, risponde lei dal bagno, e quindi le _________ le lasci stare".

E' chiaro a questo punto che sono le ______ ad essere sacrificate; io rientro per ultimo e rinuncio al ______ mazzo di chiavi.

La crisi delle ________ famiglie è certamente figlia di troppa abbondanza di serrature.

(LUCA GOLDONI, *Di' che ti mando io,* Milano, Mondadori, 1976)

2. Sottolineare gli aggettivi possessivi e cerchiare i pronomi possessivi

1. I miei amici sono sinceri e generosi, i tuoi no.
2. Le sue foto sono più originali delle tue.
3. Non è questo il mio giornale, il mio è quello sul tavolo.
4. Ragazzi miei, sono i nostri amici che si trovano in difficoltà, non i loro!
5. So che tutte queste chiacchiere hanno messo a dura prova i tuoi nervi, ma anche i miei!
6. Mia sorella si è sposata due mesi fa, e la tua quando si sposa?
7. La vostra proposta non è certo così vantaggiosa come la nostra.
8. Per la festa ognuno prepari una sua specialità; noi abbiamo già pensato alla nostra; Paola e Giulio hanno la loro, ma non vogliono che si sappia.
9. E' inutile che tentiate di farmi cambiare idea, ognuno ha la propria, come io ho la mia, e non intendo modificarla.
10. Hai portato i tuoi appunti? Così possiamo confrontare i tuoi con i miei.

3. Completare i seguenti modi di dire inserendovi i nomi elencati sotto

1. Larga è la foglia, stretta è la via, dite la vostra ____________ che io ho detto la mia ___________.
2. Evviva! Beviamo alla vostra ____________!
3. Chi non è dalla mia ____________, è un vigliacco!
4. Anche lui era dei nostri ____________, ora ci ha traditi.
5. Sei un bel tipo, hai combinato un'altra ____________ delle tue.
6. Natale con i tuoi _______________, Pasqua con chi vuoi.
7. A ciascuno il suo _______________.
8. E' pieno di sé, parla poco, sta troppo sulle sue ______________.

9. In merito alla Sua ____________ del 12 corrente mese, La informo che la merce Le sarà spedita quanto prima.
10. Lucio, mi raccomando, salutami i tuoi ___________.
11. Urrah, arrivano i nostri ______________.
12. Non sei mai d'accordo tu, hai sempre da dire la tua ___________.

alleati - amici - compito - familiari - idea - lettera - marachella - opinione - parenti - parte - posizioni - salute

4. Completare con l'articolo davanti al possessivo e barrare gli spazi dove non va usato

1. _____ miei genitori sono ancora giovani; _____ mia madre ha poco più di trent'anni, _______ mio padre ha da poco compiuto i quaranta.
2. Come sta _____ tua sorella? E' molto tempo che non ho ___ sue notizie. _____ suo fidanzato mi ha detto che aveva qualche problema di salute.
3. _____ mia simpatica mogliettina mi ha fatto questo dolce con ____ sue proprie mani.
4. Domani verrà da noi a pranzo _____ vostra sorella con ______ suoi figli.
5. ______ nostro figlioletto è vivacissimo; ha appena 11 mesi e già muove speditamente i primi passi.
6. Da quanto tempo sono in America _____ vostri zii? ___ mio cugino emigrò nel '21, con ____ sua moglie e con tutti ____ suoi.
7. ______ mio padre adora _____ miei bambini ed essi ricambiano al pari l'affetto di ______ loro nonno.
8. "In _____ casa mia chi comanda è _____ mia moglie", ripete spesso _____ mio papà.
9. _____ mia cognata ha un carattere intrattabile, spesso ha da ridire sul comportamento di _____ sua suocera, provocando risentimento da parte di _______ suo marito.
10. "Che rapporto di parentela c'è tra te e Lina?" "E'______ mia prozia."

5. Completare con articolo, preposizione articolata e possessivo

1. Chi pensa solo ____ ______ interessi è un grande egoista.
2. Quando ho chiesto ______ ______ consiglio, ti sei rifiutato di darmelo.
3. Non bisogna desiderare le cose ______ per non essere troppo infelici.
4. Mia sorella è dedita alla casa; ama intensamente _______ marito, e passa gran parte della giornata con _____ figli.
5. Ci sono oggi molti giovani che dedicano gran parte ______ ______ tempo al volontariato, senza dimenticare _____ _____doveri.
6. Non so più nulla della tua famiglia. Come sta ______ padre? Si è rimesso bene dopo _____intervento?

7. Ognuno di noi dovrà d'ora in poi preoccuparsi _____ _____ futuro.
8. L'estate scorsa ho passato vacanze indimenticabili con _____ moglie e ___ ______ bambini in una località della Liguria.
9. Mentre lavorava in giardino si è fatto un bello strappo alla manica _____ giacca.
10. Sono stanco morto, mi duole ___ testa e ho _____ gambe a pezzi.

6. Completare con l'articolo e barrare gli spazi dove non va usato

CAPODANNO IN FAMIGLIA

DIALOGO. Paola e Marina si incontrano in palestra. Marina racconta alla sua amica come ha passato il Capodanno.

Paola: Come hai passato il Capodanno?
Marina: Ah, benissimo! Sono stata da Maria.
Paola: Maria, chi?
Marina: _____ mia cugina, la figlia del fratello di _____ mia madre.
Paola: Allora ti sei divertita?
Marina: Sì, proprio tanto, ho passato una bellissima giornata.
Paola: Eravate in molti?
Marina: Eh, sì, circa quaranta persone. C'erano quasi tutti _____ miei parenti: ______ mia famiglia al completo; i fratelli e le sorelle di _______ miei genitori e poi tanti bambini: ____ mia sorellina, il figlio di ____ mio fratello e tutti ______ altri miei nipotini. Pensa, ho la bellezza di sette cugini, e sono venuti tutti con ______ proprie mogli e _____ loro figli.
C'era una confusione pazzesca.
Paola: E ______ tua madre, che non sopporta i rumori, come ha potuto resistere a tutto quel baccano?
Marina: Tutto sommato piuttosto bene. Prima di pranzo si è chiusa in cucina insieme a ______ sue sorelle e a ______ sue cognate per dare una mano a Maria; poi, nel pomeriggio, è andata a riposarsi.
Per _____ mia mamma, comunque, è stata una gioia immensa rivedere tutte ______ sue sorelle e _____ suoi fratelli.
C'era perfino ______ mio zio che vive in Francia, con ____ sua moglie e ____ loro figlia Jeanne.
Paola: E _____ tuoi nonni, sono venuti anche loro?
Come no! E' venuta persino _____ mia bisnonna, la mamma di mia nonna Piera, che ha novantacinque anni!
Paola: Certo che Maria e ____ suo marito hanno avuto proprio una bella idea a organizzare una festa così!
Marina: Sì, sono stati tanto carini, e si sono dati tanto da fare perché tutto riuscisse bene! Poi, a dire la verità, hanno partecipato un po' tutti all'organizzazione. ______ mia zia Giovanna e ______ mio fratello, che è un gran cuoco, hanno

preparato diversi piatti; _____ mia zia che vive a Catania ha portato delle specialità siciliane.

_______ mia cuginetta Luisa, invece, ha organizzato dei giochi e ha preparato, con l'aiuto di ______ suo fratello, dei bei premi per tutti.

_____ mio papà, poi, ci ha intrattenuti per mezzo pomeriggio con le sue solite barzellette!

7. Volgere al plurale

1. Chi ha visto il mio gatto?
2. Tuo figlio è andato a trovare suo nonno per il suo compleanno?
3. Il ragazzo è contento di incontrare ogni anno il suo vecchio compagno di scuola.
4. Tra poco potrai rivedere il tuo luogo natale e i tuoi compaesani.
5. La tua amica è partita per una lunga vacanza alle Isole Maldive.
6. E' stato invitato con la sua fidanzata alla festa di laurea di Andrea.
7. Non mi va di rileggere, per l'ennesima volta, il mio tema.
8. Con il suo risparmio e la sua accorta amministrazione è riuscito a comprarsi un negozio in centro.
9. La sua canzone preferita è un vecchio motivo di Mina.
10. Non seguirò più il tuo consiglio; la tua decisione è risultata avventata.

8. Cancellare i possessivi superflui

1. Questo tuo comportamento può dar fastidio a chi ti sta vicino e potrebbe compromettere il tuo successo.
2. Mio padre è contrario a mandarmi all'estero per un corso di lingua: sostiene di avere i suoi buoni motivi.
3. "Prendete il vostro libro ed apritelo a pagina 58". Disse il professore.
4. Ero appena uscito dalla mia casa, quando mi hanno avvertito che mi cercavano al mio telefono.
5. Uscendo mi sono messo il mio cappotto perché faceva freddo.
6. "Come stai?" "Mah, non tanto bene; mi fanno male i miei denti."
7. Che cosa ti sei messo nella tua testa? Hai proprio deciso di rinunciare ad un lavoro così vantaggioso?
8. Mi metto il mio cappello, prendo la mia borsa e me ne vado.
9. C'è molto smog nell'aria, mi si sono appannati anche i miei occhiali.
10. Non riesce più nemmeno a leggere i titoli dei giornali senza i suoi occhiali.

9. Inserire i possessivi

1. Matteo non rinuncia mai alla indipendenza.
2. Anche le giornate d'autunno hanno il fascino.
3. Questo lavoro non mi aggrada. Mi sembra troppo monotono per i gusti.
4. I genitori pretendono di condizionarlo circa le scelte universitarie.
5. Non bisogna pensare solo a se stessi e agli interessi; ma ognuno deve offrire la disponibilità verso gli altri.
6. Fare sempre i comodi è una forma di egoismo che rende scontenti ed infelici.
7. Ecco la gelateria preferita; è qui che trovo i gelati di frutta più genuini e gustosi.
8. Spero di essere presente alla festa di compleanno; anche i genitori ti invieranno un bel regalo.
9. Tutti i progetti sono andati in fumo; dovremo ricominciare daccapo, rimboccarci le maniche e assumere tutte le responsabilità.
10. Ogni proposta veniva accolta con scetticismo; sembrava che nessuno riuscisse a capire l'idea che lui aveva in testa.

10. Completare con i dimostrativi (aggettivi e pronomi)

1. Amico mio, con ______________ idee per la testa, non farai molta strada.
2. Firenze è una città meravigliosa; infatti amo passare le vacanze in _________ città.
3. ____________ che hai visto e sentito, ricordalo bene, ma non parlarne con nessuno.
4. In ________ ristorante si mangia meglio che in ________
5. I tuoi libri non sono ben tenuti e curati; ___________di tuo fratello invece sì.
6. Guarda quanti giovani in sala! ______________ che vedi in seconda fila è la figlia del mio avvocato, ________ laggiù è il nipote del notaio, __________ due giovani là in fondo sono i miei nipoti, ___________ giovane signora accanto al nostro tavolo è Grazia, la moglie di Valerio.
7. Non credere alle sue promesse; sono come ___________ dei marinai.
8. ____________ e _____________ per me pari sono!
9. ____________ camera qui è meglio illuminata di __________là.
10. Non sono certamente bravi ragazzi; state alla larga da ___________.

11. Sostituire alle parole sottolineate le particelle pronominali LO/CI/ NE

1. Mi è sembrata una buona idea; tu che pensi di questa idea?
2. E' un lavoro difficile, certo, ma a mano a mano che si fa questo lavoro si superano tutte le difficoltà.
3. Ti avevo detto e ripetuto questo cento volte, ma tu hai fatto finta di non capire.
4. Sono stanco, non posso più di questo lavoro.

5. Vi siete resi conto di ciò fino in fondo?
6. Se me lo dici con tanta insistenza, io credo a ciò, non metto in dubbio ciò.
7. Vado a Roma e rimango in questa città.
8. Questo paese vi piace, perché abitate in questo paese.
9. "Per fare questo dolce quanta farina ci vuole?" " Ci vuole un chilo di farina."
10. A ripensare a quelle cose mi viene la pelle d'oca.

12. Completare con la particella pronominale LA e spiegare le seguenti espressioni idiomatiche

Es.: Chi ____dura, _____ vince.
Chi è tenace, riesce.

1. Non ce ____ faccio più, sono stanco morto.
2. Chi _____ fa, ____'aspetti.
3. Ad un certo punto me ____ sono vista brutta.
4. Sei stato fortunato, anche questa volta ____ hai scampata bella!
5. Fa_____ finita, una buona volta!
6. Hai un bell'insistere a convincermi, non ce ____ farai mai: io non ____ bevo!
7. _____ sapete lunga voi, ma non riuscirete nel vostro intento.
8. Come se _____ passano i tuoi dopo tante avversità?
9. Siete proprio dei fannulloni, ve ____ spassate tutto il giorno! Non sarebbe ora di piantar____?
10. Non crederete, spero, di far____ franca ancora una volta!

13. Completare con i pronomi indefiniti

1. Sta' tranquillo, so mantenere un segreto, non lo dirò a ______________.
2. _______________ ha visto il ladro della mia bicicletta?
3. Non ho _____________ da dire e non dirò _____________ a _____________.
4. Non seccarmi ora, ho ____________ per la testa.
5. La sveglia suona _________ mattina alle sette e mezzo.
6. C'è ______________ al telefono che chiede se c'è _______________ disposto a sostituirlo.
7. "Sei disposto a darmi una mano?" "Eccomi pronto ad ________ tua richiesta."
8. L'infortunato non ha resistito all'intervento. Alla fine i medici hanno constatato che non c'era più ______da fare.
9. La mia classe è molto eterogenea: ____________ hanno una preparazione lacunosa, ______________ si impegna, solo ________________ promette risultati soddisfacenti.
10. _______________ ha bussato alla porta?
11. Anch'io penso che ____________ contesterà aspramente questa decisione del governo.

14. Completare con gli indefiniti (aggettivi, avverbi, pronomi) elencati sotto

1. Si diceva un tempo: "__________ nemici, __________ onore"!
2. "Salute!" "Grazie ____________!"
3. Chi ______________ in alto sale, cade sovente *precipitevolissimevolmente.*
4. Daniele è negligente; ha __________ voglia di studiare e meno ancora di lavorare.
5. Ho guagagnato ______________ soldi all'estero, ed ora mi posso permettere una vita da nababbo.
6. "___________ libri hai letto durante le vacanze?" "Ne ho letti ______________."
7. Ne ho ________________ del tuo comportamento, faresti meglio a cambiare registro.
8. "Come stai?" "Sto _____________ bene, anzi benissimo."
9. Erano in ______________ a sostenere la tua tesi, ma purtroppo non abbiamo potuto aiutarti fino in fondo.
10. Chi __________ vuole, nulla stringe (Proverbio).

abbastanza - alquanto - altrettanto - molto - quanto - parecchio - poco - tanto - troppo

15. Sostituire il pronome relativo CHE con le forme di il QUALE, la QUALE, i QUALI, le QUALI

1. Vi presento il noto attore che reciterà la parte di protagonista nel nuovo sceneggiato.
2. Mia sorella, che doveva arrivare in settimana, ha telefonato che imprevisti le impediscono di muoversi.
3. "Chi è al telefono?" "E' Valerio che vuol parlarti."
4. Aspetto Marcello che arriverà con un quarto d'ora di ritardo.
5. I candidati che si presenteranno in ritardo non potranno sostenere la prova.
6. Le tue colleghe, che hanno chiesto le ferie in giugno, dovranno subito presentare domanda scritta.
7. I miei genitori, che hanno deciso di passare le vacanze al mare, hanno già prenotato l'appartamento.
8. La fidanzata di Roberto, che ha già fissato la data delle nozze, ha deciso di fare una cerimonia intima.
9. Ho già parlato col professore, che mi ha molto incoraggiato e mi ha suggerito il titolo della tesi di laurea.
10. Alla festa di Simona c'erano quasi tutte le sue amiche, che le hanno regalato una nuova videocassetta.

16. Riscrivere le frasi sostituendo le parole sottolineate con il pronome CUI

1. Sono riuscito finalmente a trovare il libro; la prima edizione del libro era esaurita.
2. Mi è proprio piaciuto l'articolo; tra le righe dell'articolo ho trovato spunti interessantissimi.
3. Il risultato ci è valso il plauso del direttore; per il raggiungimento del risultato abbiamo tanto lottato.
4. L'albero è troppo alto per potercisi arrampicare; sulla cima dell'albero c'è un nido di passerotti.
5. Walter ha deciso di regalare al figlio l'appartamento; il costo dell'appartamento è elevato.
6. Ho letto con piacere il nuovo poeta; le poesie del poeta sono soffuse di nostalgia struggente.
7. Marta è stata abbandonata anche dagli amici più intimi; dell'amicizia di Marta molti si sono giovati.
8. I figli saranno certamente riconoscenti; all'educazione dei figli i genitori si sono dedicati con cura.
9. Hanno scalato le montagne più alte; sulle cime delle montagne nessuno era mai salito.
10. Il giornalista ha deciso di dedicarsi alla cronaca sportiva; gli articoli del giornalista sulla devianza giovanile avevano tanto meravigliato il pubblico.

17. Completare con il pronome CUI e le necessarie preposizioni

1. L'argomento, __________ mi avete molto parlato, mi ha proprio interessato.
2. I bambini, __________ ci hai visto a spasso, sono i nostri nipotini.
3. I giovani, __________ vi siete dati tanto da fare, hanno superato brillantemente la prova.
4. L'università, __________ ho frequentato i corsi, è tra le più prestigiose del Paese.
5. E' un ciliegio l'albero ________ mi sono arrampicato e ________ sono scivolato.
6. La nazione, __________ proviene, è tutta piena di laghi.
7. "L'albero ________ tendevi la pargoletta mano... rifiorì tutto or ora." (Carducci).
8. Non riesco a capire il motivo __________ ti sei tanto arrabbiata.
9. Le soluzioni, __________ hanno tanto riflettuto, si sono rivelate negative.
10. Gli amici, __________ ci siamo rifugiati, ci hanno offerto tutto il loro aiuto.

18. Sostituire opportunamente il pronome CUI con la forma IL/LA QUALE, I/LE QUALI

1. La stanza in cui si dorme deve essere ben aerata.
2. Lo scopo a cui si tende deve essere ben chiaro per tutti.
3. Gli strumenti e i mezzi con cui lavoriamo sono spesso insufficienti.
4. Gli argomenti su cui si svolgerà il dibattito saranno indicati nella bozza di presentazione.
5. Non hanno ancora capito le ragioni per cui sono stati puniti.
6. Gli amici, a cui è stata elevata contravvenzione per eccesso di velocità, hanno vivacemente polemizzato con la polizia.
7. Il lavoro, a cui tutti abbiamo diritto, è un principio basilare della nostra costituzione.
8. I giornalisti hanno intervistato tante persone, da cui hanno raccolto parecchie lamentele sul comportamento del governo.
9. Credevo veramente nell'amicizia disinteressata di Vincenzo, in cui avevo riposto tante speranze.
10. Sembra che non abbiate ancora capito i motivi per cui siete stati invitati a presentarvi.

19. Sostituire opportunamente il pronome CUI con la forma IL/LA QUALE, I/LE QUALI

1. Ecco il libro il cui autore si è firmato con uno pseudonimo.
2. Il governo attuale, la cui maggioranza è alquanto precaria, cerca alleanze a destra e a sinistra.
3. Le nuove automobili, il cui consumo è stato notevolmente ridotto, avranno molti acquirenti.
4. I signori Bianchi, i cui figli abbiamo conosciuto al mare, sono di Ancona.
5. Quel Paese, la cui situazione economica è attualmente così instabile, rischia una gravissima crisi.
6. I giornali, i cui articoli appaiono spesso scandalistici, sono letti con minor interesse di quelli sportivi.
7. Queste riviste scientifiche, le cui pagine sono rovinate, hanno ora perduto gran parte del loro valore.
8. I giocattoli, i cui meccanismi sono più semplici, sono preferiti da molti bambini.
9. Le cure, la cui durata è più lunga, sembrano spesso le più efficaci.
10. E' stata rappresentata una commedia, la cui critica è stata ampiamente positiva.

20. Collegare le due frasi mediante il pronome relativo

1. Questo ragazzo, è stato sincero; io conosco bene questo ragazzo. (*Questo ragazzo, che conosco bene è stato sincero / Questo ragazzo, che è stato sincero, lo conosco bene)*
2. I dischi mi sono molto piaciuti; voi mi avete regalato i dischi.
3. L'articolo è di Umberto Eco; tu hai letto l'articolo.
4. La Ferrari è stata la più veloce; alla Ferrari è stata assegnata la vittoria.
5. Gli studenti della III A sono stati i migliori; a questi studenti è stato assegnato un viaggio premio.
6. Questi fiori sono stupendi; con questi fiori si può adornare tutta la sala.
7. Tu hai già parlato con Fulvio; Fulvio è conosciuto da tutti.
8. Roma è una città meravigliosa; io vivrei a Roma volentieri.
9. Il nuovo ponte è stato ricostruito dopo l'alluvione; noi passiamo sul ponte due volte al giorno.
10. Abbiamo dormito nel nuovo motel; questo motel offre i più moderni conforts.

21. Completare con le forme del relativo

1. Non c'è giorno _________ tu non venga ad importunarmi.
2. Nel mio giardino ci sono tanti fiori ______ profumano.
3. Il mare, __________ è bagnata la costa amalfitana, è il Tirreno.
4. Il ladro ha rifiutato di dire al commissario i nomi delle persone ________ si nutrivano forti sospetti.
5. Il cane ha cominciato ad abbaiare e a correre verso il padrone, _______ aveva sentito arrivare.
6. Non riesco a capire il motivo ______ tu intendi trasferirti all'estero.
7. Le ragioni _______ vorreste far valere non mi sembrano sufficienti.
8. Il negozio, _________ volevamo comprare un paio di scarpe, è chiuso.
9. E' questo l'accampamento ________ vivono almeno diecimila persone.
10. E' stata dichiarata non pericolante la casa ______ furono fatti allontanare.

22. Correggere gli errori nell'uso del relativo

1. L'argomento, che mi hai parlato, ha destato tutto il mio interesse.
2. Il medico mi ha dato le ricette che sono scritte le medicine di cui mi occorrono.
3. La casa che siamo nati è stata demolita per far posto ad un edificio di nove piani.
4. Vi siete accorti che le posate che state mangiando non sono d'argento?
5. La persona che stavo telefonando, mi ha fatto sapere che è disposta a collaborare.

6. La nave che viaggiavano oltre 500 passeggeri si è trovata in difficoltà per la tempesta.
7. Il treno che abbiamo viaggiato è arrivato con 30 minuti di ritardo.
8. La paura che sono stato assalito è stata indicibile.
9. Gli amici di cui siete andati in pizzeria non erano proprio raccomandabili.
10. L'autore ci ha inviato una copia del suo libro, che ha scritto una calda dedica.

Preposizioni

23. Completare

l'esaurimento

L'esaurimento può capitare _____ tutti e _____ un momento ___'altro, ____ causa, come dicono gli esperti, _____ grandi conflitti _____ vita moderna.

I sintomi sono vari e imprevedibili, ma ______ quasi totalità ____ casi vanno _______ una singolare debolezza ____ una generale stanchezza.

La persona depressa, pur avendo la certezza _____ poter riuscire, _______ facilità, _____ dormire anche _____ piedi, quando va ____ letto non riesce ____ prender sonno.

_______ questo fatto succede spesso che rimanga ____ letto non solo durante tutta la notte, ma anche ______ buona parte ____ giorno, sempre ____ attesa ____ momento propizio ____ addormentarsi.

L'insonnia infatti è una tipica manifestazione ____ questa moderna malattia che, dopo aver fatto strage _____ strati più intellettuali ____ popolazione, sta ora penetrando _____ ceto medio.

Si sta ____ letto e non ci si riposa: anzi alcuni si stancano talmente, che poi devono riposarsi ____ lungo _____ una poltrona, prima ____ poter ritornare nuovamente _____ letto.

E ____ letto la vita non è facile. Questo lo so ____ esperienza, perché anch'io ho avuto il mio esaurimento, pur appartenendo ____ settore _____ commercio, e, credetemi, non si riesce ____ immaginare quanti imprevisti possano capitare quando, _____ cura si deve stare distesi ____ un letto.

La vostra casa, ____ esempio _____ un tratto comincia ____ animarsi ____ modo insospettato, ed una varietà ____ rumori, ____ boati, ___ scoppi, si alternano, lasciandovi esterrefatti e naturalmente svegli. Allora si comincia

_____ *considerare seriamente l'opportunità* _____ *acquistare un paio* ____ *tappi antirumore* ____ *applicarsi* _____ *orecchie. Se anche questo non serve, ci si orienta verso un rimedio più serio: le pillole, le quali eliminano anche l'inconveniente* ____ *tappi, dato che non vanno messe* ______ *orecchie.*

(ANTONIO MISANI, *Ogni due... uno gratis,* Roma, Città Nuova, 1976)

Per la lingua IN VERSI

LE PICCOLE COSE

(Stefano Benni)

1 Le piccole cose
che amo di te
quel tuo sorriso
un po' lontano
il gesto lento della mano
con cui mi carezzi i capelli
e dici: vorrei
averli anch'io così belli
e io dico: caro
sei un po' matto
e a letto svegliarsi
col tuo respiro vicino
e sul comodino
il giornale della sera
la tua caffettiera
che canta, in cucina
l'odore di pipa
che fumi la mattina
il tuo profumo
un po' blasè
il tuo buffo gilet
le piccole cose
che amo di te

2 Quel tuo sorriso
strano
il gesto continuo della mano
con cui mi tocchi i capelli
e ripeti: vorrei
averli anch'io così belli
e io dico: caro
me l'hai già detto
e a letto
stare sveglia
sentendo il tuo respiro
un po' affannato
e sul comodino
il bicarbonato
la tua caffettiera
che sibila in cucina
l'odore di pipa
anche la mattina
il tuo profumo
un po' demodé
le piccole cose
che amo
di te

3 Quel tuo sorriso
beota
la mania idiota
di tirarmi i capelli
e dici: vorrei
averli anch'io così belli
e ti dico: cretino
comprati un parrucchino!
e a letto stare sveglia
a sentirti russare
e sul comodino
un tuo calzino
e la tua caffettiera
che è esplosa
finalmente, in cucina!
la pipa che impesta
fin dalla mattina
il tuo profumo
di scimpanzé
quell'orrendo gilet
le piccole cose
che amo
di te.

24. Vero o falso?

	V.	F.
1. Le piace che lui le accarezzi lentamente i capelli.	❑	❑
2. Le piace sentirlo russare accanto a lei.	❑	❑
3. Trova gradevole l'aroma della pipa che fuma al mattino.	❑	❑
4. Adora il suo profumo acre e maschile.	❑	❑
5. Lui ha il respiro pesante mentre dorme.	❑	❑
6. Fuma la pipa sin dalla mattina.	❑	❑
7. Lui ride in continuazione rumorosamente.	❑	❑
8. Lui le tira i capelli ripetendo sempre la stessa frase.	❑	❑
9. Russa e non la fa dormire.	❑	❑
10. E' schiavo del troppo ordine.	❑	❑

24a. Polisemia. Indicare con quale significato, nel testo di Stefano Benni, sono usate le parole

1. *Sorriso*: - a) affetto - b) ironia - c) malizia
2. *Gesto:* - a) atteggiamento - b) movimento - c) impresa
3. *Svegliarsi:* - a) manifestarsi - b) scaltrirsi - c) cessare di dormire
4. *Respiro:* - a) respirare - b) momento di pausa - c) portata, ampiezza
5. *Odore:* - a) indizio, sentore - b) sensazione dell'olfatto - c) erba aromatica
6. *Mania:* - a) disturbo mentale - b) abitudine insistente - c) fissazione
7. *Impesta:* - a) sparge odore nauseabondo - b) diffonde la peste - c) corrompe

24b. Trovare gli opposti

lento -	carezza -	strano -
buffo -	profumo -	orrendo -
matto-	continuo -	affannato -

24c. Trovare parole della stessa famiglia

Es.: Mano: *manuale, manovale, manualità, manovalanza, manicure, manesco, manovra, manodopera, manomorta, manipolo,* ecc.

gesto:	giornale:	sorriso:
continuo:	respiro:	borbottio:

24d. Esporre oralmente o per iscritto la situazione, parlando dei sentimenti che caratterizzano questa poesia

MORFOLOGIA

MODI INDEFINITI	**Uso delle preposizioni**
Infinito	
Participio	**Per la lingua in versi:**
Gerundio	**Acqua azzurra *(Lucio Battisti)***
Formazione degli avverbi	

1. Riscrivere le frasi usando PER+INFINITO con valore finale

Es.: Ha comprato della vernice, al fine di verniciare il cancello.
Ha comprato della vernice per verniciare il cancello

1. Si precipitò nella casa in fiamme, con lo scopo di salvare il suo gattino.
2. Dobbiamo tenere i guanti; non vogliamo congelarci le dita.
3. Mio figlio va negli Stati Uniti, con l'intento di specializzarsi in ortopedia.
4. Lo mandai fuori dalla stanza, con lo scopo di parlare di lui con il professore.
5. Sto imparando il greco antico con l'intenzione di leggere Omero.
6. La polizia ha bloccato le strade principali. Non vuole far passare i dimostranti per il centro.
7. Il cuoco suonò il campanello. Voleva avvertirci che la cena era in tavola.
8. Non permetteva a suo figlio di leggere di sera onde evitargli di stancarsi la vista.
9. Teneva la musica a volume molto basso. Non voleva disturbare nessuno.
10. Cambiava continuamente domicilio, non voleva farsi trovare dai creditori.

2. Riscrivere le seguenti frasi modificandole opportunamente con TROPPO / NON / PER o PER NON + INFINITO

Es.: E' troppo freddo. Non possiamo fare il bagno.
E' troppo freddo, per fare il bagno.
Non è abbastanza caldo per fare il bagno.

1. Sono inesperto. Non potrei farvi da guida.
2. Era molto malato. Non poteva mangiare nulla.
3. Il fiume è profondo. Non possiamo attraversarlo a piedi.
4. Era nuvoloso. Non riuscivamo a vedere l'eclissi.
5. Era eccessivamente curioso. Ha aperto la lettera.
6. Era ubriaco. Non poteva infilare la chiave nel buco della serratura.

7. Erano molto snob. Non parlavano mai con noi.
8. Il ghiaccio era sottile. Non erano in grado di pattinarci sopra.
9. Era molto freddo. Non si poteva cenare in giardino.
10. I limoni erano troppo agri. Non si riusciva a mangiarli.

3. Trasformare le frasi seguenti in infinitive

Usare i seguenti verbi introduttivi:
augurare - chiedere - comandare - consigliare - dire - impedire - ordinare - pregare - proibire - scongiurare - supplicare - vietare

Es.: "Chiudi la porta!" - *Mi disse di chiudere la porta.*

1. Metti un po' di legna sul fuoco! (marito alla moglie)
2. Prestami un momento la tua penna (tra colleghi)
3. Non credere a tutto ciò che senti! (padre al figlio)
4. Per favore, riempia questo modulo (l'impiegata al cliente)
5. Bambini, smettetela di urlare! (maestra in classe)
6. Non toccare quel coltello, ti puoi far male! (madre al figlio)
7. Legga bene prima di firmare (avvocato al cliente)
8. Non lasciarmi mai, amore mio! (tra innamorati)
9. Parlate un po' più piano, per favore! (bibliotecario ai visitatori)
10. Non prestarle soldi! (tra amici)
11. Pensi bene, prima di rispondere! (giudice all'imputato)
12. Fai buon viaggio! (tra amici)
13. Non dovete assolutamente uscire da soli! (padre ai figli)
14. In questa stanza non potete fumare (segretaria ai clienti)
15. Non fate mai l'autostop, è troppo pericoloso. (insegnante agli studenti)

4. Completare con l'infinito scegliendo i verbi elencati sotto

Es.: Sono contenta ______________ domani
Sono contenta di andare a Roma domani

1. Non vedo l'ora ______________ giovedì prossimo: adoro viaggiare in aereo.
2. Farò di tutto ______________ entro la prossima settimana.
3. Mi ha fatto proprio piacere ______________ ieri sera alla tua festa di compleanno.
4. Non mi va ______________ stasera.
5. Ho proprio voglia ______________ oggi a pranzo.
6. Scusami, mi è proprio dispiaciuto ______________ ieri sera.

7. A conti fatti mi fa piacere ____________ lo scorso fine settimana: è stato molto istruttivo.
8. Non mi andava ______________ domenica scorsa: faceva troppo freddo.
9. Teresa mi ha detto _______________ oggi pomeriggio, vorrebbe un mio consiglio per il suo abito da sposa.
10. Sono contento ____________ il mese prossimo.

per finire la traduzione - di andare a sciare - di iniziare il mio nuovo lavoro - di cucinarmi un piatto di spaghetti - di andare a teatro - di andare dalla sarta con lei - di aver partecipato al congresso - di aver conosciuto il tuo ragazzo - di non essere venuto alla tua cena - di partire per gli Stati Uniti

5. Trasformare le seguenti frasi da esplicite in implicite usando il gerundio

Es.: Mentre camminavo, cantavo una canzonetta.
Camminando, cantavo una canzonetta

1. Mentre uscivo dal cinema, ho visto finalmente Lorena.
2. Mentre faccio la doccia, molto spesso canticchio.
3. Da ragazzo, mentre facevo i compiti, ascoltavo la musica.
4. Mentre aspettavo l'autobus, cercavo la soluzione del problema.
5. Mentre correvo, mi sono slogato una caviglia.
6. Mentre cenavamo, abbiamo sentito al telegiornale le notizie della borsa.
7. Mentre va in macchina, ascolta spesso la radio.
8. Mentre sfogliava la sua rivista di moda, ha trovato un modello adatto per l'abito di nozze di sua figlia.
9. Dal momento che sono in vacanza, riservo molto tempo alla lettura.
10. Quando torno con il pensiero a quei tempi, mi prende un po' di tristezza.
11. Quando lavorano, dimenticano i loro problemi.
12. Se canti, ti passa la malinconia.
13. Mentre ritornavamo dal lavoro, abbiamo assistito ad un brutto incidente d'auto.
14 Se parli così, mi commuovi.
15. Qualche tempo fa, mentre passeggiavo per una strada di campagna, ho notato uno strano insetto.
16. Se presti attenzione ai suggerimenti degli amici sinceri, puoi evitare molti errori.
17. Al mattino, quando mi faccio la barba, mentalmente ripercorro tutto il programma della giornata.
18. Poiché ha troppo da fare, non può uscire.
19. Siccome non dispongo di una macchina, verrò a piedi.
20. Se guardi con più attenzione, puoi certamente ritrovare gli occhiali.
21. Visto che non si sentiva proprio a suo agio, se n'è andata.
22. Se risparmi e fai qualche economia, realizzerai il tuo progetto.

23. Ero stanco morto, cadevo dal sonno, me ne sono andato a dormire.
24. Se ho torto, sto zitto e non aggiungo una parola.
25. Quando desidero vedere qualcuno e sono solo, mi sento depresso.
26. Se non mi sento perfettamente pronto per l'esame, nemmeno mi viene la tentazione di provarci.
27. Poiché non riusciva a cavargli una parola, il giudice licenziò il testimone.
28. Mentre prendeva il sole in terrazza, guardava passare gli aerei in cielo e li seguiva con la fantasia.
29. Mentre frequentavo l'università, sono stato sempre costretto a lavorare per pagarmi gli studi.
30. Se riconosci prontamente il tuo errore, quando sbagli, non hai nulla da temere, sei subito perdonato.

6. Riscrivere le seguenti frasi, usando o il gerundio o il participio passato o l'infinito, a seconda dei casi

Es.: Credeva che lui fosse una persona affidabile. Gli dette un assegno in bianco.
Credendo che fosse una persona affidabile, gli dette un assegno in bianco.

1. Avevo letto su un cartello che la casa era pericolante. Così non ho osato entrarvi.
2. Aveva assolto a tutti i suoi impegni e si è preso un po' di svago.
3. Ha fatto una pessima figura con i suoi vicini di casa. Allora, per scusarsi, ha mandato dei fiori con un biglietto.
4. Prima accompagnai mia moglie in ufficio, poi mi recai in banca.
5. Sapevo che l'assassino era ancora latitante. Ero molto riluttante a far entrare in casa uno sconosciuto.
6. Salimmo in cima alla torre e ci si presentò uno spettacolo di straordinaria suggestione.
7. Era troppo stanco per continuare a lavorare. Si è messo a letto.
8. Presi un tranquillante e mi addormentai.
9. Non voleva sentire tutta la storia daccapo. E se ne andò.
10. Avevo finito il lavoro e, come al solito, sono andato in piscina.
11. Non trovò nessuno in casa. Se ne andò di pessimo umore.
12. Appena scesi dall'aereo, telefonammo a casa.
13. Sapeva che lei era povera. Si è offerto di pagarle il biglietto.
14. Aveva dimenticato l'ombrello, ed è rientrata tutta bagnata.
15. Aveva dato fondo a tutti i suoi soldi. Si decise a chiedere un lavoro a suo padre.
16. Avevo dimenticato a casa il portafoglio. Non potei fare la spesa.
17. Avevamo finito di visitare il museo. Aspettammo gli altri nel parco.
18. Avevamo camminato per ore e ore. Decidemmo di fare una piccola sosta.
19. Si offrì di accompagnarci a casa. Credeva che ci fossimo persi.
20. Non avevo nessuna intenzione di passare da solo il fine settimana. Organizzai con gli amici un' escursione in montagna.

7. Trasformare i gerundi nella forma esplicita con le congiunzioni: BENCHÉ, SEBBENE, NONOSTANTE CHE + CONGIUNTIVO O ANCHE SE + INDICATIVO

1. Pur essendo innamorata di lui, lo lasciò perché amava troppo la propria libertà.
2. Pur amando i cani non li accetta in casa, perché non vuole che soffrano chiusi in un appartamento.
3. Pur essendo magrissima, mangiava molto poco, perché era terrorizzata dall'-idea di ingrassare.
4. Pur avendo scritto molti romanzi di successo, non era ricco, perché dava tutti i suoi soldi ai giovani artisti.
5. Pur studiando molto, prende sempre brutti voti, perché è poco intelligente.
6. Pur lavorando dalla mattina alla sera guadagna poco, perché la sua paga oraria è molto bassa.

8. Leggere il testo seguente. Cerchiare le forme di participio presente e sottolineare quelle di participio passato

UNA STANZA

Uscita la signora, mi guardai attorno. Spaziosa ma col soffitto basso, la stanza, oltre che per dormirci, doveva servire anche da studio e da salottino. Erano le otto passate.

Penetrando dalla larga finestra orizzontale, i raggi del tramonto illuminavano il pulviscolo dell'aria. Osservavo in giro l'arredamento: il divano-letto, mezzo letto e mezzo divano, come confermavano la grama coperta di cotone a fiori rossi dissimulante il materasso, e il grosso guanciale bianco, isolato da una parte; il tavolino nero, d'un gusto vagamente orientale, messo fra il divano-letto e l'unica poltrona, uso pelle, sulla quale sedevo; i paralumi di finta pergamena collocati un po' dovunque; l'apparecchio telefonico color crema, che spiccava sul nero funebre di una malandata scrivania da avvocato, piena di cassetti; i quadrucci a olio appesi alle pareti.

(GIORGIO BASSANI, *Il giardino dei Finzi-Contini,* Torino, Einaudi, 1962)

9. Completare con i participi presenti elencati in fondo

1. Lui è capacissimo nel proporti scambi di ogni tipo di mercanzia e alla fine ti accorgi che a guadagnarci è sempre lui. Sembra un ____________________ nato.
2. Rimarresti ore o ore a sentirlo modulare note e gorgheggi. Si tratta di un ________________ intonatissimo.
3. Guida con una perizia ed una prontezza da "Formula 1". E' proprio uno straordinario ____________________ .
4. I suoi studenti se ne starebbero lì ad ascoltarlo a bocca aperta perdendo la cognizione del tempo e dello spazio.
   E' considerato un ____________________ molto dotato.
5. Dal nulla ha messo in piedi un'attività di prim'ordine.
   E' ritenuto da quanti lo conoscono un apprezzato ________________ d'azienda.
6. E' sempre seguita da una turba di ammiratori e spasimanti. Lei passa regale e misteriosa. Bisogna riconoscere che si tratta di una donna veramente ________________.
7. Aspettavamo di sapere questo per riprendere coraggio. Questa è davvero una notizia ____________________.
8. Una musica ______________, tartine vecchie e gommose, invitati ____________ e antipatici. Ce ne siamo andati indispettiti. Una festa davvero ____________.
9. Il bollettino medico parlava di ferite gravi e profonde, di stato di coma irreversibile. Un quadro clinico, insomma, veramente ____________________.
10. Le trovate più spiritose, le battute ______________ e di piena attualità, situazioni di assoluta comicità. Uno spettacolo veramente ____________________.
11. Tutti i suoi amici, parenti e ______________ erano affascinati da lui, rapiti dalle sue barzellette e dalle sue trovate comiche. Non c'è che dire: una persona veramente ____________________.
12. Trova sempre il tempo per informarsi, approfondire, indagare e fare ricerche nuove. E' un ottimo ________________.
13. Mi sono guardato attorno; non c'era nessuno. Sulla piazzetta, nessuno. Fuori della porta, nessuno. Mi resi conto, allora, di essere il solo ______________ a quel posto di lavoro messo a concorso.
14. Era da tanto tempo che si leggeva quell'avviso: vendesi o affittasi. Ormai si leggeva anche piuttosto malamente.
    Non era stato possibile proprio trovare un solo ________________.
15. Sembrava la copia precisa della madre: stessi occhi, stessa bocca, stesso sorriso. Madre e figlia erano perfettamente ______________________.

acquirente - affascinante - allarmante - aspirante - assordante - cantante - commerciante - conducente - confortante - conoscenti - deprimente - dirigente - divertente - esilaranti - fulminanti - insegnante - scostanti - somiglianti - studente

10. Leggere. Ricercare e trascrivere quanto richiesto in fondo al testo

MIA MADRE

"*Mammà* [1] ho trovato il posto!"

"Bravo! Hai visto? È stato Sant'Antonio che ti ha aiutato. Io sono anni che prego Sant'Antonio. E dimmi dimmi; e dove l'hai trovato questo posto?"

"All'IBM".

"Ma è una cosa sicura? Io non l'ho mai sentita nominare!"

"Giulia" intervenne mia zia, più giovane di mammà e quindi molto più informata "tu non capisci proprio niente! Oggi gli elettrodomestici sono di moda, c'è stato il marito della signora Sparano che con un negozietto da tre soldi si è fatto un patrimonio. Tengono [2] la Mercedes, la governante e fanno la villeggiatura a Ischia!"

"Ma che elettrodomestici! Io lavoro con i calcolatori elettronici! Mammà i calcolatori non sono elettrodomestici, sono macchine perfettissime e potentissime, capaci di fare migliaia di operazioni in un solo secondo"

"Tu ti dovessi far male [3]."

"Mammà, ma quale male! Io lavoro nel settore commerciale, quello che si occupa della vendita e del noleggio di questi calcolatori."

"Figlio mio, io non ti voglio scoraggiare, ma tu chi vuoi che se li compra [4] questi calcolatori, noi a Napoli non abbiamo niente da calcolare."

"Tutte le grandi aziende hanno bisogno di calcolatori."

"Ma per fare cosa?"

"Come per fare cosa? Ma per la contabilità aziendale! Pensa a tutti i conti che debbono fare le banche, a tutti gli stipendi, alle paghe che si debbono fare nelle industrie, al Comune di Napoli..."

"Ma ti pare a te che [5] con tutta la gente disoccupata che c'è a Napoli quelli si vanno a comprare le macchine tue! Secondo me, queste industrie sai che faranno quando dovranno fare i conti? Chiameranno tutti i disoccupati che stanno a Napoli e ci daranno [6] una moltiplicazione a testa, e poi ti faccio vedere se i disoccupati non riescono a fare i conti più presto dei calcolatori elettronici tuoi. Secondo me era meglio se riuscivi a piazzarti al Banco di Napoli."

[1] *Mammà* è una forma dialettale napoletana, come quelle che seguono.
[2] Hanno.
[3] Speriamo che non ti faccia male.
[4] Compri.
[5] Ma ti sembra che.
[6] Daranno loro.

"Mammà, non ti preoccupare, vedrai che mi troverò benissimo."

Insomma, diciamo che l'inizio fu difficile. Ma gli anni passarono e piano piano anche l'industria napoletana familiarizzò con la nuova scienza.

Oggi i tecnici napoletani non hanno niente da invidiare a quelli del Nord; anzi, per alcune applicazioni, si sono posti addirittura all'avanguardia in campo nazionale.

Mia madre no.

A lei rimase sempre una certa diffidenza per questo mestiere del figlio e per queste macchine mostruose che costavano dieci milioni al mese di affitto.

(LUCIANO DE CRESCENZO, *Così parlò Bellavista*, Milano, Mondadori, 1990)

a) - nomi composti
b) - nomi riferiti alla tecnologia
c) - nomi riferiti ai mestieri
d) - nomi di parentela

11. Completare con le parole elencate sotto

LORENZA E GIORGIO: STATI D'ANIMO E CARATTERE

Quella mattina Lorenza era andata a dare l'esame d'inglese all'università, ma era stata bocciata da quel ____________ del suo professore, sempre scontroso e ______________.

Dopo cena, _______ dalle liti ____________ scoppiate in famiglia per quell'esame andato male e dalle scenate di suo padre, uomo molto _____________, se ne uscì di casa _____________.

La madre ______________ per l'accaduto, la seguì con lo sguardo dalla finestra, _________________ per lei.

Lorenza se ne andava tutta _______________ per il corso, quando, all'improvviso, le venne incontro, fischiettando, un suo amico dall'aria molto _____________.

Lei lo guardò _________________, perché non si aspettava che fosse già tornato dall'America.

Giorgio aveva passato la serata in ______________ compagnia a vedere un film d'avventura, del quale, però era rimasto un po' _____________

La compagnia di Giorgio risollevò il pessimo umore di Lorenza, specie quando lui si dichiarò disposto ad aiutarla, fresco d'inglese com'era a sostenere l'orale d'inglese...

allegro - deluso - dispiaciuto - furibondo - imprevedibile - impulsivo - lunatico - piacevole - preoccupato - sconsolato - seccato - sorpreso - triste

12. Scegliere tra i seguenti aggettivi quelli adatti a descrivere il vostro stato d'animo

Oggi mi sento...

tranquillo	agitato	entusiasta	deluso
disteso	irrequieto	gioioso	angosciato
gratificato	frustrato	mite	collerico
soddisfatto	insoddisfatto	felice	infelice
appagato	inappagato	scontento	contento

13. Scegliere tra i seguenti aggettivi quelli più adatti a descrivere il vostro carattere

Sono una persona...

eccitabile	imperturbabile	scontroso	gioviale
ribelle	remissivo	litigioso	docile
instabile	stabile	cattivo	buono
irascibile	calmo	ottimista	pessimista
squilibrato	equilibrato	inquieto	sereno
timido	deciso	chiuso	aperto
introverso	estroverso	euforico	depresso

14. Completare con le parole elencate sotto

GIANNINA

Camminammo su e giù per circa venti minuti, ________________ l'arco della spiaggia. L'unica persona allegra della comitiva appariva una bimbetta di nove anni, figlia della giovane coppia nella cui automobile ero ospitato.

________________ proprio dal vento, dal mare, dai pazzi mulinelli della sabbia, Giannina dava libero sfogo alla sua natura allegra ed espansiva.

Benché la madre avesse tentato di ______________________, si era levata scarpe e calze.

Si spingeva incontro alle ondate che venivano all'assalto della riva, si lasciava ________________ le gambe fin sopra le ginocchia.

Aveva l'aria di ____________________ un mondo, insomma, tanto che di lì a poco, quando rimontammo in macchina, vidi ____________________ nei suoi occhi neri e vivi, un'ombra di schietto rimpianto.

__________________ l'Aurelia, dopo qualche istante giungemmo in vista del bivio per Cerveteri.

Poiché era stato deciso di ____________________ immediatamente a Roma, non dubitavo che si tirasse dritto.

Ma ecco, invece, a questo punto, la nostra macchina ____________________ più del necessario, e il padre di Giannina ____________ fuori il braccio dal finestrino. Segnalava alla seconda macchina, distanziata di una trentina di metri, la propria intenzione di ____________________ a sinistra. Aveva cambiato idea.

Ci trovammo così a ____________________ la liscia stradetta asfaltata che porta in un momento a un piccolo borgo di case in gran parte recenti, e di lì, ____________________ a serpentina verso i colli del retroterra, giungemmo alla famosa necropoli etrusca.

Nessuno chiedeva spiegazioni e anch'io stavo zitto.

(GIORGIO BASSANI, *Il giardino dei Finzi-Contini,* Torino, Einaudi, 1962)

bagnare - divertirsi - elettrizzata - inoltrandoci - mettere - passare - percorrere - proibirglielo - rallentare - rientrare - riguadagnata - seguendo - svoltare

15. Formare l'avverbio di qualità dai seguenti aggettivi

Es. benevolo - *benevolmente*

1. conseguente ________________
2. attento ________________
3. particolare ________________
4. uguale ________________
5. pazzo ________________
6. finale ________________
7. potente ________________
8. banale ________________
9. leggero ________________
10. regolare ________________
11. grande ________________
12. umile ________________

16. Sostituire le parole sottolineate con una locuzione avverbiale

Es. Camminava *con molta calma* - Camminava lemme lemme.

1. L'ho incontrato *senza che ci fossimo dati appuntamento.*

2. Carlo è stato bocciato all'esame di guida perché procedeva *a sbalzi.*
3. Sta' composto, non tenere sempre le braccia *giù*.
4. Il cunicolo era talmente basso e stretto che erano costretti a camminare *con le mani e le ginocchia a terra.*
5. La donna era stata a lungo in chiesa a pregare *in ginocchio.*
6. Durante il trasferimento ha messo tutte le sue carte *in disordine*.
7. Veniva avanti *tutto tranquillo* senza preoccuparsi del traffico che lo circondava.
8. Se ne stavano *l'uno di fronte all'altro* senza rivolgersi la parola.
9. Il latte deve essere versato *in piccole quantità* se si vuol ottenere una buona salsa.
10. Siamo stati costretti a procedere *brancolando nel buio* per un lungo tratto.

17. Ricollocare nelle frasi uno degli avverbi in *-mente* o una locuzione avverbiale elencati sotto

1. "Mi raccomando, dice la mamma al figlio, non andate in moto ____________".
2. Guidava la macchina ________________.
3. Ha fatto questo lavoro ______________, non vi ha messo alcun impegno.
4. "Come va il tuo nuovo lavoro?" "Ah benissimo, ______________".
5. Sono restati a lungo, così, ________________ guardandosi negli occhi, senza rivolgersi nemmeno la parola.
6. Parlava speditamente da circa mezz'ora, quando _______________ un abbassamento di voce gli ha impedito di proseguire la conferenza.
7. All'uscita dallo stadio la calca era così pressante che abbiamo varcato il cancello ____________.
8. Ti seguirò _____________ dovunque tu deciderai di andare.
9. All'ultimo referendum il fronte del 'no' e quello del 'sì' sono arrivati __________.
10. Quando dici qualcosa, cerca di attenerti all'argomento: non puoi sempre parlare ____________.

a tutto gas - a tutta birra - improvvisamente - tutto d'un tratto - a spintoni - svogliatamente - a rotta di collo - testa a testa - faccia a faccia - a ruota libera - a vanvera - a gonfie vele - passo passo

18. Sostituire l'avverbio di qualità con il sostantivo corrispondente

Es. Velocemente = *con (in) velocità*

1. dolcemente ________________
2. pacatamente ________________
3. fiduciosamente ______________
6. cordialmente________________
7. letteralmente ______________
8. veramente ________________

4. sinceramente ________________ 9. conseguentemente ________
5. violentemente ________________ 10. parzialmente ________

19. Completare le ricette

Es. Spaghetti ... *alla carbonara*

1. Tortellini ________________ 6. Pollo ________________
2. Bistecca ________________ 7. Tè ________________
3. Penne ________________ 8. Crostata ________________
4. Tagliatelle ________________ 9. Pasta ________________
5. Gelato ________________ 10. Cannelloni ________________

Preposizioni

20. Completare

la paura

Credo che la morte _____ faccia la vedano soltanto coloro che non lo possono raccontare.

Penso invece spesso _____ morte come evento naturale che mi riguarda. Ci penso _______ volte _______ malinconia, _____ volte _____ calmo sgomento, mai ______ rassegnazione.

______ volte, quando muore qualcuno, mi succede _____ pensare: meno male. Il sollievo nasce _____ fatto che è uscito ____ strada ____ la macchina. _____ altre parole non è morto _______ cancro, _______ infarto, ______ ictus, come potrebbe accadere _____ me che ho la sua stessa età.

E se invece un amico è stroncato proprio _____ questi spettri, il mio dolore si accompagna _____ una riflessione autoconsolatoria: fumava due pacchetti _____ giorno, mangiava e beveva, io mi riguardo ____ più, faccio le analisi.

Sto sfiorando un argomento tetro, ______ gesti scaramantici.

La morte _______ Italia non è tema _____ conversazione.

_____ volte mi stupisco che il due novembre sia chiamato ancora "il giorno ____ Morti", che non si sia introdotto l'eufemismo: "giorno _____ non viventi".

_____'estero non è così: _______ librerie americane trovi manuali quali "Come prepararsi _____ morire".

______ noi gli unici libri _____'argomento hanno titoli fiduciosi: " Una luce _____'aldilà", "La vita oltre la vita". Il vocabolo morte è tassativamente bandito ______ copertina. Se c'è, vuol dire che è un giallo.

________ televisione e radio non ho mai sentito chiedere: lei ha paura _____ morire, pensa che ci sia qualcosa dopo?

E' considerato sconveniente come se si domandasse: ha mai pensato che sua moglie vada _____ letto _____ un altro?

E invece, conclusa l'immortalità _____'infanzia e _____'adolescenza, tutti cominciamo _____ considerare la nostra morte.

________ vent'anni raramente, _____ quaranta _____ più occasioni, _____ settanta forse tutte le sere.

Però restano pensieri strettamente privati.

(LUCA GOLDONI, *Il sofà*, Milano, Rizzoli 1988)

Per la lingua IN VERSI

ACQUA AZZURRA, ACQUA CHIARA

(Lucio Battisti)

1
Ogni notte ritornar
per cercarla in qualche bar,
domandare ciao che fai?
e poi uscire insieme a lei.
Ma da quando ci sei tu
tutto questo non c'è più.

2
Acqua azzurra, acqua chiara
con le mani posso finalmente bere.
Nei tuoi occhi innocenti
posso ancora ritrovare
il profumo di un amore puro,
come il tuo amor.

3 Ti telefono se vuoi,
non so pure se c'è lui,
accidenti che farò?
quattro amici troverò.
Ma da quando ci sei tu
tutto questo non c'è più.

4 Acqua azzurra, acqua chiara
con le mani posso finalmente bere
Nei tuoi occhi innocenti
posso ancora ritrovare
il profumo di un amore puro,
puro come il tuo amor.

5 Son le quattro e mezzo ormai
non ho voglia di dormir
a quest'ora, cosa vuoi,
mi va bene pure lei.

6 Ma da quando ci sei tu,
tutto questo non c'è più.
Acqua azzurra, acqua chiara
con le mani posso finalmente bere.

(LUCIO BATTISTI, MOGOL, *ED. CAM/BMG Ricordi*)

21. Completare con le preposizioni

1. Ogni notte ritornar _____ cercarla ____ qualche bar.
2. Ma ____ quando ci sei tu, tutto questo non c'è più.
3. Acqua azzurra, acqua chiara _____ le mani posso bere.
4. ____ tuoi occhi innocenti posso ancora ritrovare il profumo ____ un amore puro.
5. Non ho voglia ____ dormire, ___ quest'ora, mi va bene pure lei.

21a. Eliminare la parola che non è sinonimo delle altre

cercare: frugare, rovistare, indagare, ottenere
innocente: incolpevole, reo, ingenuo, puro
profumo: odore, lezzo, fragranza, olezzo
voglia: desiderio, brama, bisogno, avidità

21b. Sintetizzare, a voce prima e per iscritto poi, la situazione e gli stati d'animo del testo

MORFOLOGIA

DISCORSO DIRETTO — **Uso delle preposizioni**
Discorso indiretto — **Per la lingua in versi:**
Sotto le lenzuola
(Adriano Celentano)

1. Leggere il seguente testo

LUCA A MONACO

DIALOGO. Conversazione telefonica tra Luca e sua madre. Luca ha 19 anni, è figlio unico e studia lingue all'Università di Roma. Ora è a Monaco, dove segue un corso trimestrale di tedesco. Dopo una settimana che è lì, telefona ai suoi.

Luca: Ciao mamma!
Mamma: Ehi, Luca sei tu? Che sorpresa, come stai?
Luca: Io bene, grazie, e voi? Come va l'influenza di papà?
Mamma: Sta molto meglio, grazie; oramai gli è passato tutto.
Luca: Me lo passi un momento?
Mamma Eh no, non c'è. E' dovuto andare via per la ditta; torna dopodomani sera.
Luca: Uh, che peccato! Avevo chiamato più che altro per lui, per sentire come stava.
Mamma: Glielo dirò. Ma dimmi, Luca, come vanno le cose da te?
Luca: Tutto bene, grazie! Fa un freddo cane: ci sono trenta centimetri di neve in città! Però la casa è molto ben riscaldata, e pure la scuola.
Mamma: Meglio così! Senti, e i tuoi padroni di casa, come sono?
Luca: E' gente perbene, molto alla mano; ieri sera è stato il compleanno della figlia e io ho fatto gli spaghetti alla carbonara per tutti.
Mamma: E... li hai saputi fare?
Luca: Come no? Erano proprio buoni.
Mamma: Complimenti. Ascolta, e la scuola?
Luca: Bene, bene. Il corso è buono. Abbiamo un insegnante molto simpatico; è giovane, e insegna molto bene.
Mamma: Ti sei fatto qualche amico?
Luca: Mah, sì, qualcuno; però non è che ci vediamo tanto fuori della scuola, perché la sera sto bene in casa: o studio o guardo la TV, che per la lingua è molto utile.
Mamma: Sei proprio bravo!

Luca Allora, mamma, ora ti saluto, perché il telefono costa!
Senti, perché non mi richiamate voi dopo domani sera, così saluto anche papà?
Mamma: D'accordo. A presto!
Luca: Ciao, mamma! Ci sentiamo presto.

2. Ricostruire il dialogo integrandolo con le parole elencate sotto

TRA LA MADRE E IL PADRE DI LUCA

DIALOGO. Il padre di Luca è tornato a casa dal suo viaggio di lavoro

Madre: Ha chiamato Luca, l'altra sera.
Padre: E che dice di bello il nostro giovanotto?
Madre: Che tutto ______________ bene. Ha chiamato perché ______ ______ soprattutto come ______________ con la tua influenza.
Padre: Accidenti! Mi dispiace che abbia chiamato proprio una sera che non c'ero. Ma _________, come se la passa a Monaco?
Madre: Ha detto che _________________, sia ______ ________ che con i _________. Addirittura mi ha raccontato che ___________ la pasta alla carbonara per tutti!
Padre: Ecco ... invece mai che desse una _______ in casa, quand'era qui! Fuori casa i figli _________ più bravi!
Madre: Già, che ci vuoi fare? Son tutti così i ragazzi d'oggi.
Padre: E poi, che altro ti ha detto?
Mamma: Che __________ fa ____________ ed _______ ______ parecchia neve anche in città. E poi che _______________ molto ed _____________ poco.
Padre: Sì! A te lo fa credere, per farti stare tranquilla! Figurati se a quest'ora sarà in casa!
Madre: A proposito! Dobbiamo _______________. Mi ha chiesto se stasera _________ _________, così _______________ anche te.
Padre: Benissimo! Così gli parlo anch'io. Aspetta, lo faccio io il numero!

a scuola - chiamarlo - dimmi - diventano - è caduta - esce - ha fatto - lassù - mano - padroni di casa - potevamo telefonargli - salutava - si trova bene - stavi - studia - un gran freddo - va - voleva sapere

3. Riscrivere la conversazione telefonica in forma narrativa

VEDIAMOCI AL TELEFONO
(Pubblicità di un videotelefono da una rivista)

DIALOGO. Tra Davide, che è in sede, e la sua fidanzata, che è in vacanza alle Maldive.

Lei: Ti trovo pallido, molto pallido!
Lui: Amore, il neon non abbronza come il sole delle Maldive.
Vedo, invece, che tu sei in splendida forma.
Lei: Mi sento un po' in colpa per essere qui senza di te.
Lui: Non ci pensare! Divertiti. Piuttosto non dimenticarti di portarmi una camicia come quella che indossi, mi piace molto!
Lei: Va bene! Allora, ciao, e pensami.

Lui a casa e lei in vacanza si vedono al telefono

Lei dice che lui ______________________________

____

Ma lui le fa notare che ______________________________

____

Si complimenta con lei ______________________________

____

Lei gli confida ______________________________

____

______________________________ , ma lui la

rassicura dicendole che ______________________________

____

e le chiede ______________________________

____

Poi lei lo saluta ______________________________

____

4. Ricostruire il 2° dialogo in base al contenuto del 1°

DIALOGO. Pina, Marta e Sara sono tre amiche che dividono lo stesso appartamento. In casa, di mattina presto

Marta: Vai tu in lavanderia a ritirare le tende?
Sara: Spero di sì. Se riesco ad uscire dal negozio qualche minuto prima, ci passo all'una, quando torno a casa.

Poco dopo, Marta e Pina stanno facendo colazione insieme

Pina: Chissà se Sara passa a prendere le tende in lavanderia? A te ha detto nulla?
Marta: Sì, ma veramente non ne __________ tanto sicura neanche lei. Poco fa______________che se_________________ , _________________.

5. Ricostruire il 2° dialogo in base al contenuto del 1°

DIALOGO. ***Piero e Bruno sono due amici che dividono lo stesso appartamento; Sergio è un loro amico.***

Piero: Suona il telefono!
Bruno: Ci puoi andare tu, per favore? Io non ci sono per nessuno! Ho un sacco da fare!
Piero: Pronto?
Sergio: Ciao, Piero, sono Sergio. Volevo parlare con Bruno. C'è in casa?
Piero: Eh, no, mi dispiace!
Sergio: Senti, gli puoi dire di chiamarmi, appena può?
Piero: D'accordo! Gli devo dire qualcosa da parte tua, intanto?
Sergio: Beh, sì! Gli dovresti dire che domani pomeriggio andrò alla Tricot, quella fabbrica di maglieria vicino a Magione. Siccome mi aveva detto che voleva venirci anche lui, quando ci andavo io... A proposito, se ti interessa, vieni anche tu.
Piero: Ti ringrazio; vedrò se posso.

Piero torna nella stanza di Bruno

Bruno: Allora, chi era?
Piero: Sergio.
Bruno: E che gli hai detto?
Piero: Che tu non ____________________________________
Bruno: E lui che ha detto?
Piero: Che ____________________________________
Bruno: Ah, va bene, tra poco lo farò. E che cosa ______________ ,te lo ha detto?

Piero: Sì, ____
____

Bruno: Buono a sapersi! Perché non ci vieni anche tu? E' un posto fantastico: hanno bella roba e non si spende poi tantissimo.
Piero: Me l'ha proposto anche Sergio: grazie! Penso proprio che verrò!

6. Volgere dal discorso indiretto al discorso diretto

Es.: Lo zio mi ha chiesto di aiutarlo a portare di sopra le sue valigie
Lo zio mi ha chiesto: "Aiutami a portare di sopra le mie valigie"

1. Quel signore alla stazione mi domandò che ore fossero ed io gli risposi che erano le nove.
2. Il medico rassicurò il malato dicendogli che non doveva preoccuparsi, perché si trattava di una banale influenza; aggiunse però che doveva restare a letto almeno un paio di giorni. Il paziente gli rispose che avrebbe seguito scrupolosamente le sue indicazioni.
3. La signora si sedette al tavolo e chiese al cameriere di portarle degli spaghettini in bianco. Gli raccomandò che fossero "al dente" e che li facesse preparare subito, in quanto aveva poco tempo. Il cameriere la rassicurò dicendole che in pochi minuti sarebbe stata servita.
4. Ho promesso a mia nipote che per il suo compleanno le avrei regalato un braccialetto d'oro con perline e ciondoli. Le ho anche detto che venisse lei a sceglierlo, perché i suoi gusti potrebbero essere diversi dai miei.
5. Per tutta la durata della turbolenza, il capitano in persona raccomandò a tutti i passeggeri di restare calmi, di tenere allacciate le cinture di sicurezza, di non fumare, di tenersi preparati a brusche manovre.

7. Ricostruire il 2° dialogo in base al contenuto del 1°

DIALOGO. E' l'inizio di settembre: parlano tra loro due colleghi, Mario e Lorenzo, che lavorano nello stesso ufficio

Mario: Senti, ma tu dove sei andato in vacanza quest'anno?
Lorenzo: Sono stato al mare, in barca.
Mario: Ah, e in che zona?
Lorenzo: Non ci siamo fermati in un luogo fisso; abbiamo preso in affitto uno yacht a Olbia, con altre due coppie di amici, e da lì siamo partiti per una lunga crociera nell'arcipelago toscano e nelle isole della Sardegna.
Mario: E quanto ci siete stati?
Lorenzo: Un mese, a cavallo tra luglio e agosto.
Mario: Accipicchia!

Dopo pochi minuti Mario, che è un tipo un po' pettegolo, va a trovare un altro collega, Giuseppe, che non è da meno di lui, e gli racconta tutto

Mario: Giuseppe, ma lo sai quel che mi ha raccontato poco fa Lorenzo?
Giuseppe: Eh, dimmi!
Mario: Che quest'estate...
Giuseppe: No, davvero?
Mario: Come no? E poi sta sempre a piangere miseria con tutti!

8. Collocare negli spazi il verbo appropriato, scegliendolo tra quelli elencati sotto. Sono possibili più scelte

1. "Come ti chiami?" "Marina!", mi ______________ lei.
2. "Da quanti anni lavori in laboratorio?" mi ______________.
   "Da diciotto anni", ______________.
   "Diciotto anni! Mamma mia! E non sei ancora scoppiato? Dev'essere terribile passare tanto tempo a far prelievi!" ______________.
3. "Non ce la faccio proprio più a vivere in questo modo!" ___________ Rina.
   "E sai un'altra cosa? Se in questa famiglia le cose non ____________, io me ne vado, e per sempre!" ____________.
4. Il Presidente al Consiglio di Amministrazione: "Tenendo presente la situazione economico-finanziaria del Paese e i suoi riflessi sul mercato e sulla nostra azienda, si renderanno opportuni e necessari dei gravi tagli alle spese", ______________.
5. "Sono stata al mare la settimana scorsa", mi ______________ Nora. "Siamo partiti in sette, in tenda: quanto ci siamo divertiti!"
6. "Ma insomma, papà, che ci devo andare a fare a scuola?"
   "Lo capisco, figlio mio, che ti annoi, e che non ti rendi neanche conto del perché si debbano studiare certe cose... Vedi, le finalità educative spesso sfuggono ai ragazzi, ma tutto ciò ti sarà più chiaro quando sarai adulto!" ______________ il padre.
7. "Mamma, mamma! Corri! Sono caduta!" ______________ la bambina.
   "Eccomi! Vieni in braccio, fammi vedere! Ti duole, vero? Ora ti ci metto un bel cerotto, e, vedrai, tra poco non ti farà più male; non è niente di grave!", la __________ la mamma.
8. "Dai, su! Fammi uscire stasera!" ______________ la ragazzina (parlando col padre). "Ci sono tutti, ma proprio tutti, i miei compagni" ______________ poi per convincerlo. "Per favore, non essere così severo! Perché non vuoi che esca con le amiche, di pomeriggio?" ______________ lei.
9. "Come faccio a dare l'esame: non so niente!" ___________ il ragazzo.
   "Sì, mi rendo conto che in questo momento, alla vigilia dell'esame, non ti senti preparato, e sei confuso e preoccupato. Ma, credimi, è solo una sensazione del momento", lo ______________ il padre.

10. "Si può sapere dove sei stato fino a quest'ora?" ________________ la moglie, gelosa.
"Semplicemente in ufficio: ho dovuto fare due ore di straordinario!" _________ il marito.

aggiungere - chiedere - commentare - consolare - dichiarare - dire - esclamare - esplodere - guidare - insistere - pregare - raccontare - rassicurare - replicare - ripetere - rispondere - spiegare - urlare - sbottare - sbottare

9. Ricostruire il 2° dialogo in base al contenuto del 1°

DIALOGO. Due amici, Gigi e Matteo, che frequentano la stessa facoltà e lo stesso anno, si trovano al bar dell'Università.

Gigi: Vieni stasera alla festa di Paolo?
Matteo: Ci verrei volentieri, ma purtroppo c'è mamma che non sta tanto bene.
Gigi: Mi dispiace, ma ... è qualcosa di serio?
Matteo: Proprio di serio, no, ma non è neppure una faccenda tanto simpatica: soffre di crisi asmatiche; è un fatto allergico, che si riacutizza in primavera.
Gigi: Mi rendo conto, deve essere una cosa fastidiosa.
Matteo: Eh, sì! In effetti lo è. Così volevo restare a tenerle compagnia, visto che mio padre e mio fratello non ci sono.

Quella stessa sera alla festa di Paolo. Gigi parla con Roberto, un amico comune

Roberto: Matteo non si è ancora visto! Chissà come mai?

Gigi: Io l'ho ______________ stamattina all'università, e mi ha _________ che ______________________________. Mi ha ________________ volentieri, ma che non ________________ proprio.

Roberto: E come mai?

Gigi: ____
____
____

10. Riscrivere il testo in forma narrativa, utilizzando i verbi suggeriti sotto

DIALOGO. In un' azienda, in corridoio, davanti alla macchinetta del caffè, in un momento di pausa. Parlano tra di loro Loretta e Sabrina, colleghe ed amiche

Loretta: Come stai, Sabrina? Ti vedo un po' giù!
Sabrina: Altro che un po' giù! Non ne posso proprio più di questa vita: sono ogni giorno più stanca e depressa.
Loretta: Ma, ti è successo qualcosa in particolare, oppure...
Sabrina: No, no; niente di particolare. E' solo che tutto questo stress, questo corri corri di tutti i giorni non lo reggo proprio più: porta i figli a scuola, corri in azienda, esci e corri a fare la spesa, e poi tutto il lavoro in casa, poi crolli a letto ... e la mattina dopo ricominci daccapo!
Loretta: Beh, ti capisco. Anche a me questa vita di città e di azienda sta diventando insopportabile. Quanto vorrei essere in una spiaggia lontana, lontano da tutti!
Sabrina: Sapessi! Darei un anno di vita, per un mese di solitudine totale!

Una mattina, durante una pausa di lavoro, Loretta e Sabrina si mettono a parlare...

ammettere - comunicare - confermare - confidare - lamentarsi - negare - raccontare - voler sapere

11. Riscrivere il testo in forma narrativa, utilizzando i verbi suggeriti sotto

DIALOGO. Nella camera piuttosto disordinata di un ragazzo di 11 anni, parlano il ragazzo e la madre.

Madre: E adesso mettiti a fare i compiti, ma prima fai un po' di ordine in questa stanza che è tutta sottosopra e non vi si ritrova più nulla.

Ragazzo: Uffa, però, quanto sei noiosa!

Madre: Fai subito come ti ho detto, se no stasera niente televisione e sabato niente cinema!

La madre dice al figlio . ______________________________

Al che il figlio . ______________________________

Allora la madre lo . ______________________________

commentare - minacciare - ordinare - ribellarsi - rimproverare - sbuffare

12. Riscrivere il testo in forma di dialogo

COMMISSIONI DA SBRIGARE

Per la strada. La signora Betti, che abitava in quell'isolato, stava recandosi all'ufficio anagrafe del comune, quando vide una conoscente, la signora Moretti, che andava su e giù per il marciapiede.

Stupita e sorpresa, le chiese come mai si trovasse in quella zona, dal momento che, in tanti anni, non l'aveva mai incontrata.

L'altra le spiegò allora che stava aspettando che il marito uscisse dall'ufficio, situato nel palazzo di fronte.

La signora Betti si dimostrò ancora una volta stupita, ma l'amica le raccontò che di fatto ci lavorava da poco tempo, dato che la sua ditta aveva cambiato sede solo sei mesi prima.

La signora Betti la invitò allora a salire da lei, insieme con il marito, per un aperitivo.

La Moretti, però, declinò l'invito, che pure dimostrò di aver gradito moltissimo. Aveva infatti tante commissioni da sbrigare in città insieme con il marito, che apposta per questo doveva uscire dall'ufficio un po' prima del solito.

13. Riscrivere il testo in forma narrativa

DIALOGO. Al telefono. La madre con il figlio che frequenta l'università e vive fuori casa

Madre: Allora, quando ci vediamo? Ce la fai a tornare per le vacanze di Pasqua? Mi farebbe tanto piacere se tu potessi ...
Figlio: Eh, lo so! Piacerebbe tanto anche a me! Purtroppo, però, non posso: ho troppo da studiare. Ho un esame il giovedì subito dopo Pasqua.
Madre: Mi dispiace proprio ... però, certo, mi rendo conto: lo studio è lo studio!

14. Riscrivere il testo in forma narrativa, utilizzando i verbi suggeriti sotto

CUGINI IN VISITA

DIALOGO. Al telefono. La moglie chiama il marito in ufficio. Hanno come ospiti a pranzo Rosa e Paolo, due cugini che sono di passaggio in città e che devono ripartire subito dopo pranzo

Lei: Tra quanto torni a casa?

Lui: Esco tra poco, ma prima devo passare all'Ufficio del Registro a portare un documento.
Lei: Ma proprio oggi ci devi andare?
Lui: Eh, sì, purtroppo! Se no scadono i termini. Comunque cercherò di fare il più presto possibile.
Lei: Mi raccomando, lo sai che Paolo e Rosa hanno fretta di ripartire!
Lui: D'accordo! Però non aspettatemi per mangiare, così mi sento più tranquillo.
Lei: Ma no, vedrai che loro ti vorranno aspettare sicuramente!
Lui: Beh, come volete, tanto per l'una e mezza ci sono di sicuro.

aggiungere - chiedere - informarsi - raccomandarsi - rassicurare - rispondere - stupirsi

15. Riscrivere il testo in forma narrativa

CONCORSO IN VISTA

DIALOGO. A cena. Parlano tra di loro due colleghe ed amiche.

Sandra: Giuliana!
Giuliana: Dimmi!
Sandra: Senti, vorrei dirti una cosa.
Giuliana: Cosa vorresti dirmi?
Sandra: Perché non ci prendiamo qualche settimana di vacanza?
Giuliana: Ma quando?
Sandra: Presto, appena puoi.
Giuliana: Mah, ... non so. Dovrei pensarci un po' su ... Non so se è il momento giusto per il mio lavoro.
Sandra: Non ti pare che ci farebbe un gran bene un piccolo "stacco"?
Giuliana: Bene, sì, eccome!
Sandra: E allora?
Giuliana: Allora ...
Sandra: Allora cosa?
Giuliana: Beh, come dire ... Non so se è il momento giusto, ecco tutto. Credo che ... farei bene a non muovermi, per il momento.
Sandra: Ma, non hai mica qualche problema all'università?
Giuliana: Problema? No, proprio problema non direi. Voglia il cielo che non lo diventi!
Sandra: Non stai forse cercando di dirmi che è stato bandito il concorso ... vero?
Giuliana: Ebbene, sì!
Sandra: Cosa?
Giuliana: Due ore fa l'ho saputo.
Sandra: E perché non mi dicevi nulla?
Giuliana: Te l'avrei detto, te l'avrei detto! Sta' tranquilla!

16. Raccontare il dialogo in forma indiretta

ATTORI

Aprì gli occhi bistrati [1], gialli e brillanti. Proprio un vecchio gatto.
"Allora è venuto...", disse con un filo di voce
"A quanto pare", risposi, "un po' imbarazzato".
"Mi versi il tè", disse, "io sono troppo debole per alzare la teiera. La mia è una malattia dei muscoli. Buffo, no, per uno che entrava in scena con due salti mortali?"
"Io la trovo abbastanza bene".
"Come no! Ieri sono stato dal medico e gli ho chiesto: Dottore, mi dica la verità, potrò ancora stringere una donna tra le braccia?" "Certamente", ha risposto, "se ne trova una disposta a farsi seppellire con lei!"
"Questa battuta me la ricordo. La diceva Hepzibah".
"Sì, quel fetente. Era un comico malvagio. Rubava le battute a tutti. Gli piacevano quelle macabre. Cambiò decine di spalle [2]. Nessuna resisteva con lui. Se sbagliavano, le schiaffeggiava davanti a tutti, anche in scena..."
"E Garau l'ha conosciuto?"
"Oh sì! Un vero satiro. Il suo contratto standard: due milioni e due ballerine grassottelle".
"E Silvio Saponetta?"
"Tremendo! Avido di denaro. Si faceva pagare anche per gli autografi".
"Non si salvava nessuno?"
"Oh sì, sorrise Grapatax, è che io sono una linguaccia. Ce n'erano anche di dolcissimi. Napo Verez, ad esempio, dava metà di quel che guadagnava a un brefotrofio... Poi c'era Watz. Il grande Watz. Faceva *show* ovunque. Quando entrava in un albergo si fermava tutto: i camerieri rovesciavano le portate, i cuochi ribaltavano le pentole, le cameriere invece di rifare i letti ci si rotolavano sopra dal ridere. Nessun albergo lo voleva più".

(STEFANO BENNI, *Baol*, Milano, Feltrinelli 1990)

17. Trasformare dal discorso diretto al discorso indiretto

1. "Ho qualcosa da farti vedere!", mi disse lei.
2. Lei disse: "Nel mio giardino non ci cresce proprio niente. Tira troppo vento!".
3. "Parto domani, mamma!", disse lui.
4. "Appena sono pronta, vengo da voi", ci rispose lei.

[1] *Bistrati:* truccati col bistro (colorante nero-blu).
[2] *Spalla:* nel teatro di rivista, attore che fa il ruolo di contraddittore del comico, con lo scopo di offrirgli spunti per le battute.

5. "Ci siamo trasferiti nel nuovo appartamento", ci avvertì mia zia.
6. "Abbiamo l'ascensore, ma spesso non funziona", dichiararono.
7. Mi confidò: "Non so che farne di tutte queste ciliegie, devo proprio farci la marmellata".
8. Mi raccontò: "I miei figli sono partiti per il mare la settimana scorsa".
9. La avvertii: "Se il ferro è troppo caldo, si attacca al tessuto".
10. "Qui c'è uno specchio per poter controllare i vostri movimenti", mi fece notare l'istruttore.
11. "Appena avrò finito, vi raggiungerò!" rispose lei.
12. "Intendevo farlo domani", disse, "ma temo che non ne avrò il tempo".
13. "L'aspetterò alzato finché non torna, ma spero proprio che non tardi troppo!", disse.
14. Il ragazzino disse: "Oggi pomeriggio vado a pesca con papà, così ora andiamo in giardino a cercare un po' di vermicelli".
15. "Chi altro hai incontrato alla festa?" mi chiese mio fratello.
16. "Dove devo andare adesso?" gli chiese.
17. "Perché guardi attraverso il buco della serratura?" chiese il padre inquieto al figlio.
18. "A chi appartiene questa pistola?" chiese il giudice.
19. "Vattene da questa casa!", le gridò.
20. "Per favore, pagate alla cassa!", disse la commessa.
21. "Si fidi di me, signora!", disse il medico.
22. "Fai buon uso del tuo tempo. Una simile occasione non ti capiterà un'altra volta", mi ribadì.
23. "Segua quella macchina!", ordinò il poliziotto al tassista.
24. "Lavare in acqua tiepida", era scritto sull'etichetta.
25. "Smettete di urlare!", ordinò la maestra.
26. "Se viene il fattorino, dagli questi soldi!", mi ha detto.
27. "Se esci, lascia la chiave sotto lo zerbino", le ho detto.
28. "Se l'ascensore si bloccasse, morirei di paura", le ho confidato.
29. "Presto sarà pubblicata la mia biografia", ci confidò il conferenziere.
30. "L'aereo decollerà tra pochi minuti", annunciò l'altoparlante.

18. Trasformare dal discorso diretto al discorso indiretto

Es.: "Sei veramente convinto di quello che fai?", chiese mio padre.
Mio padre chiese se fossi veramente convinto di quello che facevo

1. "Lei crede in questo progetto?", disse il presidente rivolto al direttore generale.
2. "Che ne pensi della politica finanziaria del nuovo governo?", domandò a suo padre.
3. "Sei d'accordo anche tu con il programma di Luisa?", mi ha chiesto Pietro.
4. "E' al corrente del nuovo orario?", s'informò il segretario.
5. "Partirà anche Lei lunedì mattina con gli altri?", ha voluto sapere l'albergatore.

6. "Prenderà anche quest'anno le ferie in settembre, come sempre?", ha chiesto il capoufficio.
7. "E' sempre interessato all'acquisto del casolare?", mi chiese l'agenzia immobiliare.
8. "Possiamo confermare fin da oggi l'appuntamento per la fine del mese prossimo?", domandai al medico.
9. "Qual è la tua opinione in proposito?", volle sapere sua moglie.
10. "Sei anche tu dell'avviso di vendere a qualsiasi costo?", dissi al mio socio.

Preposizioni

19. Completare

autoanalisi

Se mi chiedono ______ scegliere un'immagine _____ confrontare i miei trent'anni ______ sessanta attuali, rispondo: _____ trent'anni si va ______ vacanza. ______ sessanta si portano ______ vacanza parti _____ sé.
____ esempio naso e gola _____ Salsomaggiore, le articolazioni ______ Ischia, il sistema vascolare _____ collina (non oltre i settecento metri), il metabolismo _______ una clinica _____ Bressanone.
Caratteristica comune ___ tutti quelli ___ mia età è ___ avere disturbi. ________ esempio una vertigine, un'aritmia, un risveglio_____ sudore freddo, eccetera. Dapprima ci si allarma _____ ogni stormir _____ fronda cardiaca, si illustrano _____ medico i sintomi _____ tutte le similitudini ______ cui ho detto prima e ci si fa radiografare anche l'anima.
Poi ci si abitua ____ convivere _____ questi inconvenienti, facendosi coraggio ______ due tipi _____ autodiagnosi.
La prima riguarda la meteorologia. "Mi sento male: cambia il tempo". "Le vedi quelle nuvole nere laggiù, le ho tutte dentro la testa". " Provavo un malessere simile _____'angoscia: ho visto le previsioni ______ tempo e mi sono spiegato tutto".

L'altra diagnosi è ____ tipo alimentare. "Ho certe extrasistole, deve essere stato il misto_____ pesce fritto". "Mi hanno trovato la pressione alta: sono stato un cretino _____ mangiare la paella". " _____ alcuni secondi ho perduto la vista _____ un occhio: la sera prima m'ero fatto un gran piatto _____ vongole".
Il vantaggio ______ 'autodiagnosi è quello _____ essere rassicurante.
Forse quando morirò penseranno: deve essere stato l'uovo sodo... .

(LUCA GOLDONI, *Il sofà*, Milano, Rizzoli, 1988)

Per la lingua IN VERSI

SOTTO LE LENZUOLA

(Adriano Celentano)

1 Io l'altra notte l'ho tradita
e son tornato alle cinque
pian piano sotto le lenzuola
non volevo svegliarla
ma l'abat-jour che è vicino a lei
s'illuminò come gli occhi suoi
lei mi guardò, io non parlai
io non parlai e come Giuda la baciai.

2 Ehi, ehi, ehi
io non giocai quella notte al poker,
ma sono stato insieme alla sua amica.
Guardando me sembrava che
lei mi leggesse la verità
e con la mano accarezzandomi le labbra
mi perdonava quel che lei non saprà
mai.

3 Io amo lei, soltanto lei, ma perché mai l'avrò
tradita.
La sera dopo sono uscito per fare
il solito poker, avrei voluto che venisse, ma lei
mi ha detto di no. "Vai pure, vai, io rimango
qui. Gli amici tuoi sono tutti là, sveglia sarò
quando verrai, quando tu verrai" e poi mi
disse sorridendo:

4 "Ehi, ehi, ehi
a poker, sai, non si gioca in tre
e non giocare più con la mia amica".
Dagli occhi suoi cadeva giù un
lacrimone tinto di blu
e con la mano accarezzandole
le labbra
le dissi: "Grazie, amore mio!" e la baciai.

5 Io amo lei, soltanto lei,
ma perché mai l'avrò tradita.
Oh, oh, oh...
Io amo lei, soltanto lei, ma perché mai,
l'avrò tradita...

20. La protagonista di questa tenera storia è la compagna della vita, moglie o partner che dir si voglia. Parlate di lei con i seguenti argomenti

1. L'attesa, le riflessioni, i timori mentre lui è fuori.
2. Lo sguardo intenso e indagatore al rientro di lui.
3. Il rifiuto di seguirlo la seconda sera, pur avendo tutto compreso, e la promessa di aspettarlo sveglia.
4. Finalmente la rivelazione "A poker non si gioca in tre" e il lacrimone che le cade giù dagli occhi.

20a. Indicare, fra le parole proposte, qual è il sinonimo

tradire: alterare, ingannare, sostituire.
accarezzare: far carezze, blandire, lusingare.
perdonare: assolvere, scusare, concedere il perdono.
rimanere: esser sorpreso, restare, resistere.
tinto: sporcato, distinto, colorato.
soltanto: solamente, particolarmente, soprattutto.

20b. Volgere al discorso indiretto le parole di lei

20c. Riesporre, a voce prima e per iscritto poi, la storia di questo tradimento

CERTIFICAZIONE

PROVE PRATICHE PER L'ACCERTAMENTO DELLA CONOSCENZA DELLA LINGUA ITALIANA

Raccolta di prove d'esame per i GRADI AVANZATI

LIVELLO 3

LIVELLO 4

LIVELLO 5

PRELIMINARE

- Si presentano le prove relative ai livelli avanzati TERZO, QUARTO e QUINTO, proprio perché più strettamente commisurate alle competenze dei destinatari del presente lavoro "*L'Italiano e l'Italia*".

- I test proposti, seguendo la dottrina e la prassi più diffuse, si articolano in:

  A - Prova di comprensione di testi scritti
  B - Prova di produzione di testi scritti
  C - Prova di competenza linguistica
  D - Prova di comprensione di testi orali
  E - Prova di produzione orale

- Le tracce corrispondono alle opzioni degli Enti Ufficiali e delle Agenzie più accreditate nell'ambito della certificazione delle conoscenze della lingua italiana, operanti nelle varie realtà in Italia e all'Estero.

- Si danno sommarie indicazioni di tempo relative alla durata di ciascuna prova.

- L'intento della presente sezione è quello di:
  a. proporre degli schemi;
  b. fornire una serie di orientamenti a studenti ed insegnanti;
  c. promuovere un ulteriore lavoro di completamento e perfezionamento individuale;
  d. addestrare il potenziale candidato ai ritmi e agli "stress" tipici di ogni operazione di testing.

● ● ●

A. PROVA DI COMPRENSIONE DI TESTI SCRITTI
(Tempo: 2 ore e 30 minuti circa)

1. Leggere il testo e scegliere l'indicazione giusta tra quelle proposte

All'aeroporto di Atene

All'aeroporto di Atene ascolto le chiacchiere di due signore anziane, ma vispe, indaffarate, francesi o svizzere. Viaggiano per commerci di moda, cercano nei mercati locali cose carine di artigianato, per suggerirle ai grandi importatori americani. Vanno di qua e di là tra sete e alabastri, fino a che il discorso, all'improvviso, affronta un grande tema: se sia migliore il tempo del passato o quello dei jet.

L'attuale èra dei jet trascina dietro di sé una carovana di guai per la massa: i ritardi, le nevrosi, gli attentati, le code interminabili. Prima di atterrare, giri in tondo un'ora, aspettando che a terra facciano un po' di posto. Si aspetta un'altra ora che si faccia posto in cielo, per partire. Pullulano apparecchi sulla pista come insetti nel cono d'una lampada d'estate.

(PIERO BUSCAROLI, nel quotidiano *Il Giornale*, Milano)

Attualmente un aeroporto è

a) caratterizzato da un traffico caotico. ❑
b) un luogo di vendita di prodotti artigianali ❑
c) frequentato da anziane signore. ❑

2. Leggere e scegliere l'indicazione giusta tra quelle proposte

Sappiamo, adesso. Sino a ieri la mancanza di conoscenza, l'assenza di informazioni economiche e sociali sulle donne, rendeva ogni analisi estremamente difficile: il lavoro di indagine statistica globale compiuto dall'Onu e pubblicato con il titolo "Le donne nel mondo" ha in parte colmato questo vuoto, riservando notevoli sorprese.

Ha rivelato, ad esempio, che la maggioranza delle donne impegnate nel lavoro fuori di casa non sta in Occidente: su 828 milioni di donne facenti parte della popolazione attiva, più della metà (il 56%) vive in Asia, il 29% nei Paesi sviluppati, il 9% in Africa, il 5% nell'America Latina e nei Caraibi, la donna che lavora non è affatto una caratteristica tipica delle società occidentali.

Nonostante ogni progresso, esiste il divario tra uomini e donne a livello di elezioni politiche, di investimenti, di remunerazioni.

Per quanto riguarda i poteri: alla fine del 1990, dei 159 Stati membri delle Nazioni Unite appena 6 erano guidati da donne capo di Stato.

In tutto il ventesimo secolo, dall'Inghilterra alle Filippine, le donne capo di Stato sono state soltanto 16; e su 87 premi Nobel per la pace assegnati dal 1901 in oltre novant'anni, soltanto 7 sono stati attribuiti a donne.

(LIETTA TORNABUONI, nell'inserto del quotidiano *La Stampa*,
Torino, giovedì 6 ottobre 1994)

Secondo l'articolo, il numero maggiore di donne che non svolgono un'attività domestica si trova:

a) in Occidente ❑
b) in America ❑
c) in Oriente ❑

3. Leggere e scegliere l'indicazione giusta tra quelle proposte

Appello del prefetto di Milano

La prefettura di Milano lancia un appello per combattere la piaga dell'usura.

In una lunga lettera aperta, il prefetto si rivolge direttamente a tutte le associazioni dei commercianti, degli artigiani e degli industriali di Milano, lanciando un invito accorato affinché queste decidano di assumere iniziative concrete per combattere il fenomeno.

Il prefetto non ha dubbi: "La denuncia assume un ruolo chiave nella strategia di contrasto dell'usura, perché consente agli organi inquirenti di venire a conoscenza di quel minimo di elementi su cui poter costruire ogni azione investigativa".

Ed è per questo che secondo il prefetto c'è bisogno di una grande sensibilizzazione degli operatori economici e finanziari. Occorre anche, però, che i cittadini abbiano fiducia nelle istituzioni.

(*Corriere della Sera,* Milano, domenica 9 ottobre 1994)

L'invito o il richiamo del prefetto di Milano, affinché siano denunciati gli abusi di chi presta denaro con interessi eccessivi è rivolto:

a) alla popolazione in genere ❑
b) agli operatori commerciali e industriali ❑
c) alle associazioni sportive ❑

4. Leggere i due testi seguenti e indicare quali argomenti appartengono al 1° e quali al 2°

1. In Toscana

Si percorre un'interminabile strada che supera precipizi e strapiombi tra i passi dell'Appenino Toscano e finalmente, nascosto tra i pochi pascoli e i fitti boschi di castagni, si incontra una comunità costituita da un gruppo di giovani che pare siano ricaduti nel Settecento.

Si sono impossessati di alcune case sparse, abbandonate da anni , le hanno riparate e vi abitano coltivando, con l'aiuto di due cavalli e una mucca, la terra attorno.

Più in là ci sono altri tre gruppi di case, non c'è strada, si va solo a piedi e per comunicare si suona un corno usando un codice elementare. Non hanno la luce elettrica, non usano alcuna macchina, sono strettamente vegetariani e si nutrono per lo più di cereali e legumi che loro stessi producono.

2. Nella Marsica (Abruzzo)

Oggi nella Marsica convivono realtà diverse e contraddittorie come in pochi altri luoghi d'Italia.

Da una parte ci sono sopravvivenze arcaiche come la festa di San Domenico a Cocullo con i serpenti portati in processione in onore del santo: una derivazione inconscia del culto della dea Angizia (da "anguis"= serpente) che si celebrava nell'omonimo centro fortificato i cui resti emergono sulle pendici sud-occidentali del Fucino.

Dall'altra si incontrano le immense e supermoderne antenne paraboliche della stazione di Telespazio al centro della piana, con un'agricoltura industriale che possiede i suoi mali e i suoi benefici, e, poco più a monte, le colture di sussistenza, i carri e i somari dei paesini di mezza montagna.

(Nel mensile *Atlante,* Milano, gennaio 1989, p. 49 e p. 75)

	1	2
a) Lì, permangono abitudini religiose antichissime, forse di origine latina.	❏	❏
b) Le case vecchie sono state aggiustate e messe in sesto da giovani che si curano dei prodotti della terra, mangiano tra l'altro fagioli, e non si cibano di carne.	❏	❏
c) Non ci sono le comodità moderne.	❏	❏
d) In pianura si coltiva la terra in modo moderno e produttivo, in montagna ci si serve ancora degli asini e le coltivazioni sono fatte non a scopo industriale.	❏	❏
e) Attraverso un lungo cammino tra burroni e dirupi si arriva a delle rade abitazioni.	❏	❏
f) Nella stessa zona ci sono modi e aspetti di vita differenti, anche opposti.	❏	❏

5. Leggere il testo. Rispondere alla domanda posta in fondo (15/20 parole)

Lago di Garda: il Vittoriale

Ci sono luoghi in cui si va per avvertire la sensazione del tempo o per inseguire ideali di bellezza, alcuni si raggiungono con la segreta speranza di perdersi in essi con la fantasia, altri ancora per incontrare gli spiriti di uomini e donne che in vita hanno avuto (e continuano ad avere da morti) forza e genio da influenzare e attrarre l'immaginario collettivo.

Uno di questi luoghi legati alla memoria di un'esistenza eccezionale è il Vittoriale a Gardone Riviera, che l'insaziabile ambizione di Gabriele D'Annunzio volle dedicare a un intero popolo, quello italiano.

Il Vittoriale è il luogo dove si celebra in continuazione la vittoria dell'Italia "che schiava di Roma Iddio la creò ..."; ma dove anche strani italiani vengono in divertito e critico pellegrinaggio.

E' gente lontana anni luce da quei suoi antenati stregati dalle fastose parole dell'Immaginifico Gabriele.

(MATTEO COLLURA, nel mensile *Gente viaggi*, Milano, settembre 1991, p. 86)

Che cosa si vuole dimostrare, secondo te, in questo articolo?

B. PROVA DI PRODUZIONE DI TESTI SCRITTI

1. Svolgere uno dei seguenti argomenti (80/100 parole)

a) *Scrivere una lettera ad un'agenzia turistica italiana, chiedendo informazioni non solo sul costo del soggiorno in una località balneare italiana, ma anche sulle varie possibilità di fare escursioni turistiche nella zona per visitare bellezze naturali e monumenti celebri.*

b) *Scrivere una lettera ad un amico italiano, raccontando un fatto importante capitato nel vostro Paese.*

2. Svolgere uno dei seguenti argomenti (100/120 parole)

a) *Cercare di dire in modo convincente perché non è piaciuta la lettura di un libro.*

b) *Quali sono le sensazioni che si provano di fronte ad un capolavoro d'arte (pittura, scultura, architettura)? Analizzare gli stati d'animo e interpretarli alla luce delle proprie conoscenze culturali, non dimenticando di ambientare l'opera nella sua epoca e nella vita del tempo.*

3. Svolgere uno dei seguenti argomenti (150/200 parole)

a) *Commentare liberamente la massima: "Se vuoi vivere per te stesso, vivi per gli altri".*

b) *Commentare liberamente e formulare un parere attraverso un discorso coerente e ben articolato nei passaggi: "Non so se la pubblicità diverta, costringa , istruisca o lasci indifferente l'individuo".*

C. PROVA DI COMPETENZA LINGUISTICA
(Tempo: da 45 minuti ad un'ora circa)

1. Completare il testo con le parole mancanti

Perché la nostra moneta si chiama "lira"?

Il nome viene da libbra (dal latino *Libra*), un'unità di peso diventata anche ___________ di moneta: infatti anticamente le ____________ erano di metallo pregiato e il loro valore corrispondeva al peso.

In uso in Europa fin dal VII secolo, all'inizio non _________ una moneta reale, ma un'unità di conto, con valori diversi a _____________ dei Paesi e delle epoche.

________ Medioevo quasi tutta l'Italia conteggiava con la libbra carolingia, imposta da Carlo Magno nel IX secolo. Con lo sviluppo del commercio venne frazionata per avere denaro di più comoda circolazione. Le frazioni diventarono a _________ volta unità di moneta e presero il __________ di *lire*. La prima fu la lira milanese di Giovanni Maria Sforza (1474). Altre vennero coniate successivamente in tutta Italia.

Nel 1860 fu ___________ a Firenze una moneta con la scritta "Lira italiana". Nel 1862 Vittorio Emanuele II unificò il sistema monetario e la lira ____________ l'unità monetaria _____ regno.

(*Focus*)

Acqua Boario Silia, il buon equilibrio minerale

La composizione equilibrata di Boario Silia è data dalla sua origine: le ____________ di Boario, ____________ da sempre sinonimo di qualità e benessere.

In Boario Silia, sono ____________ in misura significativa i minerali più importanti per l'organismo umano, ma senza eccessi.

Questo ne _______ un'acqua utile alll'organismo perché contribuisce a reintegrare i sali __________ che perdiamo:

Boario Silia, grazie alla ______ composizione, è un'_______ adatta a ___________, ottima sulla tavola e _______ ogni momento della giornata.

(*Messaggio pubblicitario*)

Voi e la Turchia

Immersi nella natura, conversando con gli amici _____ un luogo il cui silenzio è pieno di voci del passato storico e artistico: __________ potrebbe essere la sintesi di un racconto di un ___________ in Turchia.

Lontani da tutto, in ____________ di se stessi e _______ persone con le quali si è scelto di stare, ________ ansie, senza obblighi.

E' facile in Turchia incontrare oasi e _______ protette: fauna, ________, folklore, archeologia, pace. Riuscirete anche _____ leggere molto.

Ci sarà tanto ____ raccontare al vostro ritorno.

Rivolgetevi all'Ufficio delle ______________ con l'Estero dell'Ambasciata di Turchia, tel. 06-4871393, fax 06-4882425.

(*Messaggio pubblicitario*)

2. Inserire la parola giusta mancante, scegliendola tra quelle proposte

I Gerghi

I gerghi, ______ senso proprio (ma c'è chi estende illegittimamente la parola ai tecnici e parla ______ gergo dei medici o dei fisici) sorgono dalla volontà di un nucleo di non _______ capire. Nel passato hanno avuto, pur nelle ________________ dei gruppi che li hanno _____________, una stabilità molto ____________ di quella che hanno oggi, almeno per quanto riguarda i ____________ della malavita. Oggi esistono molti mezzi che ___________ di penetrare nel mondo chiuso di _____ esercita attività _______________: intercettazioni ____________ con le relative microspie, le infiltrazioni di _______________, le attenzioni delle autorità di polizia, __________ più interessate al fenomeno.

(TRISTANO BOLELLI, *Italiano sì e no,* Milano, Longanesi 1988, p. 27)

agenti - chi - consentono - di - differenziazioni - farsi - gerghi - illecite -in - maggiore - sempre - telefoniche - usati.

Pasquale il barbiere

Pasquale è molto ___ di un barbiere. E' un amico, un fratello, un _________. La sua voce soave tratta _____ competenza i più svariati argomenti, ___________ le sue mani agili danzano sul tuo __________ .

Tutti sprofondano nella sua poltrona, _________________ cullare dai suoi massaggi, dalle musiche celestiali della sua __________, dai profumi di paradiso che avvolgono l'aria.

Anche Girotti, il _____________, che ha sempre la faccia di quando ____________ per tranciare un osso duro col __________, si fa ___________ di creme orientali e vuole l'_____________ all'uovo.

(STEFANO BENNI, *Bar Sport*, Milano, Mondadori, 1990, p. 81)

antiforfora - capo - coltellaccio - con - facendosi - macellaio - maestro - mentre - più - spalmare - sta - radio.

3. Unire le frasi con le forme di collegamento opportune (congiunzioni, preposizioni, pronomi, avverbi, ecc.)

Es.: Marta, a bordo di un pallone aerostatico atterra nel giardino di casa Rossi. Marta prende a bordo Gianni. Marta riparte subito. Poco dopo atterra in una pianura erbosa.
Marta, a bordo di un pallone aerostatico, atterra nel giardino di casa Rossi per prendere a bordo Gianni, ma riparte subito e poco dopo atterra in una pianura erbosa.

1. Ho telefonato a Marco. Marco non era in casa. Avrei voluto invitarlo in piscina.
2. Ho chiesto all'orchestra di suonarmi una canzone. Voglio dedicare una canzone a Giulia. Oggi è il compleanno di Giulia.
3. Devo uscire subito di casa. Vado a fare la spesa. Domani i negozi sono chiusi.
4. Telefono a Claudia. Devo ricordare a Claudia di passare a prendermi prima delle nove. Rischio di perdere il treno.
5. Io non voglio fare brutte figure con il professore. Ho studiato molto per l'esame. L'esame di lingua è difficile.
6. Abbiamo tenuto le finestre aperte. In camera nostra non c'è aria condizionata. D'estate in Italia fa molto caldo. Noi avevamo bisogno di riposare.
7. I musei italiani sono visitati da tanta gente. I musei italiani raccolgono molte opere d'arte. Gli artisti italiani sono conosciuti in tutto il mondo.
8. Ci incontreremo alla stazione di Roma verso le sette. Il treno arriva alle sei e quarantacinque. Io lavoro fino alle cinque. Alle cinque devo prendere la macchina per attraversare la città.

D. PROVA DI COMPRENSIONE DI TESTI ORALI
(Tempo: 30 minuti circa)

1. Leggere attentamente il brano su cui si svolgerà parte del colloquio

Spaghetti alle vongole (Tempo di cottura: 25 minuti)

Ingredienti per quattro persone: 1,500 kg. di vongole, 300 g. di spaghetti, 2 spicchi d'aglio, 1 mazzetto di prezzemolo, 1 pizzico di peperoncino tritato, 4 cucchiai di olio extravergine d'oliva.

Lavare accuratamente le vongole e tenerle immerse in abbondante acqua fredda salata, affinché perdano la sabbia all'interno. Metterle in una padella con uno spicchio d'aglio leggermente schiacciato, versarvi due cucchiai d'olio e mettere un poco di prezzemolo tritato. Porle sul fuoco vivace, a padella coperta, e farle cuocere a fuoco moderato, scuotendo spesso la padella, finché si siano aperte.

Scolare le vongole ed eliminare quelle eventualmente rimaste chiuse. Staccare i molluschi dal guscio e tenere da parte qualche vongola intera per guarnire il piatto. Poi filtrare il liquido di cottura e tenerlo da parte.

In un tegame far scaldare l'olio rimasto con l'altro spicchio d'aglio e il peperoncino e farli leggermente rosolare; unire le vongole e il liquido di cottura filtrato e lasciare insaporire per 5 minuti circa.

Nel frattempo far cuocere gli spaghetti in abbondante acqua salata in ebollizione. Scolarli al dente e farli saltare in padella con il sugo delle vongole e le vongole con il guscio tenute da parte.

Spargere sopra il prezzemolo tritato e servirli caldi.

Domande guida

Riassumere il brano per sequenze di lavoro.
Quali ingredienti sono necessari per realizzare la ricetta?
Quali altri cibi italiani conosci?
Qual è il piatto fondamentale nell'alimentazione del tuo Paese? Parlane.

Il tour sotto il mare

La celebre corsa francese di ciclismo è sempre più "Giro d'Europa internazionale": i ciclisti fanno tappa anche in Inghilterra viaggiando nel tunnel della Manica.

Il tour de France è l'avvenimento ciclistico più importante del mondo. E, dopo i Mondiali di calcio e i Giochi Olimpici estivi e invernali, è la manifestazione che mobilita il maggior numero di rappresentanti dei giornalisti.

Gli organizzatori della corsa a tappe francese, consapevoli dell'importanza della loro manifestazione, fanno di tutto per "europeizzarla", avendo scartato un progetto di "mondializzazione" che negli anni '70 aveva ideato uno dei co-organizzatori, Felix Levitan. Sfruttando la velocità supersonica del Concorde, avrebbe voluto far disputare il prologo e un paio di tappe negli USA, fare una puntatina in Australia e quindi rientrare in Francia.

La vocazione europeistica del Tour comincia nel 1954, quando la partenza venne data in Olanda, ad Amsterdam, ma già nell'immediato dopoguerra erano frequenti sconfinamenti in Belgio, Lussemburgo, Italia, Svizzera e Spagna.

Nel '92, per celebrare l'unificazione europea, il Tour toccò gran parte dei Paesi della Cee.

(Liberamente tratto dal *Corriere della Sera*)

Domande guida

Riassumi le informazioni principali del brano.
Racconta tutto quello che sai sul ciclismo.
Parla dello sport che pratichi o che hai praticato in passato.
Parla dello sport più praticato nel tuo Paese.

Alimentazione

Dedicato agli sportivi. La dieta controllata, il menù attento non è dedicato agli atleti (che sono sempre controllatissimi), ma a quei saggi o fortunati che riescono a fare ogni giorno una qualche attività fisica, per lavoro o per scelta.

In un'epoca in cui metà della popolazione è costretta a conteggiare le calorie, per stare in equilibrio tra fame e paura di ingrassare, è sorprendente verificare quante calorie ci spetterebbero se davvero fossimo attivi come presumono gli esperti che calcolano i consumi di riferimento.

Le tabelle dell'Istituto della nutrizione assegnano ai ragazzi dai 13 ai 15 anni di età, 2550 calorie (ma per le ragazze ne bastano soltanto 2150).

Le calorie raccomandate salgono poi a 2800 tra i 16-17 anni, diventano 3050 dai 18 ai 29 anni, per stabilizzarsi sulle 2900 tra 30 e 59 anni di età.

In teoria ci sarebbe di che rallegrarsi anche per i più golosi.

Domande guida

Riassumi il contenuto del brano.
Quali sono gli elementi di base della tua alimentazione?
Come operi e ti impegni per tenere sotto controllo il tuo peso corporeo?
Qual è il tuo rapporto con il cibo?
Parla delle tue preferenze alimentari.

In Italia i musulmani sono quasi un milione

In Italia i musulmani sono organizzati nell'Acoii (Associazione delle comunità e organizzazioni islamiche in Italia), danno vita a una trentina di comunità e hanno circa cinquanta luoghi di preghiera.

Quanti sono?

Fra residenti, immigrati regolari e clandestini, si potrebbe arrivare al milione, anche se i dati ufficiali parlano di circa trecentomila individui.

In alcune province, come quella di Trapani, i musulmani sono l'85 per cento degli stranieri.

Il problema di questa presenza, e del confronto con la realtà italiana, è sentito dai musulmani stessi. Nel corso dell'ultimo convegno islamico nazionale, si è, per esempio, discusso il tema "L'Islam è nemico dell'Occidente?", e gli organizzatori hanno dato indicazioni etiche e di comportamento a chi vive in un paese dove l'Islam non è religione di stato.

I rapporti con la Chiesa Cattolica sono buoni: si tratta di due grandi religioni monoteiste e spesso i ritrovi per i musulmani sono presso le organizzazioni cattoliche.

(*Focus*)

Domande guida

Riassumi il brano nel suo contenuto di base.
Cosa conosci del cristianesimo e dell'islamismo?
Qual è il tuo rapporto con la religione?
Di' che cosa pensi della fede religiosa e della libertà di professarla.

Alla nostra salute

Vino, piacere e salute possono stare insieme?

Sì.

Le ricerche effettuate dalla moderna scienza dell'alimentazione hanno dimostrato che il nostro organismo consente, senza riceverne alcun danno, l'assunzione durante i pasti di corrette quantità di vino, sottolineando, altresì, che i vini, a differenza di altre bevande alcoliche, contengono sostanze che inibiscono l'ossidazione delle nostre cellule, contribuendo a prevenire manifestazioni cardiopatiche e arteriosclerotiche.

Gli antiossidanti presenti naturalmente nel vino, nel vino rosso in maggiore misura, sono molto più potenti della vitamina E, da tempo considerata l'antiossidante più efficace.

In sostanza si è scoperto che normali quantità di vino sviluppano il colesterolo buono (HDL) e aiutano a tenere pulite le arterie.

Il vino, bevanda moderna!

L'alimentazione italiana e mediterranea è ridiventata moderna!

Ha avuto successo in tutti i paesi del mondo grazie alla saggezza delle sue antiche tradizioni.

I suoi piatti sono ricchi di gusti e sapori davvero inconfondibili.

Pasta, legumi, frutta, cereali, latticini, pesce, carni bianche, olio extravergine di oliva e naturalmente vino, sono il segreto mediterraneo che aiuta a vivere meglio e più a lungo.

Vino: salute e piacere insieme.

(*Corriere della Sera*)

Domande guida

Riassumi le informazioni più importanti del brano.
Parla della bevanda nazionale del tuo Paese.
Come viene prodotta?
Quali sono le caratteristiche di tale bevanda?

Informazioni utili.
Piccole ferite? Ecco il soccorso

Un volo in bicicletta, uno scivolone e un ginocchio sbucciato. Come intervenire d'emergenza. Quando si verifica una ferita sorgono sempre tre dubbi.

a) - Come si fa ad arrestare la fuoruscita del sangue?

Si deve esercitare una pressione superiore a quella del sangue. La si ottiene premendo con forza crescente sulla ferita (con un garza o con un fazzoletto pulito) o stringendo la fasciatura, finché non si vede che il sangue non smette di sgorgare.

b) - Cosa fare per prevenire il tetano? Si deve fare una vaccinazione.

Non si deve però somministrare la vaccinazione quando il soggetto ha da zero a quindici anni di età e neppure se ha ricevuto una dose di vaccino da meno di dieci anni.

Si deve eseguire un nuovo richiamo del vaccino se dall'ultima dose ricevuta sono trascorsi più di cinque anni e meno di dieci o, nel caso del bambino di cinque-sei anni, se non è stato sottoposto ancora al primo richiamo previsto dalla legge e programmato per tale età.

c) - Quando fare i punti di sutura?

Quando la ferita è profonda, i lembi sono molto distanti, il sangue non smette di uscire o, in genere, nelle lesioni del volto (anche per il potenziale danno estetico) o della testa.

(*Corriere della Sera*)

Domande guida

Quale argomento tratta il brano?
Come si fa ad arrestare la fuoruscita di sangue da una ferita?
Cosa fare per prevenire il tetano?
Quando è necessario applicare punti di sutura?
Da bambino ti sei mai procurato ferite da caduta? Racconta la tua esperienza.

Dietro i quadri, tanti mestieri

Oltre al direttore e ai custodi, nel museo lavorano vari curatori scientifici o conservatori, il cui compito è studiare le raccolte, tenerne sotto controllo lo stato, aggiornarne il catalogo.

Si tratta di personale laureato in storia dell'arte o in architettura (nelle Facoltà sono previsti anche insegnamenti di museografia e museologia).

Di recente sono stati istituiti anche corsi di laurea in Conservazione dei Beni Culturali (per esempio a Udine e a Firenze), dove è possibile anche diventare restauratori laureati, altra professione richiesta in tutti i musei d'arte.

Una volta ottenuta la laurea, ai musei statali e comunali si accede per concorso.

Di altri mestieri, da noi si sente la mancanza: uno è quello del "registrar", che, al computer, tiene aggiornato l'archivio e sorveglia gli spostamenti delle opere perché non vadano perdute.

In certi musei esiste, poi, personale incaricato della circolazione del pubblico nelle sale, e un ufficio grafico che provvede alle pubblicazioni interne.

Utilissime, infine, alcune professioni non direttamente legate alla custodia delle opere, come il "fund raising" che si occupa di promozione del museo, di sponsorizzazione e reperimento di fondi.

(*Focus*)

Domande guida

In base a quanto presentato nel testo, parla del personale occupato nei musei italiani.
Nei musei superorganizzati, quali sono le professioni più diffuse?
Racconta brevemente la visita al museo che ti ha stupito di più.
Sulla base della tua esperienza quali suggerimenti e rilievi ti senti di proporre per utilizzare al meglio i musei italiani?

Il laboratorio dentro di noi

Il sistema immunitario può essere paragonato al sistema nervoso.

Non è localizzato infatti in un organo particolare né, come il sangue, rinchiuso in una rete precisa di arterie e vene.

E' invece diffuso nella gran parte dei tessuti, oltre che nel sangue.

Esistono tuttavia "luoghi" del corpo che sono particolarmente collegati al meccanismo difensivo del sistema immunitario.

Dal punto di vista della nascita delle cellule che formano il sistema, i due organi più interessati sono il midollo spinale e il timo (è una ghiandola posta in mezzo al torace, dietro lo sterno).

Nel midollo osseo, dove avviene la cosiddetta *eritropoiesi*, cioè la nascita di tutte le cellule del sangue, o meglio dei globuli rossi, le cellule del sistema immunitario nascono ma non riescono a raggiungere la loro maturità; sono dunque incapaci di svolgere i loro compiti di difesa. Tuttavia, attraverso il flusso sanguigno, queste cellule immature lasciano il midollo e danno origine a due "linee di difesa" diverse.

Alcune cellule raggiungono il timo e danno origine al gruppo dei linfociti T, utili specialmente contro i virus.

Altre cellule immature, lasciato il midollo, danno origine ai linfociti B, efficaci soprattutto contro le infezioni batteriche e le reinfezioni virali.

Domande guida

Prova a riassumere la prima parte del testo usando i termini scientifici incontrati.
Quali sono gli organi che costituiscono il sistema immunitario?
A che cosa serve il sistema immunitario umano?
Che cosa sono i linfociti e quale azione esercitano?

Restauri. I monumenti storici ora si puliscono con il laser

L'alta tecnologia arriva in aiuto delle opere d'arte.

Una nuova apparecchiatura laser, infatti, permette una pulizia accurata dei monumenti in pietra, marmo e granito, senza causare abrasioni.

A curare il progetto sono stati il Laboratorio Francese di ricerca dei monumenti storici e due società specializzate nel restauro e nella costruzione dei laser.

L'apparecchiatura, l'unica che può essere utilizzata anche in spazi stretti, è composta da un blocco mobile, con una unità elettrica e un generatore laser, e da un braccio articolato che permette all'operatore una grande libertà di movimento. Rispetto ad altri procedimenti di pulitura, come per esempio la microsabbiatura, l'intervento al laser ha diversi vantaggi.

La pulizia è ottenuta senza contatto.

Si rispetta l'autenticità della pietra.

Non si alterano i colori.

Domande guida

Riassumi il brano nei suoi dati fondamentali.
Come difendere i monumenti dall'inquinamento?
Credi che sia importante pulire e restaurare i monumenti o sarebbe preferibile lasciarli così, come la storia e il tempo ce li ha consegnati? Esprimi la tua opinione.

L'FBI "indaga" sulla morte di Napoleone

L'arsenico o un cancro allo stomaco?

L'FBI accerterà, una volta per tutte, che cosa davvero portò Napoleone Bonaparte alla tomba a soli 52 anni.

Furono i perfidi inglesi ad eliminarlo? O non si trattò, invece, di una congiura dei Borboni francesi?

A quanto ha riferito il "Times", la polizia federale americana risolverà il mistero della causa ultima del decesso nel giro di poche settimane attraverso analisi perfezionate su nove capelli del còrso.

Una lavandaia - Madame Noverraz - tagliò una ciocca di capelli a Napoleone sul letto di morte. Dopo molte peripezie i capelli sono finiti nelle mani del collezionista francese Jean Fichou, che li ha messi a disposizione dell'FBI.

A Washington la polizia federale possiede i laboratori di medicina legale più avanzati del mondo.

Un test genetico sul "Dna" e una speciale tecnica di "Assorbimento atomico" dovrebbero consentire di rivelare la presenza di arsenico o di altri veleni.

(*La Voce*)

Domande guida

Riassumi brevemente il contenuto del brano.
Quali ipotesi, sulla morte di Napoleone, si fanno nel testo?
Quale ti sembra più convincente?
Ritieni che dopo tanto tempo sia possibile definire, con precisione scientifica, la verità?
Esprimi la tua opinione.

La Galleria degli Uffizi di Firenze si ritrova un quadro di Tintoretto in più

Il restauro di due tele conservate agli Uffizi ha portato a una scoperta importante. Riguarda Tintoretto.

Sono entrambe attribuibili a questo grande maestro le due "Leda e il cigno" custodite nel museo di Firenze.

Finora, invece, quella donata nel 1893 da un grande collezionista, era considerata soltanto, tra discussioni, un'opera realizzata non dalla mano di Tintoretto, ma di qualche altro artista della sua bottega.

La scoperta è stata resa possibile dal lavoro di ripulitura e di riesame dei dipinti, realizzata in occasione del quarto centenario della morte del grande maestro.

La pulitura dei due dipinti, hanno detto la direttrice del museo e uno storico dell'arte autorevole, ha confermato l'attribuzione.

(*La Voce*)

Domande guida

Riassumi brevemente il contenuto del brano.
Alla luce di quanto hai sentito, che cosa è la Galleria degli Uffizi?
Conosci Firenze o qualche altra città italiana importante per le opere d'arte? Parlane.
Descrivi la città nella quale abitualmente vivi.
Metti in evidenza gli elementi che rendono la tua città simile o differente rispetto a città italiane.

Miti e riti delle tribù metropolitane. Per capire l'universo dei giovani

I giovani hanno ripreso la parola.

E anche la musica.

Alle spalle i mitici anni Cinquanta e Sessanta, archiviato il '68, liberati dal plumbeo destino delle Brigate rosse, non più e non solo indiani metropolitani, i giovani hanno ripreso in mano le chitarre e si sono riappropriati della loro colonna sonora. Rap, rock, etno, funky, una fusione tutta italiana, senza complessi di inferiorità, senza padri americani o inglesi.

E i "grandi" si adeguano; guardano la nuova generazione, quasi come una rarità demografica. Li scrutano, li studiano, li classificano.

Si moltiplicano i servizi televisivi e su carta.

Spicca su tutte l'iniziativa presa dal comune di Riccione che ha organizzato un "Forum sulle tendenze giovanili" dal bel titolo *Segnali dalla nuova generazione*.

(*La Repubblica*)

Domande guida

Riassumi brevemente il contenuto del brano.
Secondo quanto scritto nel testo, di che cosa si interessano i giovani del 2000?

Secondo te i giovani di oggi, quali miti hanno?
Esprimi un giudizio sui giovani di oggi.
Esprimi un giudizio su come poteva essere la gioventù del passato.

2. Ascoltare per due volte di seguito il testo registrato o letto dalla viva voce dell'insegnante. Indicare poi con una X l'affermazione giusta tra le quattro proposte

Animali. Dal Messico agli USA, la tratta dei gatti

Vita dura per i gatti, in tutto il mondo.

La notizia più inquietante viene dagli Stati Uniti: gli investigatori della Società per la protezione degli animali hanno infatti scoperto un vero e proprio traffico di gatti messicani.

Le povere bestiole vengono catturate, soffocate e poi spedite a migliaia negli USA.

Perché? Perché servano nelle scuole superiori e nelle facoltà di veterinaria e medicina, a far esperimenti di dissezione.

I gatti vengono cacciati per strada, nelle città messicane, da ragazzini del sottoproletariato, cui vengono pagati un dollaro l'uno. Vengono poi spediti alla città di Sinaloa, dove c'è la centrale di raccolta.

Da qui arrivano clandestinamente (via camion) a quattro "grossisti" americani, che li smistano nelle varie scuole, a seconda delle richieste.

"Purtroppo la nostra legge non considera tutto ciò un reato", lamenta John Walsh, della società per la protezione degli animali. Perché? "Semplicemente perché i gatti sono catturati e uccisi fuori dei nostri confini".

(*Focus*)

1. Gli investigatori della Società per la protezione degli animali hanno scoperto

un vero e proprio traffico di armi ❑
un vero e proprio scambio di gatti messicani ❑
un vero e proprio traffico di gatti messicani ❑
che forse esiste un traffico di gatti messicani ❑

2. I gatti messicani vengono catturati

soffocati e poi spediti negli USA ❑
sequestrati ed addestrati per il circo ❑
catturati, nutriti e rivenduti con profitto ❑
protetti e difesi dalla legge americana ❑

3. I gatti spediti negli USA servono

nelle scuole superiori per tenere compagnia agli studenti ❑
nelle facoltà di veterinaria e medicina per fare esperimenti di dissezione ❑
nei supermercati alimentari per eliminare gli avanzi ❑
nelle cantine dei palazzi per ripulirle dai topi ❑

4. I gatti vengono cacciati nelle città messicane da

ragazzini del sottoproletariato ❑
una squadra speciale di polizia ❑
un' associazione per la protezione degli animali ❑
una troupe televisiva a scopo di spettacolo ❑

5. La ricompensa per ogni gatto catturato è

una medaglia al valore ❑
la citazione nell'albo degli amici degli animali ❑
un dollaro ❑
un attestato di partecipazione ❑

6. La legge americana non considera tutto ciò un reato perché

gli esperimenti di dissezione sono indispensabili ❑
non conosce l'esistenza di questo traffico ❑
dovrebbe pensare a ciò l'autorità messicana ❑
i gatti arrivano negli USA già uccisi, perciò catturati al di fuori dei confini americani ❑

3. Ascoltare per due volte di seguito il testo registrato o letto dalla viva voce dell'insegnante. Completare poi le frasi proposte

L'ananas di Colombo.

Fu a Cristoforo Colombo, nel 1492, che furono offerti dei frutti di ananas dagli indiani dell'isola di Guadalupe, ed egli fu il primo europeo a conoscere la pianta.

Negli anni successivi, esploratori portoghesi e spagnoli riportarono in Europa l'incomparabile aroma e sapore dell'ananas; e in una lettera del 1513 al re Ferdinando di Spagna, Oviedo disegnò per primo il frutto.

Pianta perenne originaria delle regioni tropicali del Brasile, l'ananas predilige i climi tropicali, molto umidi e con grosse precipitazioni.

La polpa dell'ananas contiene zucchero, acido citrico, aminoacidi, proteine e molte vitamine.

(*La Repubblica*)

1. Fu a Cristoforo Colombo, nel 1492, che furono offerti dei frutti di ...

   ____

2. Negli anni successivi esploratori spagnoli e portoghesi ...

   ____

3. In una lettera al re del 1513 ...

   ____

4. Pianta perenne originaria ...

   ____

5. Predilige i climi tropicali ...

   ____

6. Esso serve per ...

   ____

7. L'ananas è un frutto ormai molto diffuso anche in ...

   ____

8. La polpa dell'ananas contiene ...

   ____

E. PROVA DI PRODUZIONE DI TESTI ORALI
(Tempo: 15-20 minuti)

1. Scegliere alcune delle immagini proposte e parlarne seguendo le indicazioni

1. - *Descrivi quello che puoi osservare nella foto.*
Parla un poco dell'arredamento o dello sfondo che fa da cornice alle foto.
Qual è il tuo pensiero sugli animali che vivono negli appartamenti.
Parla del tuo rapporto con gli animali

2. - *Descrivi nei particolari tutto quanto puoi osservare nella foto.*
Quali pensieri ti provoca la vista di un bel paesaggio marino?
Automobile significa libertà, spazi che si restringono o solo rumore e inquinamento?
Esprimi il tuo pensiero con un discorso ben articolato.

3. - *Descrivi quello che vedi nella foto.*
Secondo te, per quali motivi la gente preferisce vivere in campagna?
E' preferibile vivere in città o in campagna? Esprimi la tua opinione.

4. - *Descrivi gli elementi presenti nella foto.*
Che cosa sta facendo la signora?
Secondo te, che cosa sta pensando?
Viaggiare in aereo ha dei lati positivi o negativi?
Qual è il tuo pensiero in proposito?

5. - *Descrivi il paesaggio rappresentato nella foto.*
Dove passi solitamente le tue vacanze?
Quali riflessioni possono aiutarti a scegliere il posto per le vacanze?
Qual è, secondo te, la vacanza ideale?

6. - *Descrivi quanto puoi osservare nella foto.*
Perché, secondo te, moltissime città italiane sono costruite su un colle?
Qual è la tipologia più diffusa delle città del tuo Paese?

7. - *Descrivi quello che vedi nella foto.*
Secondo te, cosa stanno facendo le due donne?
Esprimi la tua opinione sull'incontro e sul dialogo tra generazioni diverse.

8. - *Descrivi la situazione e i personaggi della foto.*
Che cosa pensi del matrimonio?
Quali requisiti deve avere il marito ideale?
Quali requisiti deve avere la moglie ideale?

9. - *Descrivi quello che vedi nella foto.*
Perché il ragazzo sembra tanto pensieroso?
Come dovrebbe essere impostata, secondo te, l'educazione dei ragazzi?
Un' educazione corretta si nota da...

10. - *Descrivi quello che vedi o puoi capire dalla foto.*
Come si chiama questo sport in Italia e come nel tuo Paese?
Qual è il tuo rapporto con lo sport in generale?
Pratichi qualche sport? Parlane.

11. - *Descrivi quello che vedi nella foto.*
Quando devi regalare dei fiori quali scegli?
Elenca i nomi dei fiori che conosci e descrivine brevemente la forma e il colore.
Alcuni fiori hanno caratteristiche speciali. Parlane.

12. - *Descrivi gli elementi della foto.*
Che tipo è questo signore?
Dove si trova e cosa sta facendo?
Cerca di immaginare con chi sta parlando e cosa sta dicendo.

A. PROVA DI COMPRENSIONE DI TESTI SCRITTI
(Tempo: 2 ore e 30 minuti)

1. Leggere il testo e indicare poi le proposte giuste suggerite in fondo

Il garofano rosso

Finì in tumulti e arresti, nel 1890, la sfilata del 1° Maggio a Berlino. Ma a provocare quei disordini, come ricordano i giornali tedeschi dell'epoca, non furono le «provocazioni degli slogan». Fu piuttosto l'esibizione «oltraggiosa» del garofano rosso sul bavero o all'occhiello, vietata per decreto.

"Nonostante l'enorme contingente di polizia - annotava il 2 di maggio un quotidiano berlinese - i calzolai sono riusciti a marciare coi garofani in un corteo compatto, dalla Gesundbrunnen fino a Friedrichshain".

Fra di loro, intuisce tuttavia il cronista, si celavano delatori e spie, che aiutarono gli agenti a strappare quel segno d'ingiuria e a disperdere chi, con insolenza, l'esibiva.

Era la prima uscita "politica" ufficiale di un fiore antichissimo legato al mito (il suo nome scientifico, Dianthus, significa "fiore di Giove") e da qualche decennio appena entrato nei costumi popolari, dopo una fortunata permanenza presso le classi nobiliari (nel Rinascimento, quando significava soprattutto "fedeltà", erano gli aristocratici italiani a esibirlo nei ritratti, mentre nell'Inghilterra dell'Ottocento sarà il principe Alberto, marito della regina Vittoria, a dar l'esempio).

Ma oggi, in Germania, nessuno sa spiegare perché gli operai berlinesi avessero scelto proprio quel fiore per sottolineare determinazione e impegno nel giorno della 'loro' festa, decisa l'anno precedente dalla Prima Internazionale.

Forse i lavoratori tedeschi volevano imitare i nobili francesi che portavano al bavero un garofano mentre salivano sulla ghigliottina, ai tempi della Rivoluzione, per simboleggiare il coraggio che non s'infrange neppure sulla soglia estrema.

Qualunque ne sia stata la ragione, dopo quel corteo tumultuoso del 1890 il garofano è diventato in tutto il mondo un segno di uguaglianza ed è stato adottato da movimenti e partiti di sinistra.

Purché rosso, naturalmente: quello bianco era, e rimane, il fiore del matrimonio, dello sposo.

(EMANUELE NOVAZIO, *La Stampa*)

1. Nel 1890, il portare un garofano rosso all'occhiello, durante una manifestazione di popolo, era ritenuto:

a) una semplice esibizione ❑
b) una provocazione e un'offesa alle leggi ❑
c) un segno di distinzione aristocratica ❑

2. Il nome scientifico latino del garofano va riferito a un:

   a) dio della mitologia ❑
   b) personaggio terreno ❑
   c) avvenimento storico ❑

3. Il garofano rosso è diventato un simbolo politico:

   a) durante il Rinascimento ❑
   b) per la regina Vittoria d'Inghilterra ❑
   c) per operai e lavoratori della seconda metà dell'Ottocento ❑

4. I lavoratori tedeschi, mettendo sul bavero il garofano rosso, volevano imitare forse:

   a) i nobili francesi condannati alla ghigliottina ❑
   b) gli aristocratici italiani del Cinquecento ❑
   c) il principe Alberto d'Inghilterra ❑

5. Il garofano rosso è diventato il simbolo:

   a) della superiorità di classe ❑
   b) dell'uguaglianza sociale ❑
   c) dell'intelligenza lavorativa ❑

6. Il garofano bianco è più adatto:

   a) all'uomo che si sposa ❑
   b) a chi celebra il compleanno ❑
   c) a chi partecipa ad una conferenza ❑

2. Leggere il testo che segue e cercare, poi, di combinare opportunamente la frase della colonna di sinistra con la frase della colonna di destra

Umberto Eco e le bozze nel porcile

Come deve comportarsi lo scrittore di successo per non farsi stritolare dal delirio di anticipazioni, saccheggi non autorizzati, interviste estorte e indiscrezioni che accompagnano e sovente precedono l'uscita di un romanzo atteso, prelibatissima pietanza per i ghiottoni dell'industria culturale?

Semplice: diventare l'ufficio stampa di se stesso, trasformarsi in esperto di autopromozioni, prodigarsi egli stesso nella distribuzione delle bozze, attività solitamente affidata alle solerti cure dei press-agents ovvero delle agenzie di stampa.

Se poi si è scrittori di successo super, allora, come fa Umberto Eco in un'intervista rilasciata all'*Espresso*, ci si può pure permettere di teorizzarla, questa nuova fatica del romanziere assediato, e avanzare una modesta proposta per rivoluzionare i già tempestosi rapporti tra il mondo dell'editoria e quello del giornalismo culturale.

Ai primi sussurri sul suo romanzo prossimo venturo *L'isola del giorno prima*, Eco ha deciso di giocare la carta del contropiede.

"Stavolta, dice nell'intervista, non mi farò travolgere dalla valanga che mi toccò di subire con *Il pendolo di Foucault*. Stavolta, *per non essere distrutto*, accetto la logica dei mass media". Tanto che "appena ci saranno bozze leggibili dirò alla casa editrice di inviarle a chiunque le richiede, e se vorranno dichiarazioni ne farò, a cani e porci".

Finalmente si metteranno tutti l'anima in pace.

Vale a dire i cani e i porci che potranno attendere con tranquillità il loro turno. Gli uffici stampa delle case editrici, oramai stressati dalle perentorie richieste di "esclusiva" che ogni giornale chiede loro come condizione per parlare di un libro della casa. E gli anticipatori professionali, che non avendo più nulla da anticipare, non potranno più rimproverarsi di non aver anticipato abbastanza.

Una sola richiesta di precisazione, in questi tempi di primato dell' "economico": se la linea di Eco dovesse far proseliti, a chi verranno accollate le spese per la moltiplicazione incontrollata delle bozze?

(PIERLUIGI BATTISTA, *La Stampa*)

a) Uno scrittore di successo deve

b) Diventando un agente stampa di se stesso

c) Umberto Eco è lo scrittore super che è anche in grado di

d) Nell'imminenza della pubblicazione del suo nuovo romanzo

e) Siccome accetta la logica dei mass media, Eco dice

f) Il titolo del brano è ironico, perché è basato

g) Così tutti saranno tranquilli,

1. sul significato distorto e spiritoso dell'espressione "cani e porci".
2. ironicamente sostiene che i costi del libro salirebbero e forse l'editore non sarebbe d'accordo a mandare in anticipo le bozze "a cani e porci".
3. in quanto tutti potranno attendere il loro turno.
4. le bozze che Eco spedirebbe a tutti, chi le pagherebbe?
5. gli uffici stampa delle case editrici non saranno più sottoposti a stress.
6. lo scrittore famoso riesce a tenere sotto controllo chi ha fame di indiscrezioni.
7. teorizzare il disagio del romanziere di fronte ai giornalisti.

h) Se i giornalisti, i cosiddetti "anticipatori professionali" non avranno più nulla da anticipare,

i) Sorge, però, una domanda in questi tempi di fortuna del libro economico:

l) Il giornalista, con la domanda finale,

8. che darà ordine alla sua casa editrice di inviare le bozze a chiunque e di rilasciare dichiarazioni a cani e porci.

9. sapersi difendere dagli assilli delle notizie anticipate che i giornalisti pretendono in occasione della pubblicazione di un suo libro.

10. Eco vuole giocare di anticipo e fare la mossa del contropiede.

3. Leggere il testo e completare le frasi secondo i vari contenuti del brano

Cara Mafalda perché non ritorni?

Buon compleanno Mafalda!

Buoni trent'anni, anche se ti sei fermata a nove.

Buon compleanno e stai tranquilla, sei stata amata. Anche se tuo padre, Joaquìn Salvador Lavado Tejòn, un argentino di origine andalusa dall'età di tre anni chiamato Quino, "come un falegname che fa sempre lo stesso tavolino", si è stancato presto di te.

Sei morta nel '73.

Grande è stato ed è ancora il rammarico...

Mafalda la contestatrice, si intitola il libro con il quale sei atterrata in Italia, nel '69, grazie anche a un signore chiamato Umberto Eco, che ti ha scoperto, alla Bompiani.

E infatti non hai mai digerito la minestra brodosa, che gli adulti ti volevano far mangiare per forza...

Sei nata in un momento in cui il mondo stava per cambiare e avevi tante cose da dire su questo.

Oggi, tuo padre sostiene che non sapresti più che dire, perché "niente è cambiato. I giovani oggi non vogliono cambiare il mondo, ma entrare nel mondo dove già stanno i loro padri".

E per questo non ti disegna più...

Tu venivi comunque da un Sud: qualche volta le tue scarpe non erano a posto, la mamma a casa aveva problemi a comprartele.

Era, quello di Charlie Brown, un mondo senza adulti, senza tempo, senza ideologie, mentre da te, che continuamente ti misuravi coi grandi, venivamo a sapere tutto quel che accadeva, in quel mondo.

Dice, tuo padre, che non sei cambiata perché ti ha fatto scomparire in tempo.

Troppo comodo!

Se non sei cambiata è merito tuo; quello che dicevi rifletteva una realtà vera, l'eterna realtà di chi crede che c'è uno spazio aperto verso l'impossibile, un sogno a cui non bisogna rinunciare.

Una Peter Pan positiva, che fa di tutto per non prendere i difetti degli adulti.

Dice, infine, un altro tuo padre, un patrigno, un padre adottivo, Umberto Eco, appunto, che tu non hai un'ideologia.

Bene, benvenuta nel mondo di oggi, le ideologie sono tutte cadute, lo sai?

Ti conosce assai bene questo patrigno per dire che sei sempre stata contro il potere, gli affari, il denaro...

(ANTONELLA FIORI, *L'Unità*)

1) Si celebra il compleanno della bambina a fumetti Mafalda perché ...

____

2) Quino, suo padre, si è stancato di lei ...

____

3) E' noto che la contestatrice Mafalda non ha mai ...

____

4) Rispetto a lei i giovani di oggi non ...

____

5) Venendo dal Sud, Mafalda viveva in condizioni ...

____

6) Era diversa da Charlie Brown, e il merito di Mafalda era di ...

____

7) Il suo patrigno Umberto Eco dice di lei che ...

____

8) Con gli adulti Mafalda ha un rapporto ...

____

9) Il mio pensiero sulle "ideologie" è ...

____

10) Secondo il testo, il personaggio di Mafalda rappresenta ...

____

B. PROVA DI PRODUZIONE DI TESTI SCRITTI
(Tempo: 2 ore e 20 minuti)

1. Leggere attentamente il testo. Provare a riassumerlo, tenendo presenti, come appunti, gli argomenti suggeriti in fondo (150/200 parole)

E gli italiani non fecero figli

E' tempo di demografia.

I forti e i ripetuti scontri del Vaticano con l'Onu, oltre che con gli Stati Uniti, culminati nella Conferenza mondiale del Cairo, e i possibili effetti di lungo periodo della straordinariamente bassa fecondità italiana degli ultimi anni hanno ancora una volta attirato l'attenzione della stampa e del grande pubblico sui problemi della popolazione, sul loro uso politico e sul loro significato.

Arriva adesso la notizia che Cecilia Dau Novelli, storica dell'Università "La Sapienza" di Roma, avrebbe dimostrato per la prima volta che la politica demografica del fascismo fallì miseramente e che anzi gli ultimi anni del regime registrarono l'inizio del calo della natalità, dando il via ad una parabola discendente che negli anni Sessanta si sarebbe ulteriormente aggravata ...

La politica demografica fascista in realtà aveva prodotto effetti assai limitati, almeno a giudicare dalle nascite che via via si erano avute negli anni '30 e nonostante la proibizione di vendere oggetti atti alla contraccezione, nonché la famosa tassa sul celibato del 1927 e i premi per il matrimonio e la nascita di un figlio del 1933...

Che gli effetti non soddisfacessero Mussolini e il regime era un fatto tanto evidente che nel marzo del 1937 il Gran Consiglio decise di dar nuovo vigore, con ulteriori misure, alla stagnante politica demografica; sentì, fra l'altro, il bisogno di ribadire che "il problema demografico... è in realtà il problema dei problemi, giacché senza vita non c'è gioventù, né forza militare, né espansione economica, né un futuro sicuro per la nazione".

Ma, nonostante tutto questo, erano diffusi tanto la contraccezione, piuttosto rozza, quanto l'aborto... C'era del resto già la tendenza degli Italiani ad attuare un diffuso controllo delle nascite e ad avere comportamenti riproduttivi simili a quelli dei paesi dell'Europa occidentale...

Quello che sembra certo è che - secondo un giovane storico americano, Carl Ipsen, autore di saggi che prossimamente saranno pubblicati presso "Il Mulino" - fallì il tentativo del fascismo di creare una nuova Italia e una nuova morale attraverso una politica favorevole alle nascite, al controllo dell'emigrazione all'estero, al rallentamento dell'urbanesimo e all'esaltazione della ruralità, all'afflusso della popolazione verso le grandi città.

(ANTONIO GOLINI, *Il Messaggero*)

- *scontro del Vaticano con l'Onu e Stati Uniti;*
- *bassa fecondità italiana; una studiosa dell'Università "La Sapienza" di Roma;*
- *fallimento della politica demografica del fascismo;*
- *Leggi fasciste per incrementare le nascite;*

- *Mussolini preoccupato della scarsa crescita demografica e suo ragionamento;*
- *tendenza degli Italiani a controllare le nascite;*
- *che cosa fallì del programma demografico mussoliniano, secondo il giovane storico americano Carl Ipsen.*

2. Svolgere liberamente uno dei seguenti argomenti (200/250 parole)

1) **Il mio libro preferito**
Appunti-traccia:
titolo e genere (narrativo o poetico o di argomento specifico); esposizione del contenuto; pregi del libro rispetto ad altri; che cosa insegna di particolare; il fine della lettura; altro ...

2) **Le caratteristiche dell'Italia e degli Italiani**
Appunti-traccia:
natura, arte, musica; l'indole degli Italiani; i luoghi comuni; i pro e i contro; il turismo in Italia e i vostri eventuali soggiorni; altro ...

3) **Sono andato/a al cinema**
Appunti-traccia:
titolo e genere (sentimentale, dell'orrore, comico, western, ecc.); gli attori; la storia in breve; un giudizio sui protagonisti e sul loro modo di rendere reali le situazioni e i sentimenti; gli ambienti; altro ...

4) **Ho inventato questo racconto**
Appunti-traccia:
chi sono i protagonisti; l'ambiente che fa da sfondo alla vicenda; il periodo storico; il luogo; il motivo dell'azione; conclusione e riflessione finale; altro ...

5) **La politica e la cultura**
Appunti-traccia:
quali devono essere i rapporti tra la politica e la cultura? Il concetto di libertà per un intellettuale è quello di un politico? Esemplificazioni storiche; i contenuti della politica; i contenuti della cultura; scopi e finalità di entrambe; altro...

6) **L'arte del dipingere, dello scolpire e del costruire edifici**
Formulatevi appunti-traccia

7) **La musica che mi coinvolge**
Formulatevi appunti-traccia

8) **I miei pensieri in materia di economia e di risparmio**
Formulatevi appunti-traccia

9) **Per me il teatro è...**
Formulatevi appunti-traccia

10) **Pace, libertà, comprensione tra i popoli sono possibili**
Formulatevi appunti-traccia

C. PROVA DI COMPETENZA LINGUISTICA
(Tempo: 1 ora e 20 minuti)

1. Completare il testo. Inserire la parola mancante negli spazi numerati. Usare una sola parola

Giustizia. Benedetta ha potuto riabbracciare la mamma

Benedetta è una bambina di dodici anni, nata da una ______________ (1) extraconiugale, e in un secondo tempo riconosciuta dal ______________ (2) naturale. Nella sua breve vita Benedetta ha subito un vero e proprio calvario: tra revoche della potestà genitoriale alla mamma, tra ricoveri in ________________ (3) psichiatrici della medesima e di ricoveri in istituti per lei bambina.

Tutte cose che la povera ______ (4) ha raccontato con profonda e comprensibile angoscia e che __________ (5) provocato alcune reazioni, delle quali desideriamo dare notizia.

La segnalazione del ___________ (6) di Benedetta ci ______(7) arrivata tramite il legale della mamma, che si occupa di casi del genere e ha ________ (8) conoscenza molto approfondita di situazioni _____________ (9) a quella vissuta dalla ____________ (10) e dalla madre.

Dopo la pubblicazione nel nostro giornale sono ____________ (11) alcune cose importanti: ne ha _____________ (12) radio Radicale, ha ____________ (13) una denuncia l'Associazione degli avvocati.

Ma la notizia più _________________ (14) è questa: Benedetta dopo un anno e mezzo di lontananza è stata finalmente _________________ (15) dal tribunale a passare con la mamma i suoi fine ________________ (16).

(*"Epoca"*)

2. Leggere attentamente e completare il testo con le parti mancanti elencate in fondo. Trascrivere in ogni spazio numerato la lettera corrispondente alla parte scelta. La scelta possibile è una sola

Un po' di sole fa bene anche per l'acne

I raggi solari possiedono una blanda azione antisettica e antinfiammatoria.

Ma gli stessi raggi solari devono essere assunti in dosi 'terapeutiche', cioè ____________ (1), mai nelle ore più calde ed evitando tassativamente scottature (altrimenti il sole da terapeutico ___________ (2) per la pelle).

Per fare in modo poi che l'estate si trasformi in un vero toccasana, ________________ (3) regole semplicissime.

Anzitutto, non bisogna _____________ (4) sul viso e sulla schiena i preparati solari in crema o oleosi o grassi.

Oppure se non si prende sole __________________ (5), è addirittura meglio non mettere nulla sulla pelle.

Per ottenere un effetto rinfrescante sulla pelle, dopo le esposizioni, ________________ (6) di infuso di malva o di camomilla.

Se l'acne è caratterizzata da una forte componente infiammatoria, _______________ (7) applicare tutte le sere una crema a base di ossido di zinco.

Esistono, tuttavia, anche dei casi di acne che compaiono o ________________ (8) estivi.

Come comportarsi in questi casi? Mantenendo sempre il viso ben fresco.

Il sudore, l'umidità e il calore ______________________(9) in questi casi.

Utile risulta anche l'assunzione di vitamina A, di vitamina E e di vitamina C.

Con l'arrivo dell'autunno, si affronteranno le cure più idonee da ________________ (10).

(RICCARDA SERRI, *Corriere della Salute*)

a - *valutare caso per caso*
b - *tra le 11 e le 16*
c - *diventa un insulto*
d - *in quantità non eccessive*
e - *sono i veri nemici*
f - *è possibile ricorrere a impacchi*
g - *occorre seguire alcune*
h - *può essere utile*
i - *mai applicare*
l - *peggiorano nei mesi*

3. Il testo che segue è la bozza non corretta di un avviso da pubblicare. Ci sono degli errori. Trascrivere la forma corretta nelle righe numerate del riquadro. Ogni riga può contenere più errori

Campeggio estivo per giovani

1. Lunedì 18 luglio è iniziato il canpeggio estivo organizato
2. dalla parrocchia di Bastia riservato ai govani e ai gruppi
3. delle nuove Leve. Quest anno la localita scelta è Salice
4. D'Ulzio in Vale di Susa, ai confini con la Francia che ha
5. un altitudine di 1.300 metri circa sul livello del mare.
6. Il campeggio non è una vacanza qualsiasi ma un'esperienza
7. cualificante ce aiuta i ragazzi a cresere e a maturare come
   uomini.
8. E tanto l'entusiasmo che acompagna i ragazzi in cuesta loro
9. esperienza così densa di sigificato.
10. Il casmpeggio richiede, infati, la capacità di vivere insieme,
11. è momento di fraternita e di riflessione e di divertimento in
12. comune a stretto comtatto di con la natura.
13. un ritorno e fissato per il 31 luglio.

("La Voce")

1.	*campeggio*		
2.			
3.			
4.			
5.			
6.			
7.			
8.			
9.			
10.			
11.			
12.			
13.			

4. Costruire un testo sviluppando gli appunti forniti

Columbia: missione compiuta

- L'atterraggio dello Shuttle "Columbia" è stato rinviato di 15 giorni.
- Causa del ritardo: maltempo.
- Oggi è atterrato al Kennedy Space Center.
- Ha compiuto la missione più lunga da parte di un equipaggio americano.
- Gli astronauti sono 7.
- Sei sono americani.
- Il settimo è una donna giapponese.
- Con gli astronauti ci sono diverse specie di animali.
- Nello spazio è stato studiato il comportamento degli animali.

D. COMPRENSIONE DI TESTI ORALI (Tempo: 30 minuti)

1. Ascoltare il testo due volte nella registrazione o letto dalla viva voce dell'insegnante. Completare le frasi proposte in fondo in base al testo ascoltato (due o tre parole)

Autodromo di Monza. L'ultima battaglia per salvare il bosco particolarmente bello

Il Consiglio Regionale Lombardo discute una piccola legge tesa a permettere l'abbattimento di 530 alberi adulti, fra cui querce secolari della Villa Reale di Monza.

Lo scopo dell'operazione sta nella richiesta della Società concessionaria dell'autodromo di mettere in piedi misure di sicurezza del circuito.

Il sistema previsto dal progetto dei concessionari consisterebbe nell'aprire vie di fuga prima delle curve di Lesmo che consentano la massima velocità, con una media di 234 km/h (chilometri orari).

Gli ambientalisti locali, che da tempo si battono contro la presenza del circuito in un luogo storico del valore di quello di Monza, hanno predisposto una soluzione alternativa.

Come si è fatto nel Gran Premio del Canada a Montreal, prima delle due curve, si dovrebbero realizzare delle deviazioni provvisorie al fine di rallentare le vetture e diminuire i pericoli.

Soluzione questa che però incontra l'opposizione della Società dell'autodromo che, pur dicendo di voler tutelare l'incolumità dei piloti, non vuole abbassare la velocità del circuito.

Ora i difensori del Parco si attendono una soluzione dalla Regione Lombardia che valga a salvare un lembo di quello che può essere considerato il più grande e il più bel complesso naturalistico e storico-monumentale di tutta la Lombardia.

(FOLCO PRATESI, *Corriere della Sera*)

1. Il Consiglio Regionale Lombardo ______________________ legge.
2. Questa legge ______________________ di 530 alberi adulti, fra cui querce secolari.
3. La Società concessionaria del circuito vuole mettere in piedi ______________________ per i piloti.
4. Il sistema consiste nell'aprire vie di fuga ______________________ di Lesmo.
5. Questo punto del circuito è il punto cruciale e consente alle vetture una velocità media di ______________________.
6. Gli ambientalisti locali hanno ______________________ alternativa che consente alle vetture di diminuire la velocità.
7. I difensori del Parco si attendono ______________________ Regione Lombardia.

2. Ascoltare il testo due volte nella registrazione o letto dalla viva voce dell'insegnante. Indicare con una X solo le informazioni contenute nel testo

Saremo un popolo di sportivi

Roma. Si vuole una carta dello sport del Duemila per «governare» meglio 12 milioni e mezzo di praticanti, nessuno escluso, sia per i dilettanti della domenica che per i professionisti superpagati.

Questo il progetto ambizioso del CONI, l'organo ufficiale di rappresentanza dello sport italiano.

Negli ultimi trent'anni la pratica sportiva ha avuto nel nostro Paese uno sviluppo crescente. Stando ai numeri del Coni l'Italia «in pantofole» non esiste più, se è vero che 25 italiani su 100 praticano almeno un' attività motoria.

Complessivamente, la struttura territoriale dello sport italiano può contare su oltre 4000 centri. La carta del Duemila parte dalle carenze strutturali.

Gli obiettivi proposti dalla carta sono due: rendere ottima l'utilizzazione degli impianti esistenti e razionalizzare le scelte dei nuovi con soluzioni e progetti di tipo polivalente.

Dal mondo dello sport si chiede allo Stato il riconoscimento giuridico delle società, l'aiuto da parte delle istituzioni pubbliche, l'autonomia di scelte e di gestione.

(LUIGI COLDAGELLI, *Corriere della Sera*)

1. 25 Italiani su 100 praticano uno sport. ________
2. Lo Stato riceve molte tasse dalle attività sportive che si effettuano in Italia. ______
3. La pratica sportiva è diffusa soprattutto fra le donne. _____
4. Il nuoto è lo sport più praticato dagli Italiani. ____
5. Il CONI presenta una carta dello sport del Duemila. ____

6. Gli obiettivi della carta sono quelli di sfruttare al meglio l'uso del patrimonio esistente e costruire nuovi impianti polivalenti. ____
7. Nella maggioranza dei casi lo sport viene praticato in club privati. ____
8. Si chiede l'intervento dello Stato anche a livello legislativo. ______

E. PROVA DI PRODUZIONE DI TESTI ORALI (Tempo 15-20 minuti)

1. Scegliere alcune delle immagini proposte e parlarne seguendo le indicazioni

1. - *Descrivi quello che puoi osservare nella foto.*
Quali riflessioni si possono fare sull'interno, sull'esterno, l'arredamento, l'architettura, i colori, l'atmosfera, lo stile?
Cerca di immaginare e descrivere le persone che vivono in questo ambiente.
Com'è la casa dei tuoi sogni?
Come arrederesti un soggiorno?

2. - *Osserva e descrivi l'immagine.*
Cerca di descrivere il più possibile gli oggetti posti sul lavello.
L'uomo in cucina è un protagonista o un estraneo?
Parla del tuo rapporto col cibo.
Sapresti preparare una "ricetta"?

3. - *Osserva e descrivi l'immagine.*
Il titolo potrebbe essere: "I bambini, oggi, scelgono i nonni".
Vista dalla parte dei bambini la situazione affettiva nei confronti di genitori e nonni, secondo te, come si presenta?
I papà e le mamme sono troppo impegnati nel lavoro.
I nonni invece..

4. - *Osserva e descrivi la foto.*
La bicicletta: da modesto mezzo di locomozione a simbolo di ecologia e aria aperta.
Chi potrebbero essere i due ciclisti? Dove potrebbero essere andati?
Potrebbe trattarsi di un'isola...
L'acqua non sembra inquinata, perché...

LEONE
23 Luglio-22 Agosto

Non soltanto Giove, ma anche Venere vi dimostrano insolita benevolenza, rendendo più facile e piacevole sia la vita di relazione che i rapporti economici e gli acquisti di lusso. Specialmente i nati nella prima decade possono afferrare al volo una occasione di un affaruccio particolarmente gratificante. Il lavoro può essere trascurato senza danno purché a vantaggio di qualcosa di più importante.

VERGINE
23 Agosto-22 Settembre

Giove e Venere in aspetto difficile con Marte e Saturno potrebbero presentare qualche problema affettivo o di soldi, che potete risolvere positivamente con il vostro abituale realismo. Qualcuno dovrà abbandonare una tenera illusione, di cui potrà fare a meno sulla base di una nuova consapevolezza dei propri reali bisogni. Il lavoro richiede un maggiore impegno e qualche adattamento ai tempi.

BILANCIA
23 Settembre-22 Ottobre

Siete sempre ben sostenuti da Giove e adesso anche da Venere, che riguardano specialmente i nati nella prima decade. L'amore e gli affetti passano al primo posto, e quindi potete lasciarvi tentare da un rapporto che richiede maggiore tenerezza e attenzione. Il dovere può essere momentaneamente trascurato a vantaggio del piacere: anche la salute e l'aspetto possono essere seguiti con maggiore efficacia.

5. - *Leggi questi oroscopi e commentali!*
Perché, secondo te, hanno tanto successo?
Cosa pensi dell'occulto, dell'aldilà, della magia, della superstizione?
Conosci qualche storia legata all'esoterico? Prova a raccontarla.
Descrivi il tuo oroscopo in particolare.

6. - *Osserva e descrivi la foto.*
Esercizio fisico, ginnastica, sport, cibi sani, aria pulita sono gli ingredienti per una vita...
Quale sport pratichi? A quale livello e con quale impegno?
Lo sport più in voga nel tuo Paese: diffusione, interesse, implicazioni di carattere economico, politico e di costume.

L'Italia lava più bianco

7. - *Osserva l'immagine, poi fa' qualche riflessione sull'argomento.*
Quali industrie italiane conosci?
In casa tua ci sono apparecchi, utensili, arredi, libri, quadri, insomma cose italiane? Descrivine l'uso e, se esiste, il valore affettivo.
La mia lavatrice viene usata...
Non si è schiavi delle comodità, perché...

GRANDE CONCORSO

8. - *Leggi il testo. Cosa puoi cogliere? Di che si tratta?*
Il gioco, il quiz a premi, i concorsi a punti, il totocalcio: tutti espedienti per tentare la fortuna.
La speranza di diventare ricchi all'improvviso accende sempre la fantasia della gente.
Il tuo pensiero e il tuo rapporto con la fortuna e con il destino.
Ci sono nel tuo Paese gare, concorsi, quiz televisivi? Parla dei più diffusi.

9. - *Osserva l'immagine e descrivila. Dove si trova l'Alto Adige?*
Quale stagione viene presentata nella foto?
Quali sono le caratteristiche paesaggistiche e climatiche di questa regione?
Quali regioni italiane interessanti per il loro valore storico-artistico conosci?
Confronta una regione italiana che giudichi affine ad una del tuo Paese.
In qualità di turista, illustra un bell'itinerario in Italia per i tuoi amici.

PER UN CONSIGLIO "SALUTARE" ENTRA IN FARMACIA!

La farmacia è il luogo
più qualificato
per scegliere
il dietetico efficace e
più adeguato alle
tue esigenze.

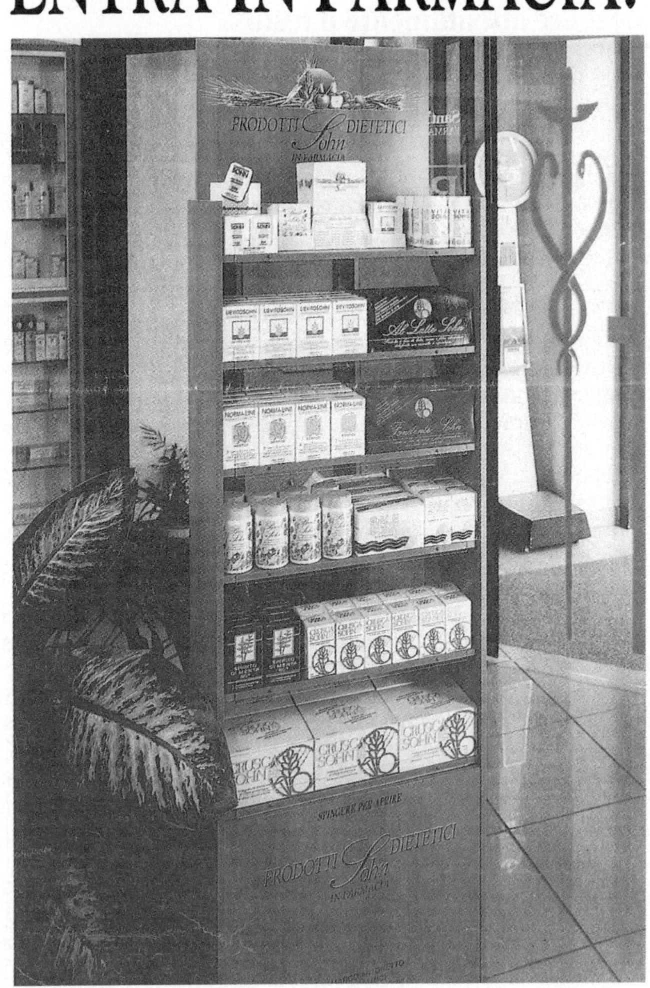

10. - *Osserva la foto: dove ci troviamo?*
La farmacia. Da luogo dove si confezionano pozioni per vari disturbi, si è passati a veri e propri negozi dove abbondano non solo medicine, ma...
Oggi si va in farmacia anche per avere consigli su...
La dieta: il vero problema per molte donne. Come vincere l'obesità, come mantenersi "sani e belli"?
E si possono comprare cibi quali....

A. PROVA DI COMPRENSIONE DI TESTI SCRITTI
(Tempo: 2 ore e 30 minuti)

1. Leggere attentamente il testo

La mente è solo un computer?

Tra le decisioni che un individuo deve prendere prima o poi nella vita c'è anche quella che riguarda chi siamo noi come esseri umani.

Siamo in fondo macchine, sia pure un po' speciali, oppure animali in carriera, o spiriti calati provvisoriamente in un corpo, o che altro? Non è una decisione che interessi soltanto qualche cultore di astrusa letteratura filosofica o teologica.

Da essa dipendono una quantità di decisioni pratiche in una miriade di campi che vanno dall'educazione dei figli alla scelta d'una terapia in caso di necessità, dalla condotta morale alle relazioni interpersonali.

Proposizione che si può anche rovesciare: infatti molte decisioni che si prendono in campo educativo, terapeutico, morale, ecc., presuppongono una risposta, spesso implicita, al quesito circa la nostra vera natura.

Una simile decisione sarebbe più semplice se le scienze, sia quelle naturali come quelle umane, si presentassero a questo proposito come un fronte unitario .

Ma non è così. Da un lato ci sono i discendenti odierni di La Mettrie e della sua idea protosettecentesca di uomo macchina, i quali ci assicurano che l'uomo non è altro che un meccanismo. Si tratta nella realtà di un fronte assai variegato.

Su un'ala avanzano folte pattuglie di neurofisiologi, i quali annunciano quasi ogni giorno di aver scoperto la sostanza chimica che produce l'inconscio, oppure il nucleo cerebrale in cui risiede esattamente la coscienza o viceversa.

All'ala opposta si muove la falange dei crociati del paradigma computazionale, sulle cui bandiere sta scritto che l'uomo è un computer, il cervello è un pezzo di hardware e la mente è il suo software.

Al centro, più avanti di tutti, procedono le schiere dei genetisti, i quali assicurano che, una volta completata la mappa del Dna, l'organismo umano potrà essere riparato, modificato, programmato come un qualsiasi apparecchio industriale.

(LUCIANO GALLINO, *La Stampa*, Torino, martedì 4 ottobre 1994)

Delle tre posizioni di pensiero scientifico moderno sull'essere umano visto come una macchina, quale teoria, o scienza, secondo voi, verrebbe maggiormente a modificare le cellule che riguardano i fattori ereditari?

a) *Quella dei neurofisiologi, i quali dicono di aver scoperto una sostanza chimica che produce l'inconscio.* ❑

b) *Quella degli esperti di elaboratori elettronici, i quali dicono che la mente umana è un computer.* ❑

c) *Quella dei genetisti, i quali dicono che l'organismo umano può essere programmato come un qualsiasi apparecchio industriale.* ❑

Per favore, Garibaldi no

Il sospetto e il dubbio imperversano. Non si salva nessuno. Una volta, per indicare un atteggiamento oltraggioso, si diceva: "Ha detto male di Garibaldi".

Nessuna meraviglia; un ricercatore ha lanciato un'accusa imprevedibile e impietosa: l'eroe dei Due Mondi era, più che un intrepido, un corruttore. Avrebbe comperato, nientemeno, la conquista della Sicilia. Non si sarebbe trattato della spedizione dei Mille, ma della distribuzione dei milioni, e di quelli di allora.

La tesi è questa: il generale, notoriamente massone, avrebbe ottenuto dai fratelli inglesi un notevole quantitativo di piastre d'oro turche che gli avrebbero permesso di acquistare la complicità di alcuni alti funzionari borbonici; le sue truppe avanzavano e il Regno delle Due Sicilie si arrendeva.

Giuseppe Garibaldi sarebbe dunque un precursore della mazzetta, un tangentaro della prima ora.

Questa versione denigratoria è duramente smentita da storici illustri, come Denis Mack Smith e Massimo Salvadori, che hanno frugato nelle carte e nelle testimonianze del Risorgimento; è vero invece che durante la battaglia di Calatafimi ci fu chi, su un crinale, organizzava l'affitto di comode seggiole per poter assistere tranquillamente allo scontro.

(ENZO BIAGI, nel mensile *Teknos,* Roma, Anno IV, nr. 9, settembre 1994, p. 9)

L'ironia del giornalista Enzo Biagi è contro

a) la corruzione in generale e quella del potere politico ❑
b) il comportamento dell'eroe dei Due Mondi ❑
c) la stupidità di certe notizie non documentate ❑

Stregati da un felino

Siete convinti che il mondo vada sempre peggio? Non disperate. Tra tante cattive notizie, ce n'è una che vi ridarà speranza: gli amanti dei gatti sono in deciso aumento.

Le informazioni che provengono da ogni parte del mondo non lasciano spazio al minimo dubbio: ormai le case abitate da mici superano per numero quelle abitate da cani, e la spesa per la pappa dei gatti batte abbondantemente il giro d'affari delle scatolette per Fido.

Vi chiederete perché la maggior diffusione dei gatti tra le mura domestiche avrà un influsso benefico sullo sviluppo della nostra civiltà. Semplice: l'amore verso i felini è un segno di civiltà. E, badate bene, non in quanto generico affetto verso gli animali.

No, qui si tratta di una cosa diversa, perché i gatti appartengono ad un mondo molto speciale.

Se prendete un proprietario di cani, egli vi dirà che il cane è affettuoso, è fedele, è sensibile, è intelligente e ubbidisce. Vi dirà anche che preferisce il cane a un gatto perché i felini sono egoisti, disubbidienti, ti fanno le fusa solo quando loro vogliono qualcosa e non quando siamo noi a desiderare un po' d'amore.

Se prendete ora un proprietario (parola già inadatta!) di gatti, scoprirete che egli ha difficoltà a spiegare perché adora il suo felino. Forse vi dirà che è bello, che è un giocherellone, che è indipendente.

E che è un gran piacere tenerselo in grembo accarezzandolo.

L'uomo, anzi, un certo tipo di uomini e donne, è affascinato dai gatti, proprio perché non ubbidiscono, fanno le fusa solo quando vogliono loro, rubano, se ne vanno se li trattate male, mantengono sempre una certa qual loro superiorità e indifferenza. I felini insomma riescono misteriosamente a costruire un rapporto da pari a pari con i loro padroni.

E' una cosa che fa imbestialire il tradizionale amante dei cani, che non riesce a capire come si fa ad affezionarsi ad un animale così sfuggente.

Eppure il segreto è proprio questo: il gatto è l'unico animale domestico che è riuscito ad inserirsi nella civiltà umana mantenendosi indipendente.

C'è il mondo degli uomini e c'è il mondo dei gatti, coi suoi ritmi e le sue regole.

(GUIDO FONTANELLI, *Il Giornale*, Milano, domenica 9 ottobre 1994)

In che cosa consiste il fascino maggiore dei gatti rispetto ai cani?

a) Nel far le fusa ed essere affettuosi ❑
b) Nel comportarsi da pari a pari con il padrone e non essere ubbidienti ❑
c) Nell'essere più civili di Fido ❑

B. PRODUZIONE DI TESTI SCRITTI (Tempo: 2 ore e 15 minuti)

Nell'allegro cimitero di babele
(La Fiera del libro a Francoforte)

E' tutto svincoli, grattacieli smerigliati e hangar di vetro, quando arrivi.

Ma se guardi bene, proprio di fianco ai grandi padiglioni della Fiera, c'è un hotel, piccolo, grigio e solitario.

E' addossato a una sopraelevata: se prendi una stanza al primo piano ed esci sul balcone, ti trovi direttamente in corsia di sorpasso, verso Mannheim. Già di per sé sarebbe bello, lì in mezzo, con quella micidiale tristezza addosso. Ma diventa perfetto quando vedi il nome. Si chiama Hotel Nobel. A due passi dal palazzone in cui sono radunati tutti i sogni letterari del mondo. Depresso come un carcere.

Hotel Nobel. Ci deve essere qualcosa da imparare, a guardare quel quadretto. Non so cosa, ma qualcosa ci deve essere.

Dentro è la Biblioteca di Babele. Chissà se c'è mai venuto, Borges. Avrebbe gradito. A ripensare alla sua geniale cecità, riesce più facile ricordarsi che mercatoni come questo sono, innanzitutto, enormi animali sonori.

Allora scegli un posto particolarmente trafficato (che so, davanti a Penguin, o dove fanno i frullati), ti fermi, chiudi gli occhi e ascolti.

Prima che arrivi qualcuno a chiederti se ti senti male, hai una manciata di minuti per sentirti scivolare attorno tutte le lingue del mondo, un concerto da brivido, un torrente continuo di cadenze e fonemi. La gente non sa come canta da dio, quando parla.

A un certo punto il gran disco collettivo si inceppa su una frasetta nasale, una specie di Debussy imperfetto. Apro gli occhi e vedo un giapponese che mi parla e sorride, contemporaneamente. Mi chiede se mi sento male? O vuole che gli presti la biro?

Prestata la biro, inizio a deambulare per i corridoi. E la prima impressione è: un cimitero. Non che sia triste, anzi, c'è in giro la composta allegria di chi sta macinando soldi.

(ALESSANDRO BARICCO, *La Stampa*, Torino, giovedì 6 ottobre 1994)

- **Spiegare** (20/25 parole) le caratteristiche dell'Hotel Nobel, cercando di esprimere in altro modo le espressioni: "E' addossato a una sopraelevata" e "ti trovi direttamente in corsia di sorpasso".
- **Cercare di raccontare** (30/35 parole) tutte le impressioni sonore che compaiono nelle situazioni del testo.
- **Spiegare** (40-50 parole) il significato del titolo "Nell'allegro cimitero di Babele"

1) ***Commentare liberamente*** (50/60 parole) ***questa frase di Pico della Mirandola riferita all'uomo.***
"Non ti ho fatto né celeste né terreno né mortale né immortale affinché, quasi di te stesso arbitro e sommo artefice, tu possa scolpirti nella forma che avrai preferito.
Tu potrai degenerare nelle cose inferiori proprie dei bruti, potrai rigenerarti secondo la volontà del tuo animo... ".

2) ***Scrivere una lettera*** (60/70 parole), ***in cui si deve raccontare ad un amico lo sport praticato e i benefici che se ne ricavano***

3) ***Sviluppare*** (70/80 parole) ***i seguenti appunti in un discorso coordinato sintatticamente e contenutisticamente***
Andare in biblioteca. Poi comperare il pane. Ore 13: pranzo con Maria. Pomeriggio: cinema. Dopo cena: studiare!

4) ***Scegliere uno dei seguenti argomenti da svolgere*** (300/350 parole).
- La mia opinione sulla "tolleranza".
- Confronta la tua società con quella italiana, indicando uguaglianze, divergenze, caratteristiche, nonché luoghi comuni divertenti, pregiudizi, errori di interpretazione che appartengono alle dicerie popolari del tuo Paese.
- Inventa una storia che abbia questo finale: "Dopo tante peripezie, almeno era riuscito a giungere in Italia".

C. PROVA DI COMPETENZA LINGUISTICA
(Tempo: 1 ora e 30 minuti)

1. Completare il testo. Inserire la parola mancante negli spazi numerati. Usare una sola parola

Si potrebbe andare tutti allo zoo virtuale

... E non trovare più gabbie, fossati e animali in prigione. Come prevede il progetto di Parsons.

Liberi nella savana, acquattati nelle foresta, un volo nei cieli sconfinati, guizzanti sui _______________ (1) marini, sui ghiacci a prendere il poco sole che si affaccia sull'estremo nord: così vedremo gli animali al ______________ (2) zoologico, senza più sbarre e musi malinconici.

Chi ________________ (3) di questa rivoluzione è un ex documentarista della Bbc, la televisione inglese, Christopher Parsons.

Il suo progetto si ____________ (4) "Electronic Zoo", zoo elettronico, e conta di trasferire i tradizionali visitatori nel giardino ____________.

Niente più recinti, vasche e voliere, solo sale ampie e organizzate per temi, in cui le apparecchiature elettroniche riproducono suoni e __________________ (5) del mondo animale.

Attraverso un percorso prestabilito, il frequentatore di questo zoo innovativo avrà ________________ (6) di addentrarsi nella foresta tropicale, di tuffarsi in ____________ (7) agli abissi marini, di ___________________ (8) la cima delle montagne.

Intorno a lui e alla sua ______________ (9) ci saranno schermi giganti e impianti _______________ (10) ad altissima definizione che lo proiettano tra stormi di uccelli, piuttosto che tra ______________ (11) di ippopotami o di elefanti, creando un effetto di realtà al 100%.

L'effetto finale è un viaggio _________________ (12) e affascinante tra la fauna e la flora del pianeta.

L'idea dello zoo virtuale, spiega il segretario generale del Wwf, Gianfranco Bologna, si sposa __________________ (13) con la nostra concezione di giardino zoologico come centro culturale e non come bestiario.

Il progetto perciò ha un futuro, anche se l'ammontare dei costi, è ancora in discussione.

(*L'Europeo*)

2. Inserire negli spazi vuoti la parola giusta, scegliendola nell'elenco alfabetico messo in fondo al brano e facendo attenzione alle concordanze

Un po' di storia dei vestiti

Uno dei bisogni primari dell'essere umano è certamente quello di ____________ dall'intemperie, di fornire al suo corpo fragile e indifeso ____________, insomma di vestirsi.
Inizialmente i nostri progenitori si accontentano delle ____________ degli animali uccisi; una volta conquistata la __________ di trattarle per non farle marcire (con un rudimentale ____________ di concia), per lungo tempo non sono certamente ___________ dal problema della loro cura.
Con il passaggio dalla vita nomade a quella ____________ determinato dalla rivoluzione agricola del periodo neolitico, ____________ settemila anni or sono, tutto si fa più complesso.
L'essere umano costruisce ____________ o capanne, alleva ____________, scambia ____________, fabbrica vasellame, scopre la ____________, diventa un abile __________; __________ e tessitura gli consentono di sostituire le pelli degli animali uccisi con rozzi ____________ .

(IL PERFETTO GUARDAROBA, inserto di *Casaviva*, Milano, Mondadori, 1990, p. 7)

Animale - artigiano - assillato - capacità - circa - filatura - palafitta - pelle - procedimento - prodotto - protezione - ripararsi - ruota - stanziale - tessuto

3. Collocare negli spazi vuoti i verbi (elencati alfabeticamente alla fine del brano) nella loro giusta forma, badando ovviamente ai modi, ai tempi e al loro significato

La mamma di San Pietro

Si racconta che la mamma di San Pietro ____________ un'avara taccagna e spilorcia. Mai che ____________ un'elemosina, mai che ____________ un grano per il prossimo. Un giorno stava ____________ i porri, e ____________ una povera. "Mi fate la carità, devota donna?"
"Sì, tutti qui pronti a venire ____________ qualcosa! Beh, basta, prendi questa!" e le diede una foglia di porro.
Quando il Signore la ____________ all'altra vita, la mandò all'Inferno. Capo del Paradiso era San Pietro; e ____________ seduto sulla porta ____________ una voce: "Pietro! Ahi! Vedi come ____________! Figlio mio, va' dal Maestro, ____________, ____________ uscire da questi guai!"

San Pietro ___________ dal Signore e il Signore gli disse: "Ma! Tua madre non ha mai fatto un'unghia di bene in vita sua! Tutto quel che può mettere sulla bilancia è una foglia di porro. Prova a far così: ____________ questa foglia di porro perché __________. ________ su in Paradiso."

_______ un angelo a __________ la foglia. "Prendi qua!" e la mamma di San Pietro si afferrò. __________ per essere tirata su dall' Inferno, quando tutte le povere anime che erano con lei, a vederla salir su, le ____________ alle falde della veste. Ma quell'egoista gridando: "No! Non voi! ___________! Solo io! Solo io!" e ___________ a dar calci, a scuotersi la veste e tanto _____________ per farli cadere, che la foglia di porro ____________, e la mamma di San Pietro ripiombò in fondo all'Inferno.

(ITALO CALVINO, *Fiabe italiane* (a cura di) vol. II, Torino, Einaudi, 1956, p. 689)

Andare - andarsene - afferrarsi - agitarsi - arrostirsi - attaccarsi - calare - chiamare - chiedere cominciare - darle - essere - fare - farmi - mondare - parlargli - passare - porgere - rompersi - sentire - spendere - stare - starsene - tirarla

4. Collocare negli spazi vuoti, secondo la successione dei numeri, l'unica forma corretta, scegliendola tra le tre proposte (rispettivamente per ogni numero) elencate alla fine del brano

Sulla lambretta

Tu guidavi con le braccia (1) ___________, perché le lambrette di quell'epoca avevano il (2) ___________ ampio; io guardavo la tua sciarpa che sventolava e mi faceva il solletico con la frangia, avrei voluto grattarmi il naso ma avevo paura di (3) _____________, era il millenovecentocinquantasei, questo è certo, perché l'acquisto della lambretta aveva festeggiato il mio tredicesimo anno di età; io ti ho battuto con due dita su una spalla (4) __________ pregarti di andare più piano, e allora tu ti sei voltato sorridendo, e nel fare così la sciarpa (5) ___________ sul collo, ma molto lentamente, come se ogni movimento degli oggetti nello spazio fosse (6) _______________, e io ho visto che sotto la sciarpa avevi una ferita orrenda che ti squarciava il collo (7) _____________, era così larga e slabbrata che lasciava scoperti i tessuti muscolari, i vasi sanguigni, la (8) ___________, la faringe, (9) __________ tu non sapevi di avere quella ferita e sorridevi ignaro e infatti non l'avevi, ero io (10) __________ la vedevo, è strano come a volte possa succedere di sovrapporre due ricordi in un unico ricordo, mi stava succedendo questo, ricordavo (11) _______________ tua immagine del millenovecentocinquantasei e insieme vi impastavo l'immagine che poi mi (12) _____________ per sempre, quasi trent'anni dopo.

(ANTONIO TABUCCHI, da *Gli archivi di Macao* in *I volatili del Beato Angelico, Palermo, Sellerio, 1987)*

(1) Conserte - allargate - stiracchiate
(2) Manubrio - freno - pedale
(3) Salire - scendere - cadere
(4) Dopo - come per - da
(5) Ha saltato - è andata via - ti è scivolata
(6) Ritardato - piano - accelerato
(7) Di parte - a parte - da parte a parte
(8) Carotide - pancia - vena
(9) Dal momento che - benché - ma
(10) Perché - che - quando
(11) Della - la - sopra la
(12) Avresti lasciato - avessi lasciato - lasci

5. Individuare i quindici errori (ortografici e grammaticali), volutamente inseriti nel testo, e correggerli nell'apposito spazio in fondo

Un patriottismo formato vacanza

Gli italiani quando incontrando altri italiani all'estero festeggiano l'avvenimento, manifestando un orgoglio nazionale che con patria tengano ben nascosto. Popoli ben più patriottici di noi, una volta all'estero, se annusano come leoni della savana, mantenendosi a debita distanza.

Si volete che due inglesi si detestano, ad esempio, fatelo incontrare a Toscana o in Provenza, dentro una trattoria che ognuno dei due crederebbe di aver scoperto. Gli italiani all'estero, invece e incredibilmente, si piacciano e vanno d'accordo.

Disinteressandosi dei luoghi che gli circondano, parlino tra di loro di scuole e tasse, discussero del governo, ascoltano pazienti complicate vicende familiare narrate da perfetti sconosciuti, accomunati da una struggenta nostalgia gastronomica.

(BEPPE SEVERGNINI, "La Voce", Milano, giovedì, 29 settembre 1994)

D. COMPRENSIONE DI TESTI ORALI (Tempo: 30-40 minuti)

1. Ascoltare il testo due volte nella registrazione o letto dalla viva voce dell'insegnante. Individuare poi la risposta esatta

Gli umani difetti degli eroi della luna

Ma poi, conclusa la grande impresa, che ne è stato degli "eroi lunari"?

Da quando rientrarono nell'atmosfera della terra, e poi nelle rispettive case, qual è stata la loro sorte?

Dopo qualche tempo, placatasi l'eco del viaggio cosmico, si ritornò a parlare di loro per un fatto di cronaca: Glenn, slittato dentro la vasca da bagno, aveva battuto la testa rimanendo sordo come un vecchio orso. Capimmo che era ancora uno di noi.

Poi conobbi Bormann, e fu un'esperienza, per dir così, sconcertante. Ricordo la lunga e faticosa conversazione con l'astronauta che circumnavigò la Luna.

Così dall'alto ci era parso un uomo di grande spiritualità, e tutti desiderammo che lo fosse; poi, nell'incontrarlo quaggiù, il giudizio subì una riduzione.

Chi era dunque quell'*uno di noi* che aveva reso vicino il remoto, chiaro il misterioso, razionale il caotico, storico l'eterno?

A parte il fatto che appena sollevatosi da terra si prese la gastrite e annunciò alla base di avere il mal di pancia (fu la confortante testimonianza che un "modulo di servizio" non funzionava in quell'uomo per tanti versi perfetto), Bormann eluse ogni domanda che puntasse proprio all'uomo.

Per uomini così fatti, i primi a *vedere sorgere la Terra*, abbiamo trepidato giorni e notti. Volevamo, in fondo, che vedessero e sentissero anche per noi.

Poi tornarono, e attraverso loro sapemmo meglio di che pasta siamo.

Aldrin non ha mai perdonato alla Nasa di avere scelto il piede di Armstrong per lasciare sulla luna la prima impronta d'uomo; risentito si è dato al bere, è finito in mano agli psichiatri, gli è saltata la promozione a generale. Riconciliatosi con la moglie è andato a vivere in campagna, sepolto nella malinconia.

Armstrong, stizzito per il silenzio in cui, ha detto, era finito, si è tuffato nella mondanità, travolto da nugoli di donne. A Wapakoneta, suo paese natale, gli avevano messo su, alla buona, un museo spaziale intitolato al concittadino che si era fatto onore. Poi l'hanno smontato, adesso al suo posto c'è una bottega e la Nasa si è ripresa il suo sasso lunare.

Collins ebbe l'incarico dal Dipartimento di Stato di propagandare tra i giovani gli ideali dell'ardimento, ma erano anni difficili, c'era in giro Marcuse. Qualcuno consigliò a Collins di lasciar perdere, e così è stato.

Ora veniamo a sapere che gli americani torneranno sulla rotta lunare.

Il nuovo progetto prevede esplorazioni, sondaggi, insediamenti. E' così anche quaggiù, presa una strada, è difficile tornare indietro.

"Ciò che fa l'uomo così grande, unico e in qualche modo immortale, è questo mettersi a rischio continuamente per conoscere meglio, con l'universo, se stesso." Sono parole di J. F. Kennedy, prese dal suo primo discorso sulla "Nuova frontiera".

E' vero, è stato così per Ulisse, per Colombo, per Marco Polo, per Caboto, per Magellano, per Vespucci, per Gagarin, per Armstrong.

E se Bormann ci ha un po' delusi, tant'è. Forse l'avremmo voluto un po' più filosofo, o poeta; è rimasto, invece, un uomo quasi metallico, uno straordinario, robotico pezzo d'epoca.

(SERGIO ZAVOLI, dal settimanale *Epoca*)

Indicare l'affermazione esatta tra quelle proposte

1. A distanza dallo sbarco sulla luna, gli Americani hanno fatto sapere che tra non molto tempo

gli astronuati sbarcheranno su Marte ❑
torneremo a mettere piede sul nostro satellite ❑
sarà lanciata una nuova nave spaziale ai confini del mondo ❑
torneremo a parlare di viaggi spaziali ❑

2. Dopo il ritorno a terra l'astronauta Glenn, slittato dentro la vasca da bagno

si era rotta una gamba ❑
si era terribilmente arrabbiato ❑
aveva battuto la testa rimanendo sordo ❑
aveva fatto causa alla ditta istallatrice della vasca da bagno ❑

3. L'astronauta Bormann, appena sollevatosi da terra

si emozionò nel vedere la terra ❑
si prese la gastrite ❑
recitò una poesia dedicata alla luna ❑
si prese il raffreddore ❑

4. L'astronauta Aldrin, contrariato per la scelta, da parte della Nasa, di Armstrong come primo uomo sulla luna

si è ritirato a vita monastica ❑
è caduto in depressione ❑
è andato a vivere in campagna ❑
ha chiesto di far parte delle prossime missioni ❑

5. Collins ricevette l'incarico di propagandare tra i giovani gli ideali dell'ardimento, ma dovette lasciar perdere

perché l'associazione genitori denunciò la pericolosità delle sue proposte ❑
perché rimase senza voce ❑
perché non aveva a disposizione denaro sufficiente ❑
a causa delle teorie ispirate a Marcuse che circolavano ❑

2. Ascoltare il testo due volte nella registrazione o letto dalla viva voce dell'insegnante. Individuare poi, la risposta esatta

Quando le donne perdono i capelli

Esiste un numero maggiore di donne con il problema dell'eccessiva caduta dei capelli, e conseguentemente diradamento della chioma, oppure, semplicemente, le donne prestano una maggiore attenzione al fenomeno?
Io propendo per la prima ipotesi.
Occorre però fare una precisazione: il 10% dei capelli in testa è in fase di rinnovamento, quindi cade per ricrescere; il diradamento si verifica quando i capelli, caduti, non ricrescono, o ricrescono più fini, sottili, quasi invisibili.
Non bisogna quindi preoccuparsi eccessivamente della caduta, bisogna bensì controllare la ricrescita.
Detto ciò, è importante segnalare la condizione di affaticamento nella quale vivono moltissime donne, sottoposte a stress psichici e fisici di ogni tipo, compresi quelli tipicamente maschili - dal punto di vista ormonale - delle "donne in carriera", che non si concedono mai un cedimento, un istante di frivolezza.
La caduta dei capelli, psicologicamente, rappresenta l'impotenza, significa: "Non ce la faccio più".
Che fare? Regalatevi un'ora al giorno. Mangiate meglio, più proteine, vitamine del gruppo B e C, ferro, frutta, verdura fresca.
E pensate che, ogni tanto, gli altri possono farcela anche senza di voi.

(RICCARDA FERRI, *Corriere Salute*)

Indicare l'affermazione esatta fra quelle proposte

1. Il fenomeno della perdita dei capelli nelle donne è in crescita, rispetto al passato, perché le stesse donne

prestano particolare attenzione ai capelli ❑
sono più stanche e stressate ❑
non hanno più tempo da dedicare ai capelli ❑
usano prodotti nocivi ❑

2. Occorre precisare che il 10% dei capelli si rinnova e quindi cade per

non ricrescere più ❑
ricrescere spontaneamente ❑
ricrescere dopo qualche anno ❑
ricrescere più forti e più folti ❑

3. Non bisogna preoccuparsi della caduta spontanea, ma bisogna, invece,

controllare la ricrescita ❑
controllare i prodotti usati per l'igiene ❑
controllare l'alimentazione ❑
andare dal medico ❑

4. La caduta dei capelli, psicologicamente, rappresenta

l'impotenza ❑
la stanchezza ❑
la forza ❑
la femminilità ❑

5. Per evitare che la caduta continui si deve

evitare il fumo, il caffè e altre droghe ❑
lavarsi i capelli il meno possibile ❑
ricavare, dagli impegni quotidiani, un'ora da dedicare a sé ❑
assumere medicine specifiche ❑

3. Ascoltare il testo due volte nella registrazione o letto dalla viva voce dell'insegnante. Eseguire poi la richiesta in fondo

Sposarsi, in Italia, non è più di moda

In questi ultimi anni, l'Italia ha toccato il minimo storico relativamente al numero dei matrimoni celebrati.

Lo scorso anno la perdita secca è stata del 3,7% e il quoziente attuale di 5 matrimoni ogni mille abitanti rappresenta il valore più basso dall'Unità d'Italia ad oggi, se si escludono i periodi bellici.

A delineare una dinamica al "rallentatore" dei matrimoni nel nostro Paese è l'Istituto Nazionale di Statistica, in una nota che riassume anche la situazione sul fronte delle separazioni e dei divorzi.

Due anni fa - fa notare l'ISTAT - i matrimoni celebrati, con rito civile o religioso, erano stati quasi 304 mila. L'anno passato, invece è avvenuto il tracollo, con appena 293 mila celebrazioni, 11 mila in meno.

Significativa anche la dinamica nelle regioni del mezzogiorno, che hanno registrato un calo superiore a quello verificatosi nel resto del Paese. Da questo punto di vista un'altra indicazione è inoltre rappresentata dalla riduzione del "gap" (cioè la differenza o disparità) fra centro-nord e sud quanto a quoziente di matrimoni ogni mille abitanti: appena un punto per mille di differenza.

Non cambiano, invece, le statistiche che riguardano l'incidenza dei matrimoni celebrati con rito civile sul totale: siamo sempre intorno al 18%, dopo che in precedenza si era delineato un andamento crescente.

Nelle regioni centro-settentrionali il rito civile ha un' incidenza di quasi il 22% sul totale, nel Mezzogiorno si scende, invece, ad appena il 13%.

Un altro fenomeno su cui l'ISTAT ha indagato è quello dell'aumento delle separazioni, che si accompagna ad un calo dei divorzi. Le separazioni sono, infatti, cresciute del 5%, mentre i divorzi sono diminuiti del 6%.

Il numero delle separazioni ogni 100 mila abitanti passa da 80 a 85, mentre quello dei divorzi da 46 a 42.

Il calo degli scioglimenti è più sensibile per i matrimoni celebrati con rito civile che non per gli effetti civili di matrimoni con rito religioso.

Nel centro-nord il numero di separazioni e di divorzi per 100 mila abitanti è più che doppio, rispetto al sud.

(*La Nazione*)

Segnare con X le affermazioni contenute nel testo

1. *L'Italia, quest'anno, ha toccato il minimo storico per quanto riguarda il numero dei matrimoni.*
2. *I giovani preferiscono convivere, senza però regolarizzare l'unione.*
3. *La contrazione del numero dei matrimoni è stata più marcata tra le classi economicamente più in difficoltà.*
4. *Significativa anche la dinamica nelle regioni del sud con un calo di matrimoni superiore al resto del Paese.*
5. *Le celebrazioni di matrimoni con rito religioso sono aumentate vertiginosamente.*
6. *Nelle regioni centro-settentrionali il rito civile ha un'incidenza di quasi il 22% sul totale.*
7. *Un altro fenomeno è quello dell'aumento delle separazioni.*
8. *I divorzi sono diminuiti del 6%.*
9. *La diminuzione dei divorzi è dovuta all'alto costo del tribunale.*
10. *Il numero di separazioni e di divorzi al centro-nord è più del doppio rispetto al sud.*

4. Ascoltare il testo due volte nella registrazione o letto dalla viva voce dell'insegnante. Completare poi le frasi in fondo

Le regole d'oro per affrontare i voli intercontinentali

Un lungo viaggio in aereo, non è il sistema più salutare per cominciare una vacanza. E quello della carlinga non è certo un ambiente ideale: vi circola un'aria condizionata e particolarmente secca, la pressurizzazione non è sempre perfetta, la sedentarietà è forzata, si finisce spesso per mangiare e bere troppo.

Proprio per questo, alcune compagnie aeree hanno cominciato a distribuire ai passeggeri dei piccoli decaloghi per rimediare ai possibili problemi.

Alcune compagnie hanno predisposto programmi che comprendono pasti leggeri ed equilibrati, esercizi di ginnastica, cassette preregistrate da ascoltare in cuffia con esercizi e musica di rilassamento, consigli su come attenuare il malessere da fuso orario.

Contro la progressiva disidratazione della pelle viene, per esempio, consigliato di bere molta acqua e poco alcol e caffè.

Per chi viaggia in aereo, uno dei disturbi più comuni è il "barotrauma" (o trauma da pressione).

Ovvero, l'improvvisa e temporanea sordità. Può capitare anche sul più esclusivo dei Jumbo-jet, soprattutto in fase di decollo e di atterraggio, a causa di un cattivo sistema di pressurizzazione.

Per prevenire ogni disturbo, ai più basta deglutire un paio di volte in fase di atterraggio e decollo, fare uno sbadiglio forzato, succhiare una caramella, masticare gomma americana.

Piedi e caviglie gonfie, muscolatura rattrappita, mal di schiena, talvolta cefalea: la sedentarietà prolungata gioca in aereo brutti scherzi.

Qualche facile esercizio di ginnastica, restando seduti, senza peccare di esibizionismo, contribuisce alla prevenzione.

Naturalmente ogni tanto è bene alzarsi e fare quattro passi in carlinga. Contro il male da fuso orario, nei giorni precedenti la partenza si deve cercare di dormire; durante il volo, appena dopo il decollo, bisogna regolare l'orologio sull'ora di destinazione, in modo da predisporsi mentalmente ai nuovi ritmi.

Anche l'ora dei pasti andrebbe regolata sui ritmi della località di destinazione.

Vanno evitati in volo i cibi pesanti, le salse, l'eccesso di alcolici.

Dopo l'atterraggio, un po' di ginnastica, una corsetta di una mezz'ora "stancheranno" l'organismo e lo aiuteranno al momento debito a prendere sonno e a mantenerlo.

Ancora, evitare i sonnellini durante il giorno, adattarsi ai nuovi ritmi. Caffè e tè vanno banditi nelle ore serali per l'effetto stimolante. La loro assunzione va incoraggiata nella prima colazione per lo stesso motivo.

Durante il breakfast, occorre avere una particolare indulgenza per i cibi carichi di proteine: queste ultime stimolano la produzione di epinefrina, sostanza dall'effetto eccitante, in grado di rendere più vigile l'attenzione.

A cena preferenza invece per i carboidrati.

In base alle indicazioni contenute nel testo, completare le frasi (usare al massimo tre parole)

1. *Un viaggio in aereo non è un buon metodo per ...*
2. *Nella carlinga dell'aereo circola ...*
3. *Si finisce spesso per ...*
4. *Alcune compagnie aeree hanno cominciato a distribuire ...*
5. *Per chi viaggia in aereo, uno dei disturbi più comuni è il barotrauma, ovvero ...*
6. *La sedentarietà forzata gioca brutti scherzi: piedi e caviglie gonfie ...*
7. *Contro il male da fuso orario si deve ...*
8. *Vanno evitati ...*
9. *Dopo l'atterraggio ...*
10. *A cena si preferiscono invece ...*

E. PRODUZIONE TESTI ORALI (Tempo: 15-20 minuti)

1. Osservare attentamente le immagini proposte e parlarne seguendo le indicazioni

1. - *Osserva e descrivi la foto.*
Breve storia della ruota: dall'invenzione ad oggi.
Riflessioni suggerite da una ruota: forma, utilità, movimento.
Ruota che gira: il muoversi, il passare, lo scorrere del tempo e della vita...

2. - *Osserva la foto e descrivi la situazione.*
Riflessioni sul valore simbolico dell'immagine.
Un nonno e un nipote. Il passato, il presente, il futuro.
Esperienza e sete di sapere, conoscere, scoprire.
Funzione degli anziani, nel rapporto con le nuove generazioni.

3. - *Osserva e descrivi la situazione.*
Riflessioni davanti a un telefono che tace.
Il telefono: dai segnali con il fumo, con gli specchi, al video-telefono...
Breve storia delle comunicazioni sonore.
Ancora una telefonata prima di partire.

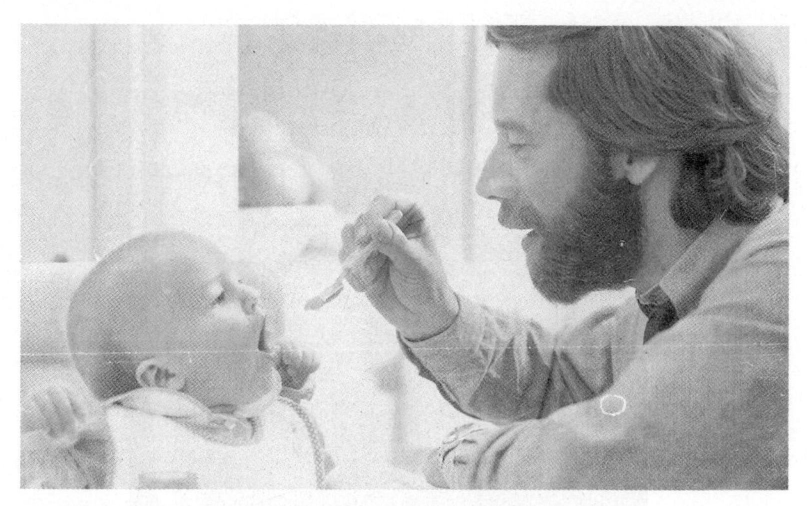

4. - *Osserva l'immagine e descrivi la situazione.*
La bocca aperta di un bimbo in attesa di cibo. Riflessioni.
La fame: un altro problema dei nostri giorni.
E' un giovane padre a nutrire il suo "cucciolo". E la madre?
La presenza della figura paterna nell'educazione dei figli.

APRILE 1986: Unione Sovietica, a Chernobyl accade il più grande disastro nucleare della storia.

GENNAIO 1988: Stati Uniti, un serbatoio di nafta si sfascia improvvisamente riversando 10 milioni di litri di combustibile (una enorme macchia di 160 Km) nelle acque del fiume Ohio causando uno dei più gravi danni ecologici del Nord America.

AGOSTO 1987: Italia, sulle coste si verificano continue morie di delfini, piccoli cetacei e tartarughe causate dall'inquinamento chimico delle acque dei nostri mari.

5. - *Osserva le immagini e descrivi la situazione.*
Non rispettando le leggi della natura, rischiamo grosso.
Disastri nucleari, morie di animali, inondazioni e siccità: cosa sta succedendo?
Inquinamento atmosferico da rumore, da idrocarburi, da gas di scarico, da residui di lavorazioni industriali. Qualcosa dovrà assolutamente cambiare.
Il tuo personale impegno per la salvaguardia dell'ambiente.

BELLE SI DIVENTA

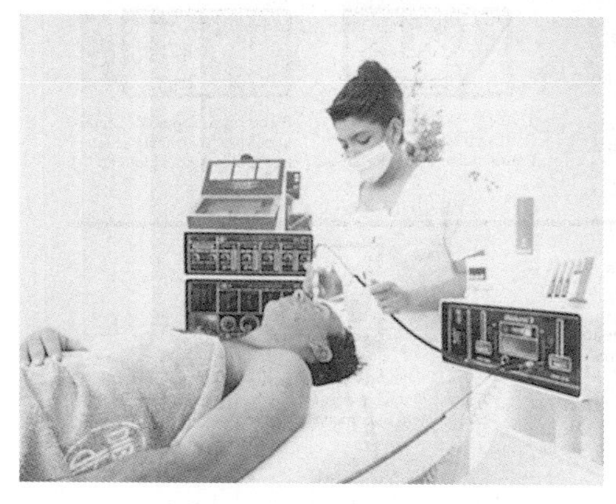

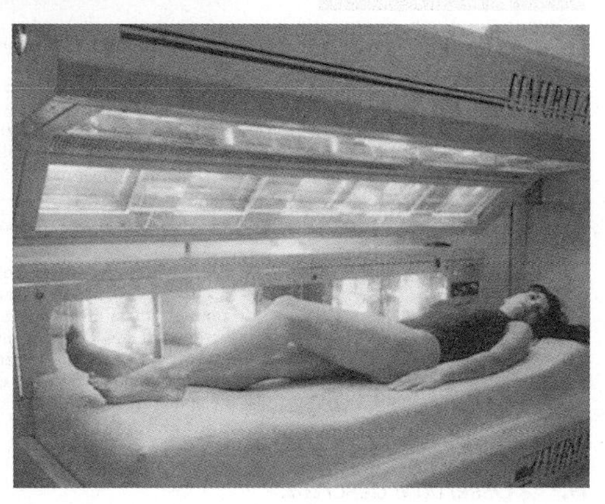

6. - *Osserva la foto e descrivi la situazione.*
La lotta irriducibile e inutile contro il tempo.
Capelli grigi, rughe, acciacchi; è la giovinezza che se ne va. Prova a formulare qualche riflessione.
Oggi ci sono innumerevoli proposte per rimanere giovani: creme, unguenti, ginnastica, chirurgia plastica, trapianti. Alla fine ci si deve arrendere...
Perché curare il proprio corpo?

7. - *La musica: cosa ti suggerisce l'immagine?*
La musica: "rumore molesto" per un grande della storia d'Italia, come Cavour, rappresenta invece un bene per lo spirito.
Parla del tuo rapporto con la musica e delle tue preferenze.
Qualche nome italiano in ambito musicale: autori, direttori, esecutori.
Classica e leggera. Le tue scelte in campo musicale.

VILLETTE a schiera

Costruzioni tipiche "chioggiotte", localizzate nella zona Fiordi su due piani da 40 a 60 mq. Ogni unità abitativa è dotata di posto auto numerato in prossimità delle costruzioni e di giardino privato.

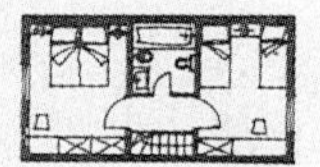

Tri locale di 60 mq.
Posti letto: 4+2
Primo piano: 2 camere, bagno.

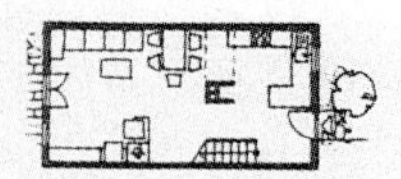

Piano terra: soggiorno, angolo cottura. Ogni unità è dotata di posto auto e giardino privato.

APPARTAMENTI

Appartamenti in centro Isola da 35 a 70 mq. e appartamenti in zona Fiordi da 46 a 66 mq. I condomini sono armonicamente inseriti nella natura e estremamente curati nei materiali e nelle finiture interne.

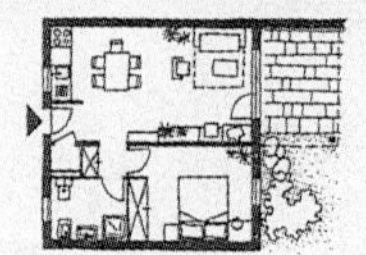

Bilocale di 52 mq. posti letto 2+2. Soggiorno, angolo cottura, camera matrimoniale, servizio.

8. - *Osserva e descrivi.*
Scegliere e trovare casa. Un problema legato a numerosi fattori.
Nel dettaglio, descrivi la tua casa ideale.
La casa è simbolo di protezione, di famiglia, di calore... Il ritorno a casa: riflessioni.

9. - *Osserva e descrivi.*
In Italia è diffusa l'abitudine di mettere in vendita fiori con lo scopo di raccogliere fondi per fini umanitari. Conosci altre forme analoghe di filantropia?
Solitamente l'iniziativa è sostenuta da "volontari" a titolo assolutamente gratuito.
Quali altre forme di volontariato conosci?
Anche certa pubblicità si avvale di queste forme. Che ne pensi?
Un fiore: la forza e l'efficacia di un linguaggio raffinatissimo.

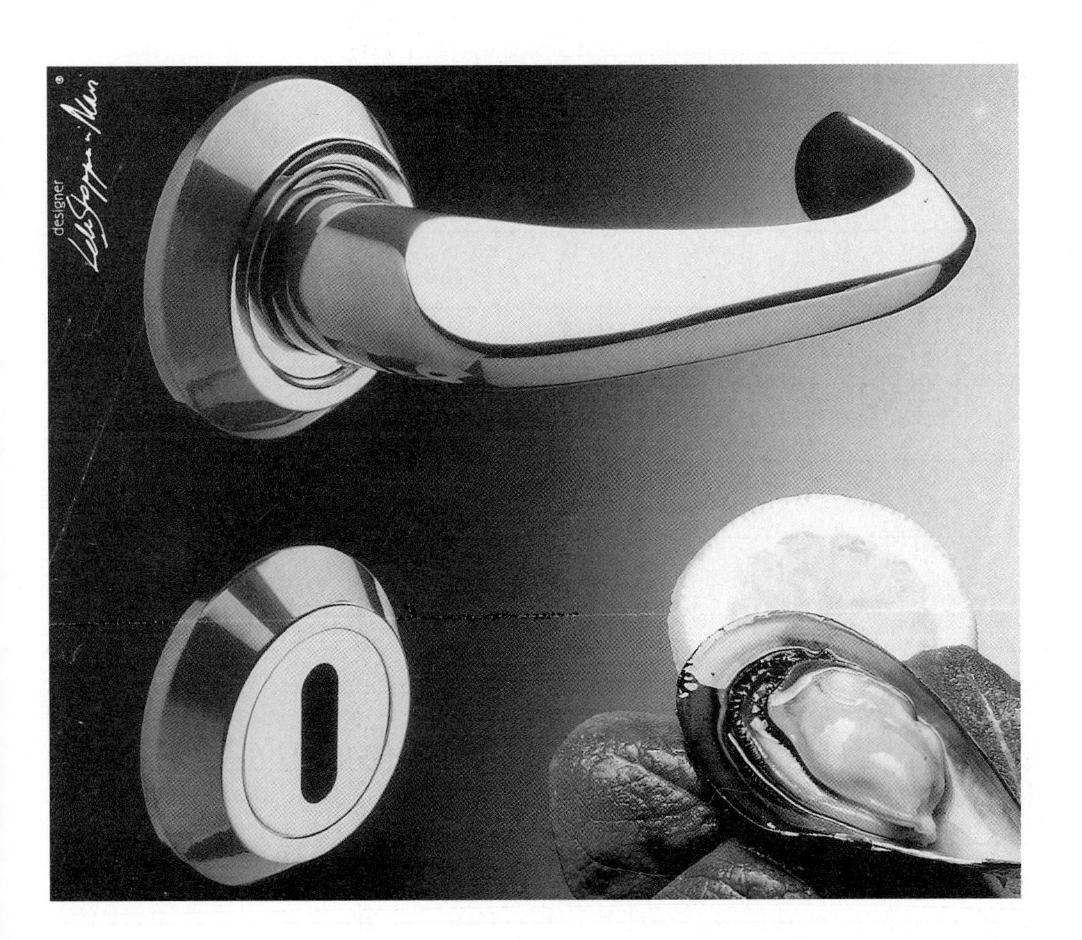

10. - *Osserva e descrivi.*

Si chiama "maniglia" quella rappresentata nell'immagine e serve ad aprire una porta. Cosa ti viene in mente con il verbo "aprire"?

Davanti ad una porta chiusa. Riflessioni.

Si apre per entrare, per conoscere, per vedere.

Si apre perché al di là può esserci sempre la sorpresa, l'incognito, lo stupore, l'appagamento di un sogno.

Appunti

Appunti

Appunti

Appunti

Finito di stampare nel mese di marzo 2000
da Guerra guru s.r.l. - Via A. Manna, 25 - 06132 Perugia
Tel. +39 075 5289090 - Fax +39 075 5288244
E-mail: geinfo@guerra-edizioni.com

MARCELLO SILVESTRINI
Docente di Lingua Italiana per Stranieri nel corso preparatorio

CLAUDIO BURA
Docente di Lingua Italiana per Stranieri nei corsi medio e superiore (sezione per francofoni)

ELISABETTA CHIACCHELLA
Docente di Lingua Italiana per Stranieri nei corsi medio e superiore (sezione per ispanofoni)

VALENTINA GIUNTI ARMANNI
Docente di Lingua Italiana per Stranieri nei corsi medio e superiore (sezione per germanofoni)

RENZO PAVESE
Docente di Lingua Italiana per Stranieri nei corsi medio e superiore (sezione mista)

Ogni Unità Didattica si articola in

Brano introduttivo d'autore contemporaneo. Si presentano le nuove strutture e gli ambiti lessicali con l'obiettivo primario di tener desta la motivazione ed il coinvolgimento psicologico

Verifica della comprensione del testo attraverso scelta multipla e questionario

Pratiche per l'AUTOAPPRENDIMENTO, L'AUTOCORREZIONE E L'AUTOVALUTAZIONE. Si promuove un intervento individuale diretto dell'allievo sui fenomeni linguistici

Suggerimenti per l'avviamento al testo scritto

Sintesi grammaticale. Attraverso microsistemi autonomi e onnicomprensivi, la norma e il riferimento grammaticale sono introdotti in contesti di larga frequenza e autenticità

Civiltà. *Scienza e tecnica. Come sposarsi in Italia. Gastronomia. Realtà sociale italiana. Mondo giovanile. Restauro e conservazione delle opere d'arte. Storia della lingua italiana. Posizione strategica dell'Italia. Italiani che hanno fatto fortuna, noti non solo in Italia. L'Italia del turismo. Assistenza sociale e servizio sanitario. Realtà politico-amministrativa dell'Italia contemporanea. Ecologia, difesa dell'ambiente e qualità della vita. La musica leggera italiana. L'opera lirica*